JOHANNES LAUDAGE

GREGORIANISCHE REFORM UND INVESTITURSTREIT

ERTRÄGE DER FORSCHUNG

Band 282

JOHANNES LAUDAGE

GREGORIANISCHE REFORM UND INVESTITURSTREIT

WISSENSCHAFTLICHE BUCHGESELLSCHAFT
DARMSTADT

Einbandgestaltung: Neil McBeath, Stuttgart.

Die Deutsche Bibliothek – CIP-Einheitsaufnahme

Laudage, Johannes:
Gregorianische Reform und Investiturstreit /
Johannes Laudage. – Darmstadt: Wiss. Buchges.,
1993
(Erträge der Forschung; Bd. 282)
ISBN 3-534-08566-3
NE: GT

Bestellnummer 08566-3

Gedruckt auf säurefreiem und alterungsbeständigem Werkdruckpapier
Gesamtherstellung: Wissenschaftliche Buchgesellschaft, Darmstadt
Printed in Germany
Schrift: Garamond, 9.5/11

ISSN 0174-0695
ISBN 3-534-08566-3

INHALT

EINLEITUNG: GREGORIANISCHE REFORM UND INVESTITURSTREIT

Es kann kein Zweifel sein: Die sogenannte „Gregorianische Reform" und der „Investiturstreit" gehören zu den Grundgegebenheiten der mittelalterlichen Geschichte. Und doch kann man kaum behaupten, daß beide Komplexe stets als eine Einheit gesehen wurden und daß das Zeitalter Gregors VII. († 1085) und Heinrichs IV. († 1106) auch von einer breiteren Öffentlichkeit als eine Epoche des geistigen Ringens um eine religiöse Erneuerung verstanden wird. Das allgemeine Geschichtsbild dieses Abschnitts unserer Vergangenheit ist nach wie vor von einer allzu pointierten Heraushebung des kirchenpolitischen Bereichs geprägt. Ereignisse wie der längst zum geflügelten Wort gewordene „Gang nach Canossa" haben damit einen Stellenwert erhalten, der die tiefgreifenden Wandlungen des 11. und frühen 12. Jahrhunderts vor allem als das Ergebnis eines Machtkampfs zwischen geistlicher und weltlicher Gewalt erscheinen läßt. Statt von der Epoche der (gregorianischen) Kirchenreform zu sprechen, verwendet man im allgemeinen Sprachgebrauch zumeist einen anderen Terminus: Die 46 Jahre zwischen dem 24. Januar 1076, als König Heinrich IV. und ein Großteil der deutschen Bischöfe Papst Gregor VII. den Gehorsam aufkündigten,[1] und dem 23. September 1122, als es zwischen Heinrich V. und den Legaten Calixts II. zum Abschluß des Wormser Konkordats kam,[2] werden in der Regel einfach als das „Zeitalter des Investiturstreits" bezeichnet.

Es liegt auf der Hand, daß eine solche Sichtweise in deutlichem Kontrast zu den Ergebnissen der modernen Forschung steht. Denn schon die Tatsache, daß mit dem Ausdruck „Investiturstreit" eine kirchenrechtliche Einzelfrage – die Auseinandersetzung um die zeremonielle Einführung in kirchliche Ämter – zum Signum einer ganzen Epoche geworden ist, muß auf jeden historisch denkenden Menschen befremdend wirken. Zieht man darüber hinaus die Tatsache in Betracht, daß die einschlägige Fachliteratur mit der Entfaltung des römischen Primats, der Bekämpfung von Simonie und Priesterehe, dem Ringen um die Sakramentenlehre und den Veränderungen auf dem Gebiet der Frömmigkeitsformen eine ganze Reihe von Entwicklungen herausgearbeitet hat, die der abendländischen Kirche ein völlig neues Gesicht gaben, und berücksichtigt man zugleich den Umstand, daß sich auch außerhalb des kirchlichen Bereichs eine Art 'Gärungsprozeß' ausmachen läßt, der zu einem grundlegenden Wandel der mittelalterlichen Gesellschaft führte,[3] dann ist hiermit rasch veranschaulicht, daß es kaum noch zu vertreten ist, den Komplex „Investiturstreit" isoliert zu betrachten. Der Konflikt um die Einsetzung in höhere und niedere Kirchenämter war zweifellos Bestandteil eines Ringens um eine viel umfassendere Erneuerung von Kirche und Gesellschaft. Man sollte es daher vermeiden, das Augenmerk allzu stark auf den kirchenpolitischen Bereich zu lenken; und man sollte sich zugleich darüber im klaren sein, daß wir mit der dramatischen Auseinandersetzung zwischen Gregor VII. und Heinrich IV. gewissermaßen nur die Spitze eines ganzen Eisberges zu Gesicht bekommen.

Aber nicht nur die im 19. Jahrhundert entstandene Verengung des historischen Blickwinkels, auch die damit verknüpfte zeitliche Begrenzung des „Investiturstreits" ist in der jüngeren Forschung zunehmend in das Kreuzfeuer der Kritik geraten. Zwar gilt auch heute noch der Satz der sächsischen Weltchronik, daß unter Papst Gregor VII. *ward sere beweget dat rike, unde ward in der cristenheit grot missehellunge.*[4] Doch anders als früher ist man in der Regel nicht mehr der Ansicht, daß man die Eckdaten dieses Konflikts geradezu auf den Tag genau festlegen könne. Während man früher vorwiegend ereignisgeschichtlich argumentierte und den Investiturstreit mit einem urplötzlich hereinbrechenden Gewitter verglich, neigt man heute eher dazu, die Dinge entwicklungsgeschichtlich zu erklären und den großen Kampf *twischen deme stole to Rome unde deme Romischen rike*[5] als das Ergebnis eines lawinenartig anwachsenden Strebens nach *libertas ecclesiae*[6] zu interpretieren. Das in vielen Geschichtsbüchern noch fortlebende 'klassische' Bild von den Geschehnissen des späten 11. und frühen 12. Jahrhunderts hat damit eine einschneidende Veränderung erfahren. Wer heute vor der Aufgabe steht, ein Resümee über jenen vielschichtigen Prozeß zu geben, der zu einer allmählichen Überwindung der frühmittelalterlichen «église au pouvoir des laïques»[7] führte, wird sich nicht mehr auf einen klar umrissenen Zeitabschnitt konzentrieren dürfen. Er wird sich weder auf eine einigermaßen gesicherte Chronologie zur Entstehung des Investiturproblems verlassen können noch den Blick allein auf das salische Imperium lenken dürfen. Der „Investiturstreit" erscheint damit stärker denn je als gesamteuropäisches Phänomen; und er präsentiert sich zugleich als eine nur schwer zu definierende Phase der Abgrenzung von Klerus und Laienstand, die ihren Ausgang von einer bereits kurz nach der Jahrtausendwende einsetzenden religiösen Neubesinnung nahm und deren Ende selbst für den Bereich der deutschen Geschichte nicht auf einen einzelnen Tag datiert werden kann.

Vor diesem Hintergrund kann es kaum überraschen, daß die beiden traditionellen Leitbegriffe „Gregorianische Reform“ und „Investiturstreit“ von der jüngeren Forschung wiederholt in Frage gestellt worden sind.[8] Längst hat man erkannt, daß die Beschäftigung mit der Person Gregors VII. und der Geschichte des Investiturproblems nur von begrenztem heuristischen Wert sein könne; längst ist uns ins Bewußtsein getreten, daß wir es mit einer „ekklesiologischen Wende“ von universalhistorischer Bedeutung zu tun haben[9]; und so ist es durchaus als Indiz für einen fundamentalen Neuansatz zu bewerten, wenn sich die Interessenschwerpunkte der einschlägigen Spezialliteratur auf Gebiete wie die Kanonistik, das Ordenswesen, die politisch-theologische Traktatliteratur und das Synodalgeschehen verlagert haben. Die elementare Feststellung, daß eine umfassende Reform der Gesamtkirche zwar vom Papsttum gesteuert und gefördert, aber nicht allein von ihm getragen und umgesetzt werden könne, hat die Forschung veranlaßt, sich verstärkt all jenen Kräften und Entwicklungen zuzuwenden, die den Weg der Erneuerung von der Peripherie her beeinflußten. Deutlicher als in der Vergangenheit ist dabei zutage getreten, daß man in allen historischen Landschaften Europas mit unterschiedlichen Rahmenbedingungen zu rechnen hat und daß es deshalb nicht angemessen ist, die verschiedenen Reformtendenzen über einen Kamm zu scheren.

Trotz dieser offenkundigen Umbruchsituation im wissenschaftlichen Geschichtsbild haben Gregorianische Reform und Investiturstreit seit mehr als fünfzig Jahren keine umfassende Gesamtdarstellung gefunden. Noch immer gilt das bahnbrechende Werk von Augustin Fliche[10] als der einzige Überblick, der den Rahmen eines Handbuchbeitrags überschreitet. Es erweist sich daher als dringend erforderlich, die Vielzahl der von der jüngeren Forschung vorgelegten Einzelergebnisse kompatibel zu machen, um auf diese Weise den 'Bauplan' der Reform, ihre wesentlichen Grundlinien und Leitvorstellungen, etwas besser in den Griff zu bekommen. Eben hier einen Beitrag zu leisten ist das Ziel des vorliegenden Bandes: Das Buch wird sich sowohl darum bemühen, die reichhaltige Spezialliteratur nach systematischen Gesichtspunkten aufzufächern, als auch den Versuch unternehmen, die Strukturelemente der Gregorianischen Reform und des Investiturstreits klar herauszuarbeiten.

Damit sind der äußere Rahmen, die Zielsetzungen und Grenzen unserer Darstellung fürs erste abgesteckt. Die Arbeit beabsichtigt zwar nicht, die bisherigen Leitbegriffe durch neue zu ersetzen, sie macht es sich aber schon zur Aufgabe, den Inhalt und die Aussagefähigkeit dieser Leitbegriffe etwas näher zu bestimmen. Des weiteren ist geplant, dem

Leser eine Entscheidungshilfe zur Einordnung und Bewertung der wichtigsten Forschungskontroversen zu geben. Doch nicht allein die inhaltliche Definition des Erneuerungsprozesses, auch seine historischen Voraussetzungen müssen in unsere Überlegungen mit einbezogen werden. Die herkömmliche Geschichtsbetrachtung hat hierzu bekanntlich ganz konkrete Vorstellungen entwickelt, die von der jüngeren Forschung erheblich modifiziert worden sind. Während man früher glaubte, der Epoche der Ottonen und frühen Salier zumindest kirchengeschichtlich den Charakter eines *saeculum obscurum,* einer Zeit des moralischen und religiösen Niedergangs, bescheinigen zu können,[11] äußert man sich heute in der Regel zurückhaltender. Die Spiritualität und Kirchenverfassung des 10. und frühen 11. Jahrhunderts erscheinen in modernen Überblicksdarstellungen und Spezialuntersuchungen wesentlich differenzierter und vielgestaltiger als in älteren Arbeiten.[12] Zwar ist man nach wie vor davon überzeugt, daß die Gregorianische Reform einen tiefgreifenden Wandel der bis dahin üblichen Ordnungsvorstellungen und Frömmigkeitsformen bedeutet habe. Aber anders als noch vor vierzig Jahren ist man nicht mehr der Ansicht, daß sich dieser Wandel bruchartig vollzogen habe, sondern man spricht eher von einem fließenden Übergang.

Plädiert die jüngere Forschung somit zunehmend für eine entwicklungsgeschichtliche Erklärung des Reformprozesses, die die Ursachen der Veränderung soweit wie möglich zurückverfolgt und das alte Klischee eines abrupten Mentalitätswandels durch die überzeugendere Annahme einer längeren Phase der „Krise“ ersetzt, so hat man es andererseits nie versäumt, auch komparatistisch vorzugehen. Vor allem von den Kirchenhistorikern sind dabei wertvolle Impulse ausgegangen. Der von ihnen betriebene Vergleich zwischen den Erscheinungsformen der spezifisch frühmittelalterlichen Ekklesiologie und Frömmigkeit und der Spiritualität und Kirchenverfassung des hohen Mittelalters hat ganz wesentlich dazu beigetragen, die Gregorianische Reform in übergeordneten Zusammenhängen zu betrachten. Und klarer als früher ist dabei erkennbar geworden, daß das „Zeitalter des Investiturstreits“ auch kirchengeschichtlich weit mehr war als eine Epoche des Machtkampfes zwischen geistlichen und weltlichen Herrschaftsträgern: daß der Siegeszug des scholastischen Denkens eine völlig neue Art von Theologie ermöglichte, daß das Aufkommen einer mehr und mehr auf die Rechtstradition der römischen Kirche konzentrierten Kanonistik sowohl zu einer stärkeren Vereinheitlichung als auch zu einer besseren Durchsetzung der kirchenrechtlichen Normen führte, daß der Rückgriff auf die (vermeintlichen oder tatsächlichen) Gestaltungsprinzipien der Urkirche zu einer umfassenden Erneuerung des Ordenswesens führte und daß die Ausformulierung genuin priesterlicher Idealvorstellungen nicht nur zu einer erheblichen Vertiefung des Sakramentenverständnisses beitrug, sondern zugleich eine Klerikalisierung der Gesamtkirche mit sich brachte. Am Ende dieses Prozesses konnte Otto von Freising mit Recht feststellen, daß sich der Kirchenbegriff seit den Tagen Gregors VII. grundlegend gewandelt habe und daß man *ecclesia* demzufolge nicht mehr ohne weiteres als Einheit von *Christianum imperium* und *sacerdotium* verstehen könne, sondern statt dessen – dem allgemeinen Sprachgebrauch folgend – als Summe der kirchlichen Personen, d.h. der Priester Christi und ihrer Anhänger, definieren müsse.[13] Es ist also kaum zu übersehen, daß zumindest ein Teil der von der Forschung konstatierten „ekklesiologischen Wende“ bereits im Hochmittelalter deutlich empfunden wurde.

Die meisten anderen Quellenaussagen geben freilich keinen so eindeutigen Aufschluß über den historischen Stellenwert des Erneuerungsprozesses – und das nicht, weil es an „Reformbewußtsein“ oder gar an konkreten Zielsetzungen und Ergebnissen gefehlt hätte, sondern eher, weil es dem Denken des 11. und 12. Jahrhunderts fernlag, geschichtliche Veränderungen mit heutigen Kategorien zu messen. *Omnipotentis Dei dispositione mutantur tempora,*[14] dieser Satz Papst Urbans II. († 1099) dürfte dem Zeitempfinden weit mehr entsprochen haben, als es dem modernen Historiker zustatten kommt. Für die meisten Menschen des hohen Mittelalters war es selbstverständlich, daß die gesamte Weltgeschichte einem von Gott entwickelten Heilsplan folge,[15] und sie machten sich deshalb wenig Gedanken darüber, welche Veränderungen durch irdisches Handeln und Denken zu bewirken seien. So taucht das Wort *reformare* im Register Gregors VII., einem unserer Hauptzeugnisse über die Leitvorstellungen des Reformpapsttums, nur ganze viermal auf.[16] In den zeitgenössischen Briefen und Traktaten ist zwar immer wieder von Mißständen, kaum aber von deren erfolgreicher Bekämpfung die Rede. Und selbst da, wo die eigene Gegenwart als eine Welt der Schlemmerei, Habsucht und Lüsternheit bewertet wird,[17] als ein Körper, der durch andauernde Befleckung mit Sünden zugrunde gerichtet werde,[18] begegnet uns nur selten der Gedanke, daß bereits im Diesseits eine entscheidende Verbesserung dieses Zustands erzielt werden könne. Ganz pessimistisch heißt es bei Petrus Damiani, daß die ganze Welt im Irrtum des Sündenfalls verharren werde, wenn der römische Stuhl nicht *ad rectitudinis statum* zurückkehre.[19] Und es klingt keineswegs zuversichtlich, wenn derselbe Mann bemerkt, daß die Erneuerung ausgerechnet an dem Sitz ihren Anfang nehmen müsse, der einst als das Fundament für das künftige Heil der Menschen erschienen sei.[20]

In krassem Gegensatz zu dieser äußerst negativen Einschätzung der eigenen Gegenwart, die nicht selten als eine Epoche des Niedergangs der gesamten christlichen Religion beschrieben wird,[21] werden die Anfänge der Kirche geradezu verklärt betrachtet. Alles, was die Apostel, Kirchenväter und frühen Päpste gesagt, gedacht oder getan haben, wird von den Reformern mit normativem Charakter versehen; es kann daher wenig überraschen, wenn wir immer wieder davon hören, daß die Lebensformen und Grundsätze der *ecclesia primitiva,* die Traditionen und Leitbilder der Urkirche, als verbindliche Richtschnur zu verstehen seien.[22] Da lesen wir etwa bei Petrus Damiani, daß die Simonie unter anderem deshalb so scharf zu verdammen sei, weil sie als älteste aller Häresien aus dem Schoße des Teufels geboren sei und sich *adversus nascentis aecclesiae regulam* erhoben habe.[23] Da versichern uns Papst Nikolaus II. († 1061) und die Teilnehmer der von ihm einberufenen Laterансynode von 1059, daß sie die Lebensweise des römischen Klerus nach dem Vorbild der Urkirche *(exemplo primitivae aecclesiae)* reformieren wollten und deshalb all das verurteilen würden, was den ehrwürdigen Vorschriften der Apostel und frühen Kirchenväter widerspreche.[24] Und da beteuert uns Gregor VII. immer wieder, er habe lediglich auf die „Lehre und Rechtsverfügungen der heiligen Väter" zurückgegriffen, ohne diesen etwas Neues, Eigenes hinzuzufügen, und es sei ihm nur darum gegangen, die erste und einzige Regel der kirchlichen Ordnung zu wiederholen und den von den Heiligen vielbetretenen Weg ein weiteres Mal zu verfolgen.[25]

Diesem Streben nach einem in das Anfangsstadium der Kirche zurückverlegten Idealzustand entspricht die Art und Weise, mit der die politisch-theologische Debatte um die richtigen Ziele geführt wird. Immer wieder wird die Autorität der Kirchenväter und frühen Päpste bemüht, überall wird mit Zitaten aus dem Neuen Testament gearbeitet, und jedesmal, wenn es von Nutzen ist, kirchenrechtliche Normen zu zitieren, werden Sätze ausgegraben, die ein besonders hohes Alter und Ansehen zu besitzen scheinen. Die biblische und patristische Tradition wird bei jeder Streitfrage herangezogen, um die eigene Meinung durch einen Autoritätsbeweis abzustützen; und so ist es kein Zufall, daß es für alle großen Reformthemen mindestens eine Passage aus dem Neuen Testament gibt, die gebetsmühlenartig wiederholt wird.

„Gegen die Autorität der Evangelien besitzt weder der Ausspruch eines Kirchenvaters noch der Grundsatz einer Papstdekretale Gültigkeit"[26]: Diese Behauptung des französischen Kanonisten Ivo von

Chartres († 1116) macht freilich deutlich, daß es bei der Suche nach den richtigen Normen ein entscheidendes Problem gab. Welcher Autorität war im Zweifelsfall der Vorzug zu geben? Was war zu tun, wenn die Worte der Evangelisten nicht eindeutig waren? Galt dann nur das, was mit der Rechtstradition der römischen Kirche übereinstimmte? Oder konnte man das Ansehen der großen Konzilien des Altertums notfalls auch gegen den Papst ausspielen? Wie nicht anders zu erwarten, fand man hierauf keine einhellige Antwort.[27] Zwar waren die meisten Reformer der Meinung, daß all dem besondere Rechtskraft und Autorität zukomme, was von den römischen Bischöfen verkündet oder gebilligt worden sei.[28] Aber schon bei der Überlegung, ob der Stuhl des hl. Petrus auch dann als Prüfstein für die Richtigkeit bestimmter Normen zu gelten habe, wenn seine Anordnungen und Verlautbarungen in deutlichem Kontrast zu den Aussagen der übrigen Rechtstradition ständen, schieden sich die Geister. Selbst ein so entschiedener Gregorianer wie Bonizo von Sutri († um 1095) meinte, zwei unter den Namen der Päpste Gregor und Innocenz firmierende Texte als apokryph ausscheiden zu dürfen, da ihre Zuschreibung unsicher sei und ihr Inhalt „den Regeln der heiligen Väter“ widerspreche.[29] Und Kardinal Deusdedit († 1098/1099), einer der engsten Berater der Reformpäpste des späten 11. Jahrhunderts,[30] erklärte das Papstwahldekret von 1059 deshalb für ungültig, weil ein einzelner Patriarch (Papst Nikolaus II.) keine Grundsätze aufheben dürfe, die einst von fünf Patriarchen und über 1250 Bischöfen beschlossen worden seien.[31] Man sieht: Es galt keineswegs als ausgemacht, daß die Rechtstradition der römischen Kirche den alleinigen Maßstab für Richtiges und Falsches abgeben könne. Wenn Gregor VII. im sogenannten ›Dictatus papae‹ den Grundsatz aufstellte, daß jede kirchenrechtliche Vorschrift und jede Kanonessammlung der Autorisation durch den Papst bedürfe,[32] dann konnte er selbst bei seinen eigenen Anhängern nicht unbedingt auf Beifall rechnen.[33]

Auch über die Möglichkeiten zur Weiterentwicklung und Veränderung des Kirchenrechts existierten erhebliche Meinungsverschiedenheiten. Während Bernold von Konstanz († 1100) den *moderni pontifices* ausdrücklich das Recht zubilligte, die Rechtsverbindlichkeit alter Kanones außer Kraft zu setzen[34] und Papst Gregor VII. in Wiederaufnahme eines Kirchenväterwortes daran erinnerte, daß Christus nicht gesagt habe: „Ich bin die Gewohnheit”, sondern: „Ich bin die Wahrheit“ (Jo 14,6),[35] vertraten die meisten anderen Reformer die Auffassung, daß es auch dem Papst nicht zustehe, sich über die *iura canonum* und die *decreta sanctorum patrum* hinwegzusetzen. Dort, wo man die Grenzen der Kanones überschreite, sei Christus nicht zu finden, heißt es etwa fast wörtlich bei Bonizo.[36] Und als Paschalis II. († 1118) dem kaiserlichen Lager im sogenannten ›Pravileg‹ vom 11. April 1111[37] bedeutende Zugeständnisse gemacht hatte, erklärten ihm seine eigenen Parteigänger, daß all diese Konzessionen null und nichtig seien, weil sie im Gegensatz zu den Kanones und den Bestimmungen der gesamten kirchenrechtlichen Tradition ständen.[38]

Daß es allein dem Papst erlaubt sei, entsprechend dem Erfordernis der Zeit neue Gesetze zu schaffen *(pro temporis necessitate novas leges condere)*[39]: diese von Gregor VII. eingeforderte Blankovollmacht stieß bei den Zeitgenossen fast überall auf Ablehnung.[40] Es ist also keineswegs richtig, von einem durchschlagenden Erfolg der päpstlichen Reformgesetzgebung zu sprechen, sondern man wird eher darauf hinweisen müssen, daß sich in den kanonistischen Sammlungen des 11. und frühen 12. Jahrhunderts unter rund 50 000 zitierten Beschlußtexten nur ganze 259 finden, die auf Gregor VII. zurückgehen,[41] und daß der Vorrang der Dekretalen vor allem übrigen Kirchenrecht erst durch die nachgratianische Kanonistik endgültig festgeschrieben wurde.[42] „Das Reformpapsttum und die Rechtswissenschaft",[43] das war eine äußerst schwierige Ehe, und es ist durchaus nicht dem Zufall zuzuschreiben, daß man keinen der römischen Bischöfe von Leo IX. († 1054) bis Calixt II. († 1124) als ausgebildeten Juristen bezeichnen kann.

Um dem Selbstverständnis der Reformer etwas näherzukommen, reicht es allerdings nicht aus, sich mit dem zeitgenössischen Kirchenrecht zu beschäftigen. Man muß sich auch die Frage vorlegen, welche inhaltlichen Ziele den Gang der Erneuerung bestimmten. Handelte es sich wirklich um einen einheitlichen Reformprozeß? Oder war die Gesamtentwicklung eher von divergierenden Interessen als von einem Grundkonsens geprägt? Wenn man Gregors berühmtes Diktum liest, daß nicht als Katholik gelten könne, wer mit der römischen Kirche nicht übereinstimme *(Quod catholicus non habeatur, qui non concordat Romanę ecclesię)*[44] – ein Satz, der in etwas veränderter Form eine regelrechte Konjunktur erlebte[45] –, dann gewinnt man rasch den Eindruck, daß die Reform eine Art "Papal Revolution"[46] gewesen sei, die von Anfang an von einem alles beherrschenden Zentrum gesteuert wurde. Tatsächlich aber lagen die Dinge wesentlich komplizierter. Zwar zieht sich der Gedanke, daß die Lehrtradition der römischen Kirche die einzige Garantie für die Einheit des christlichen Glaubens bilde, wie ein roter Faden durch die Geschichte der Erneuerungsbewegung.[47] Aber dies bedeutet keineswegs, daß man sich über alle Einzelfragen völlig einig war. Welche Weihen waren als gültig zu betrachten? Wessen Messen durften besucht werden? Wem kam das Recht zu, über kirchliche Ämter und

Güter zu verfügen? Das sind nur einige der zahlreichen Probleme, die die Gemüter in Wallung brachten. Was legitimer Brauch war und was eine „alte und schlechte Gewohnheit“,[48] das zu unterscheiden erforderte eine tiefe Einsicht in das Wesen der Kirche und des katholischen Glaubens; doch am römischen Lateran galten hierfür natürlich ganz andere Maßstäbe als am Hof eines Adalbert von Hamburg-Bremen († 1072), der sich gegen die permanente Mißachtung des Zölibatsgebots nur dadurch zu helfen wußte, daß er den Klerikern seines Erzbistums den Rat gab, „wenn schon nicht keusch, so doch wenigstens vorsichtig“ zu leben und auf die Ehe zu verzichten.[49]

Trotz dieser überaus verworrenen Gesamtsituation, die in den zeitgenössischen Briefen und Traktaten einen noch heute sichtbaren Niederschlag fand, lassen sich bei näherem Hinsehen mindestens vier Ziele ausmachen, die fast allen Reformern gemeinsam waren. Die kirchliche Erneuerungsbewegung richtete sich von Anfang an gegen die weitverbreiteten Mißstände der Simonie und des Klerikerkonkubinats, sie war von vornherein von der Absicht getragen, die Lebensführung der geistlichen Gemeinschaften zu verbessern und die besondere Bedeutung der sakramentalen Heilsvermittlung herauszustellen, sie war stets bestrebt, den Laieneinfluß in der Kirche soweit wie möglich zurückzudrängen, und sie konzentrierte sich zugleich darauf, den Primat der römischen Kirche zu betonen und die Sonderstellung des Apostolischen Stuhls auszubauen.

Alle diese Leitvorstellungen waren jedoch weniger das Ergebnis eines päpstlichen Reformprogramms als die Folge eines umfassenden Klärungsprozesses, der auf dem Boden des salischen Imperiums begonnen hatte und sich mit einer gewissen Verzögerung auch auf die westlichen Teile Europas ausdehnte. Die Entdeckung des Widerspruchs zwischen den durch die Bibel und die patristische Tradition formulierten geistlichen Lebensnormen und der sozialen Wirklichkeit der nachkarolingischen Kirche hätte kaum zu wirklich tiefgreifenden Veränderungen geführt, wenn sie nur von einigen wenigen gemacht worden wäre. Der römische Bischof erschien zwar allen Reformern als die einzige Instanz, die einen universalkirchlichen Auftrag besaß, aber auch sie war darauf angewiesen, von der Peripherie her Unterstützung und Anregungen zu erhalten. Erst der 'Wirkverbund' zwischen durchaus regionalen Reformbestrebungen und der 'Zentrale' in Rom begründete den Erfolg der Erneuerungsbewegung. Dem Papsttum kam daher eher die Funktion zu, die verschiedenen Kräfte zu koordinieren und in bestimmte Bahnen zu lenken, als völlig neue Leitbilder zu entwickeln.

I. DIE ENTSTEHUNG UND ÜBERWINDUNG DES INVESTITURPROBLEMS

1. Historische Voraussetzungen

Als Abt Hermann von Niederaltaich um die Mitte des 13. Jahrhunderts in einer Abschrift der Weltchronik Ottos von Freising blätterte, bemerkte er über die Zeit vor dem Wormser Konkordat: „Bis dahin war es üblich, daß die Kaiser die Investituren der Kirchen vornahmen, und jedesmal, wenn ein Bischof oder Reichsabt verstarb, pflegte die entsprechende Kirche Ring und Stab an den Kaiser zu senden und sich vom Hof einen neuen Bischof oder Abt auszubitten.“[1] In der Tat entspricht diese Äußerung zumindest in groben Zügen dem, was sich seit der Zeit Heinrichs III. in der salischen Reichskirche Jahr für Jahr abspielte. Die Kirchenhoheit der deutschen Könige und römischen Kaiser beruhte zu einem guten Teil auf der allgemein üblichen Ring- und Stabübergabe durch den Herrscher. Und auch wenn sich die königliche Investiturpraxis in der von Hermann geschilderten Form erst relativ spät herausgebildet hatte, war sie doch einer der entscheidenden Gradmesser für die Verfügungsgewalt der Salier über die Hochkirchen ihres Reiches. *Accipe ecclesiam,* dieses von Petrus Damiani[2] bezeugte Wort, das die deutschen Herrscher beim Rechtsakt der Stabinvestitur verwendeten, symbolisierte wie kein zweites die Kirchenhoheit des Königs. Es ist daher durchaus als Beleg für die „geistliche“ Qualität des Investiturzeremoniells zu bewerten, wenn sich Humbert von Silva Candida[3] und Petrus Damiani[4] gegen die Schutzbehauptung mancher Reichsprälaten wehrten, der Herrscher habe ihnen lediglich das Kirchengut, nicht aber die ganze Kirche übertragen.

Trotz dieser offenkundigen Koinzidenz zwischen den rechtssymbolischen Handlungen und dem tatsächlichen Verfügungsanspruch des Königs wäre es falsch, mit der Mehrheit der älteren Forschung davon auszugehen, die Herrscher der ottonisch-frühsalischen Zeit hätten die Besetzung der Bistümer und Abteien von Anfang an fest in der Hand gehabt.[5] Denn man berücksichtigte dabei erstens zuwenig, daß sich die Kirchenhoheit des deutschen Königs in vielen Teilen des Reiches erst relativ spät zu einem allseits anerkannten Verfügungsanspruch steigern konnte, und zweitens unterschätzte man häufig die Tatsache, daß der

Herrscher in der Regel mit dem ortsansässigen Adel (und nicht etwa gegen dessen Interessen) entschied und daß demzufolge viele Reichsklöster und Bischofssitze über Generationen hinweg unter dem Einfluß ein und derselben Personengemeinschaft verblieben.[6] Anders ausgedrückt: Man vernachlässigte einmal die Erkenntnis, daß der zweifellos bis in die Epoche der ostfränkischen Karolinger zurückreichende königliche Brauch, einen Bischof oder Abt mittels der zeremoniellen Verleihung eines Stabes *(baculus, ferula, virga pastoralis)* in sein Amt einzuführen,[7] in den meisten Fällen nur den äußeren Abschluß eines sehr komplexen Entscheidungsprozesses bildete, und dann würdigte man nicht ausreichend den Umstand, daß sich das, was sich vordergründig als willkürliche Personalpolitik des jeweiligen Herrschers präsentierte, in Wahrheit auf einer wesentlich vielschichtigeren Grundlage vollzog: daß die Interessen des Adels wie bei jedem anderen vom König zu vergebenden Amt auch bei der Besetzung von Bistümern und Abteien eine große Rolle spielten und daß das Prinzip der kanonischen Wahl (durch Klerus und Volk der jeweiligen Ortsgemeinde bzw. durch die Mönche des betroffenen klösterlichen Konventes) keineswegs überall zu einem bloßen Akklamationsrecht reduziert worden war.

So klar uns heute indessen die allgemeinen historischen Rahmenbedingungen erscheinen, unter denen sich die Neuvergabe höherer Kirchenämter *(regimina ecclesiastica)* vollzog, so undeutlich wird das Bild, wenn man die Einsetzung von Bischöfen und Äbten unter diachronischem Aspekt ins Auge faßt. Es läßt sich nach dem gegenwärtigen Forschungsstand noch keineswegs sicher entscheiden, ab welchem Zeitpunkt die Übertragung solcher *regimina* in erster Linie auf den Willen des Königs zurückging und in welchem Umfang sie auch dann noch die Wünsche des Adels und das Votum der Kleriker und Mönche widerspiegelte. Soviel läßt sich jedoch mit einiger Gewißheit behaupten: Sowohl die unter Otto III. († 1002) zu einem bis dahin nicht gekannten Ausmaß gesteigerte Sakralisierung des Königsamtes[8] als auch die Zentralisierung der Herrschaft unter dessen Nachfolger Heinrich II. († 1024)[9] trugen erheblich dazu bei, daß sich die tatsächliche Verfügungsgewalt des Königs allmählich verfestigte. Es ist daher schwerlich ein Zufall, daß sich die frühesten Belege für das Verbum *investire* (als einer kennzeichnenden Vokabel für die zeremonielle Übergabe eines Abts- oder Bischofsstabes durch den deutschen König) erst in den Quellen dieses Zeitraums finden lassen.[10] Und ebensowenig kann es verwundern, daß es gerade unter Heinrich II. – wenigstens vereinzelt – zur Berufung von Ministerialensöhnen auf Bischofsstühle[11] kam. Das deutsche Königtum konnte seine Mitwirkung bei der Bischofserhebung und bei der Bestellung neuer Äbte eben nur sehr langsam zu einem faktischen Besetzungsrecht umgestalten. Es spricht deshalb für sich, daß es erst unter Heinrich III. († 1056) mehr und mehr üblich wurde, neben dem Bischofsstab auch den Bischofsring zu übertragen,[12] und es war ein Ausdruck derselben allgemeinen Entwicklung, daß es erst seit der Mitte des 11. Jahrhunderts eine größere Anzahl von Bistümern zu verzeichnen gab, die an landfremde, aus anderen Herzogtümern stammende Personen vergeben worden waren.[13]

Aus all diesen Beobachtungen kann man zweifellos den Schluß ziehen, daß man nur mit starken Einschränkungen von einer dominierenden Rolle des Herrschers bei der Einsetzung von Bischöfen und Äbten der ottonisch-frühsalischen Reichskirche sprechen kann. Auch wenn ein nicht unbeträchtlicher Teil des Episkopats aus der Hofkapelle der deutschen Könige hervorging[14] und die königliche Investitur schon seit dem frühen 10. Jahrhundert eine allseits akzeptierte Gewohnheit darstellte,[15] war die Übertragung kirchlicher *regimina* doch vielfach nur dem äußeren Anschein nach ein Vorgang, der maßgeblich durch die willkürliche Personalentscheidung des jeweiligen Herrschers bestimmt war. Der tatsächliche Einfluß des Königs hing in der Regel von den situationsbedingten Gegebenheiten ab. Bei vielen Stellenbesetzungen begnügte sich der Herrscher damit, seinen Konsens zu erteilen; bei anderen äußerte er einen verbindlichen Wahlvorschlag; in einer dritten Gruppe von Fällen sprach er eine Ablehnung des gewählten Kandidaten aus; und nur dann, wenn die Position des Königs besonders gefestigt erschien, ging die anstehende Personalentscheidung allein auf seine Initiative zurück.[16]

War die Beteiligung des Königs an der Besetzung höherer Kirchenämter damit schon in Deutschland in den Rahmen eines äußerst komplizierten und nur schwer zu systematisierenden Zusammenwirkens verschiedener Kräfte eingeordnet, so galt dies in noch stärkerem Ausmaß für die meisten übrigen Reiche des Abendlandes. Eines der Musterbeispiele ist das *regnum Italiae*. Hier gingen die Bischöfe während des gesamten 10. und frühen 11. Jahrhunderts fast ausschließlich aus denselben Regionen hervor, in denen auch ihre Bistümer lagen. Soweit die Neubesetzung der Diözesen dabei nicht primär durch das Prinzip der kanonischen Wahl bestimmt war, lag die eigentliche Verfügungsgewalt durchweg in den Händen des Adels.[17] Nichts wäre also falscher als die Vorstellung, daß es in Italien zur Ausprägung einer starken königlichen Landeskirche gekommen sei.[18] Erst in der Zeit Ottos III. und Heinrichs II. gelang es den deutschen Königen und Kaisern, zumindest das Erzbistum Ravenna und das Patriarchat Aquileja an landfremde Geistliche zu übertragen.[19] Erst jetzt gerieten die Bistümer des italienischen Nordostens wenigstens teilweise unter den Einfluß der Reichsgewalt.

Angesichts dieser Verhältnisse mußte die Position des französischen Königs geradezu als gefestigt erscheinen. Wie ein kurzer Blick auf die Ergebnisse der älteren und neueren Forschung zeigt, konnten die kapetingischen Herrscher immerhin in einem guten Drittel der französischen Bistümer (genauer gesagt: in rund 25 von den insgesamt 77 Diözesen) ein Investitur- und Besetzungsrecht ausüben.[20] Auch wenn die königliche Landeskirche damit nur ein kleines Kerngebiet der gesamten gallischen Kirche ausmachte und die regionale Lehnsaristokratie vor allem in Nordfrankreich eine quasikönigliche Kirchenhoheit behaupten konnte, bildeten die (im wesentlichen aus den Kirchenprovinzen Reims und Sens sowie einigen Diözesen der Metropolitanverbände Lyon, Bourges und Tours bestehenden) Kronbistümer doch die größte kirchliche Einheit des ehemaligen Westfrankenreichs. Nur mit großen Einschränkungen kann man die normannische oder bretonische Landeskirche mit den Diözesen des Kronepiskopats vergleichen; in Südfrankreich war die Kirchenherrschaft sogar so zersplittert, daß es fast unzutreffend erscheint, von einer aquitanischen Landeskirche zu sprechen.[21] Eine ganz ähnliche Situation war im benachbarten Burgund zu verzeichnen. Auch dort lag die Vergabe höherer Kirchenämter zu einem guten Teil in den Händen des hohen Lehnsadels, der die Bistümer mancherorts – zumal in der Provence – wie frei verfügbare Vermögensobjekte behandelte[22]; aber auch dort gab es eine königliche Landeskirche, die sich von den Diözesen rund um den Genfer See bis zu den Metropolen Lyon und Vienne erstreckte und die bedeutendste kirchliche Einheit des Reiches darstellte.[23]

Noch wesentlich stärker war indessen die Stellung des englischen Königtums, denn der dortige Adel zeigte an der Besetzung der Bistümer und Abteien nur wenig Interesse. So konnte sich bereits ein Herrscher wie Edgar († 975) die Reformbestrebungen des angelsächsischen Mönchtums zunutze machen, indem er mit Dunstan von Canterbury († 988), Oswald von York († 992) und Aethelwold von Winchester († 984) drei prominente Vertreter der monastischen Erneuerung auf wichtige Bischofssitze beförderte[24]; und zwei Generationen später – in der Zeit Eduards des Bekenners († 1066), des letzten Königs aus der alten Dynastie von Wessex – wurde offensichtlich, daß der überragende Einfluß der englischen Herrscher auf die Übertragung höherer Kirchenämter selbst dann in der Substanz erhalten blieb, wenn es zu schweren (und verlustreichen) Konflikten mit dem einheimischen

Hochadel kam.[25] Die königliche Hofkapelle und die Mönche der großen Reichsabteien bildeten in England das entscheidende Personalreservoir für die Besetzung der Bistümer.[26] Es darf vor diesem Hintergrund keineswegs überbewertet werden, daß die auf dem europäischen Kontinent weit verbreitete Investiturpraxis auf der britischen Insel höchstwahrscheinlich erst in der Zeit der ersten Normannenherrscher eingeführt wurde.[27]

Dies also war – in groben Zügen zusammengefaßt – die in den wichtigsten christlichen Reichen vor dem Ausbruch des Investiturstreits gegebene historische Gesamtlage. Die Neuvergabe der Bistümer und Abteien wurde zwar fast überall in erster Linie von den weltlichen Herrschaftsträgern (und nicht von den kanonisch legitimierten Wahlgremien) beeinflußt, aber das Königtum war weit davon entfernt, bei den hierfür notwendigen Personalentscheidungen stets den ausschlaggebenden Faktor zu bilden. Lediglich in Deutschland und England gelang es den Herrschern, in sämtlichen Regionen ihres Reiches bei der Bischofserhebung ein Mitwirkungs- oder Besetzungsrecht geltend zu machen.

Wenden wir uns nun der rechtlichen Bedeutung der königlichen Investiturpraxis bei der Berufung in höhere Kirchenämter zu, so ist sicherlich zunächst einmal darauf hinzuweisen, daß die (erst ab der Mitte des 11. Jahrhunderts regelmäßig mit dem Begriff *investitura* gekennzeichnete) zeremonielle Einführung eines Bischofs oder Abtes in seine neue Würde nach dem Verständnis der Zeitgenossen vor allem eines bedeutete: die symbolische Übertragung der Gewere, das heißt der Verfügungsgewalt über eine Sache.[28] Die in diesem Zusammenhang entwickelten Ausdrucksformen, also insbesondere die feierliche Übergabe eines Stabes sowie die ihr vorausgehende Leistung von Handgang *(commendatio)* und Treueid *(fidelitas)*, besaßen nämlich so viele lehnsrechtliche Parallelen, daß sie leicht als Zeichen für die Konstituierung eines quasivasallitischen Verhältnisses aufgefaßt werden konnten. Und die Analogien zu den sachenrechtlich verfaßten Niederkirchen, deren Kleriker üblicherweise vom jeweiligen Grundherrn durch die Überreichung eines Gegenstandes (wie Altartuch, Glockenseil oder Kirchenbuch) in ihr Amt eingeführt wurden, waren dermaßen auffällig, daß es nahelag, die vom König vorgenommene Investitur als etwas Gleichartiges zu interpretieren.[29]

Was die Stellung des Königs jedoch klar von der eines einfachen Grundherrn abhob, war das weithin verbreitete Empfinden seiner besonderen (theokratischen) Legitimation.[30] Dieser Punkt kann nicht nachdrücklich genug betont werden. Man muß nicht erst an die Herrschaftstheologie der deutschen Reichskrone[31] oder jene Stelle aus der Chronik Thietmars von Merseburg erinnern, in der die Könige als Stellvertreter des höchsten Herrn bezeichnet wurden,[32] um die Bedeutung des sakralen Königsgedankens richtig zu würdigen. Bereits eine kurze Passage aus der ›Collectio canonum‹ Abbos von Fleury († 1002)[33] belehrt uns darüber, daß die rechtmäßig gewählten Könige ihrer geistlichen Qualität nach durchaus mit Äbten und Bischöfen verglichen werden konnten. Darüber hinaus kann die quasisakramentale Funktion des Königs bei der Bischofserhebung durch nichts besser demonstriert werden als durch die Tatsache, daß der Herrscher bei der Investitur mit dem Stab dasselbe Rechtssymbol benutzte, das der jeweils zuständige Metropolit im geistlichen Akt der Bischofsweihe zu übergeben hatte.[34]

2. Die „Vorboten" des Investiturstreits

In Anbetracht dieser überaus großen Bedeutung, die der theokratische Königsgedanke für die Kirchenhoheit der kapetingischen, ottonischen und salischen Herrscher besaß, liegt es auf der Hand, daß sich die Kritik an der königlichen Besetzungspraxis in dem Augenblick entzünden mußte, wo man Herrscherwürde und Bischofsamt wieder schärfer voneinander unterschied. Vor allem das Kirchenrecht bot hierzu genügend Ansatzpunkte, denn die kanonistischen Sammlungen hielten eine Vielzahl von rechtlichen Bestimmungen bereit, die einer allzu starken Sakralisierung des Königsamtes und der herrscherlichen Verfügungsgewalt über Bistümer und Abteien ganz prinzipiell entgegenstanden. Es bedurfte vor diesem Hintergrund lediglich eines geschärften Bewußtseins für die Diskrepanz zwischen den Gegebenheiten des kirchlichen Alltags und den Normen des Kirchenrechts, um die bestehenden Verhältnisse grundsätzlich in Frage zu stellen. Genau dies ist im Zuge der Kirchenreform des 11. und frühen 12. Jahrhunderts auch nach und nach eingetreten.

Eines der frühesten Zeugnisse für diese sich allmählich einstellende Bewußtseinsänderung, die in letzter Konsequenz zu einer Überwindung des Eigenkirchenwesens und einer radikalen Beschränkung der königlichen Kirchenherrschaft führen sollte, ist das in der Regierungszeit Heinrichs II. entstandene Dekret des Bischofs Burchard von Worms († 1025).[35] Von seiner Herkunft und seinem kirchlichen Werdegang aus gesehen kann der Autor dieser bedeutenden kanonistischen Sammlung zwar durchaus „als typischer Vertreter der ottonisch-frühsalischen Reichskirche"[36] bezeichnet werden, da er aus der königlichen

Hofkapelle hervorging und höchstwahrscheinlich derselben Adelsfamilie entstammte, die auch die Bischöfe Hanno († 978) und Hildebald († 998) von Worms gestellt hatte.[37] Zieht man aber die Tatsache in Betracht, daß Burchard die *lex imperatorum* nicht oberhalb, sondern unterhalb des Gesetzes Gottes eingeordnet wissen wollte[38] und daß es ihm darauf ankam, die Autorität des Kirchenrechts gegenüber dem *ius civile* aufzuwerten,[39] dann wird man rasch von einer solchen Wertung abrücken. Wenn in Buch XV des Wormser Dekrets die Kaiser und Könige eindeutig zu den Laien gerechnet wurden[40] und in Buch III durch die Zitation des (einund-)dreißigsten der sogenannten Apostolischen Kanones die Forderung erhoben wurde, daß jeder Bischof, der sein Amt mit Hilfe der weltlichen Gewalt *(saeculi potestatibus usus)* erlangt habe, abgesetzt und exkommuniziert werden solle,[41] so sind solche Äußerungen schwerlich als Beleg „für die Unbeholfenheit des früheren Mittelalters“ anzusehen, „in der geheiligten Tradition der kirchlichen Rechtssätze die zeitgenössische Wirklichkeit auszumachen“.[42] Sie sind angesichts der im gesamten Dekret zutage tretenden Sorgfalt bei der Auswahl und Bearbeitung der kanonistischen Vorlagen eher als ein Ausdruck dafür zu bewerten, daß sich die reformerische Kritik am Laieneinfluß in der Kirche unter anderem in einem Rückgriff auf die Bestimmungen des Kirchenrechts äußerte.[43]

Latent vorhandene Bestrebungen zu einer Reduzierung der königlichen Mitwirkung bei der Besetzung kirchlicher Ämter sind freilich nicht nur im Bereich der Kanonistik zu beobachten. Auch wenn man der Rechtssammlung des Wormser Bischofs schon aufgrund ihrer enormen handschriftlichen Verbreitung eine Schlüsselfunktion für die Ausprägung des Gedankens der *libertas ecclesiae* zuerkennt, darf man hierüber nicht übersehen, daß etwa zur gleichen Zeit auch in der Hagiographie vereinzelt Tendenzen erkennbar wurden, die darauf abzielten, die dominierende Stellung des Königs bei der Vergabe von Bischofsstühlen grundsätzlich in Zweifel zu ziehen. Als Beispiel könnte man in diesem Zusammenhang etwa die noch aus der ersten Hälfte des 11. Jahrhunderts stammenden Teile der ›Vita Bernwardi‹ anführen, weil dort die Erhebung Bernwards zum Hildesheimer Bischof (anders als in den meisten übrigen Quellen über diesen Vorgang) hauptsächlich als das Ergebnis einer kanonischen Wahl durch Klerus und Volk erscheint.[44] In Anbetracht der quellenkritischen Probleme, die mit diesem Text und seiner Datierung verbunden sind,[45] sei es jedoch gestattet, ein anderes Zeugnis herauszugreifen.

Gemeint ist die von Abt Berno von Reichenau († 1048) in den zwanziger Jahren des 11. Jahrhunderts entworfene (dritte) Fassung der ›Vita

Udalrici‹, die sich von den beiden älteren Versionen der Lebensbeschreibung in bezug auf die Aussagen über den Pontifikatsantritt des Heiligen ganz erheblich unterscheidet. Hatte die erste dieser beiden (noch in der Zeit vor der Jahrtausendwende entstandenen) Ulrichsviten die Übertragung der Augsburger Bischofswürde vor allem dem Einfluß der schwäbischen Herzogsfamilie und der Entscheidung König Heinrichs I. († 936) zugeschrieben[46] und hatte Ulrich seinen Episkopat nach dem Bericht der zweiten Version ausschließlich der Großzügigkeit des Herrschers und der Gnade Gottes zu verdanken,[47] so stellte Berno das Votum von Klerus und Volk als das eigentlich konstitutive Element der Bischofserhebung heraus und reduzierte die Mitwirkung des Königs auf einen bloßen Konsens zu dieser Wahl.[48] Das Prinzip der *electio canonica* trat damit offenkundig an die Stelle des laikalen Verfügungsanspruchs. Es ist nicht zu bezweifeln, daß der Reichenauer Abt die Absicht verfolgte, auch den königlichen Einfluß auf die Bischofserhebung in die Normen des Kirchenrechts einzubinden und ihn lediglich als nachgeordneten Faktor erscheinen zu lassen.[49]

Bedeuteten die Vorstellungen Bernos mithin einen freilich nur verhalten vorgetragenen Protest gegen jene Besetzungspolitik, die sich ein König wie Heinrich II. zu eigen machte, so waren die Reformansichten einer Reihe von Persönlichkeiten, die im Gebiet des ehemaligen karolingischen Mittelreichs beheimatet waren, eigentlich nichts anderes als die Fortsetzung und Steigerung dieser äußerst kritischen Haltung. Es wäre deshalb falsch, die Auffassung dieser Opponenten einfach als zufällig überlieferte Stimmen grundsätzlicher Kritik abzutun, die zeitgeschichtlich nicht ins Gewicht gefallen seien. Tatsächlich handelte es sich bei diesen Reformern nicht um eine geschlossene Gruppe oder gar um einen monolithischen Block, der das Investiturproblem allein ins Rollen gebracht hätte. Der Einfluß dieses (nur durch eine ideelle Klammer zusammengefügten) Personenkreises darf jedoch schon deshalb nicht unterschätzt werden, weil für einige seiner Repräsentanten ein enger Kontakt mit den Trägern jener Erneuerungsbewegung bezeugt ist, die seit der Mitte des 11. Jahrhunderts die gesamte abendländische Kirche erfaßte.[50]

Dies gilt freilich nicht für den ersten Vertreter dieser reformerisch gesinnten Einzelpersönlichkeiten: Bischof Gerhard I. von Cambrai († 1051). Denn dieser war nach Herkunft und Werdegang eine typische Gestalt der ottonisch-frühsalischen Reichskirche. Er war im Jahre 1012 als Mitglied der königlichen Hofkapelle von Heinrich II. gegen den Widerstand des Grafen von Flandern ins Bischofsamt befördert worden und bildete in kirchenpolitischen Fragen einen wichtigen Rückhalt der

Reichsgewalt.[51] Diese Kooperationsbereitschaft hatte indessen eine genau umrissene Grenze. Wie wir aus verschiedenen Passagen der ›Gesta episcoporum Cameracensium‹ wissen, bestand Gerhard darauf, daß die bewaffnete Friedewahrung eine spezifische Aufgabe des Königs (und nicht der Bischöfe) sei.[52] Vor diesem Hintergrund kann es wenig verwundern, wenn dieselbe Quelle an zwei Stellen berichtet, daß Gerhard sich dem laikalen Eigenkirchendenken entgegenstellte.[53] Dem reformerischen Bischof von Cambrai war offenkundig daran gelegen, den Einfluß des Laienadels auf die Vergabe kirchlicher *regimina* weitestmöglich einzuschränken. Nach seiner Auffassung stand es lediglich einem Kaiser oder Bischof zu, eine Abtei zu übertragen. Es fehlte nur noch, daß auch die Sonderstellung, die der Kaiser gegenüber den (übrigen) Laien einnahm, in Zweifel gezogen wurde.

Doch selbst diese letzte Ausnahme sollte schon nach wenigen Jahren in ihren theoretischen Grundlagen erschüttert werden. Namentlich unter Abt Halinard von Saint Bénigne vor Dijon († 1052) und in dessen Umkreis hatte es bereits seit dem Jahre 1031 erhebliche Widerstände gegen die eigenmächtigen Übergriffe des französischen Königs in die Besetzung der Abtei Bèze und des Bistums Langres gegeben[54]; und als Halinard im Jahre 1046 von Heinrich III. die Erzdiözese Lyon erhalten sollte und dieser ihm den üblichen Treueid abverlangte, kam es zu einem bezeichnenden Zwischenfall: Der burgundische Abt lehnte die Forderung des künftigen Kaisers mit dem Hinweis ab, daß das (Matthäus-) Evangelium und die Benediktregel jedem Mönch geböten, nicht zu schwören und sich von weltlichen Handlungen fernzuhalten.[55]

In diesem von der Forschung häufig behandelten Vorgang hat man früher meist die rein religiös motivierte Haltung eines strenggesinnten Mönchs gesehen und ihr keinerlei Bedeutung für die Entwicklung des Investiturproblems beigemessen.[56] Demgegenüber ist aber mit Hartmut Hoffmann zu betonen, daß Halinard „sich der politischen Konsequenzen des geforderten Eids voll bewußt war und daß er eben nicht durch die Übernahme des Erzbistums in die Reichsgeschäfte verwickelt werden wollte“.[57] Gerade weil der Abt von Saint Bénigne sich darüber im klaren war, daß die Leistung eines Treueides eine quasivasallitische Bindung an den König zum Ausdruck brachte, wollte er diese tunlichst vermeiden. Die Äußerung Halinards kann deshalb als Indiz dafür angesprochen werden, daß die Idee des geistlich-weltlichen Synergismus keineswegs überall auf Gegenliebe stieß.

Ganz ähnlich geartet waren die Ansichten Bischof Wazos von Lüttich († 1048). Folgt man dem Bericht der zwischen 1048 und 1056 fertiggestellten ›Gesta episcoporum Leodiensium‹,[58] dann gingen diese Vorstellungen sogar noch einen wichtigen Schritt weiter. Wazo begnügte sich nämlich (angesichts des im Jahre 1046 anstehenden Absetzungsverfahrens gegen Widger von Ravenna) nicht damit, dem salischen Herrscher jegliche Kompetenz in geistlichen Delikten streitig zu machen. Er nahm diesen Fall darüber hinaus zum Anlaß, den König darauf hinzuweisen, daß die Bischöfe ihm gegenüber nur in weltlichen Dingen zur Treue *(fidelitas)* verpflichtet seien, während sie in allen Fragen, die ihr von Gott verliehenes Amt beträfen, nur dem Papst Rechenschaft ablegen müßten.[59]

Auch ein zweites Zeugnis ist geeignet, die Anschauungen des Lütticher Bischofs etwas näher zu beleuchten. Es handelt sich um einen ebenfalls durch die ›Gesta episcoporum Leodiensium‹ überlieferten Brief, den Wazo an Bischof Roger II. von Chalons-sur-Marne († 1062) richtete.[60] Der Kontext dieses Schreibens ist für unsere Fragestellung von untergeordneter Bedeutung (es geht darum, ob man gegen manichäische Ketzer mit dem Schwert der weltlichen Gewalt vorgehen solle).[61] Wichtig erscheint jedoch der letzte Satz des Schriftstücks; denn dort heißt es, die Bischöfe hätten bei ihrer Ordination nicht das Schwert der weltlichen Macht empfangen, sie seien folglich nicht zum Töten, sondern zum Lebendigmachen gesalbt worden.[62] Wenn die Lütticher Bischofsgeschichte zwei Kapitel später berichtet, Wazo habe auch gegenüber Heinrich III. darauf bestanden, daß seine Weihe sich von der Herrschersalbung wegen ihrer sakramentalen Heilsfunktion erheblich unterscheide,[63] dann bedeutet dies nichts anderes, als daß er die – von dem Salier befürwortete – Angleichung von Herrscherwürde und Bischofsamt prinzipiell in Frage stellte. Es kann somit nicht bezweifelt werden, daß der theokratische Königsgedanke mehr und mehr in die Krise geriet.

Einen ersten Höhepunkt erreichte diese Entwicklung in Zusammenhang mit der Absetzung Papst Gregors VI. auf der Synode von Sutri (1046). Denn schon etwa eineinhalb Jahre nach diesem Ereignis entstand im Umkreis einer Gruppe von französischen Bischöfen ein kanonistisches Gutachten, das die Frage behandelte, welche rechtlichen Voraussetzungen gegeben sein müßten, um das päpstliche Amt zu erlangen.[64] Es ist an dieser Stelle nicht notwendig, den Argumentationsgang dieses Schreibens im einzelnen wiederzugeben.[65] Bemerkenswert erscheinen aber zwei Tatsachen: einmal, daß der Traktat dem Kaiser – ebenso wie allen übrigen Laien – das Recht aberkannte, seine Hand gegen einen Priester zu erheben,[66] und dann, daß er sich in diesen Zusammenhang auf einen kurzen Auszug aus den pseudoisidorischen Dekretalen[67] berief, der bei Burchard von Worms[68] als selbständiger Rechtssatz überliefert worden war.

Daß Laien keinerlei Verfügungsgewalt über kirchliches Vermögen zugestanden werden dürfe,[69] war der wesentliche Inhalt dieser angeblich auf Papst Stephan I. († 257) zurückgehenden Passage. Und aus diesem Gedanken wurde im unmittelbaren Kontext die Schlußfolgerung gezogen: Wenn dies schon für die kirchlichen Güter gelte, dann erst recht für die Weihegrade.[70] Der Autor des Rechtsgutachtens war zweifellos überzeugt, daß der Kaiser keinerlei Jurisdiktionsgewalt *(libertas reprehendi vel iudicandi)* über den Klerus besitze[71] und daß er auch bei der Papstwahl nicht mehr als ein nachgeordnetes Konsensrecht zur Entscheidung der Priester *(sacerdotale iuditium)* beanspruchen könne.[72] Wie in der Lütticher Bischofsgeschichte wurde damit offen ausgesprochen, daß selbst das Verhalten des gesalbten Herrschers an den Normen des Kirchenrechts gemessen werden müsse. Es ist nicht zu übersehen, daß diese Auffassung in deutlichem Kontrast zur Besetzungspraxis Kaiser Heinrichs III. stand.

3. Die geistige und rechtliche Situation in der Zeit der ersten Reformpäpste (1049–1073)

Der Pontifikat Papst Leos IX. († 1054) bezeichnete die nächste Phase in der Entwicklung des Investiturproblems. Denn mit dem ehemaligen Bischof Bruno von Toul bestieg im Februar des Jahres 1049 ein Mann den Stuhl des heiligen Petrus, der demselben geistigen Milieu wie Erzbischof Halinard von Lyon entstammte und dem Gedanken einer umfassenden Kirchenreform sehr aufgeschlossen gegenüberstand. Es verdient vor diesem Hintergrund Beachtung, daß sich (nach dem Bericht der zwischen 1058 und 1061 fertiggestellten ›Vita Leonis IX papae‹) schon im Vorfeld der Inthronisation des neuen Pontifex ein bemerkenswerter Vorfall ereignete: Der gerade von Heinrich III. nominierte künftige Papst teilte dem in Worms versammelten Hoftag öffentlich mit, daß er sein Amt nur dann antreten wolle, wenn er zuvor durch den römischen Klerus und das römische Volk einmütig gewählt werde.[73] Sowenig Neues diese Forderung an sich enthielt – kein Zeitgenosse zweifelte ernsthaft daran, daß die gerade erfolgte Designation durch eine kanonische Wahl ergänzt werden müsse –, so ungewöhnlich war es, sie ausdrücklich anzumelden. Folgt man der Aussage der Vita, dann kam hierin zum Ausdruck, daß die *electio cleri et populi* dem Verfügungsanspruch aller anderen Personen an kanonischer Autorität überlegen sei.[74] Es kann demnach nur eine logische Konsequenz geben: Der spätere römische Bischof war offenkundig der Meinung, daß die Vergabe des päpstlichen Amtes in erster Linie von der Befolgung des Prinzips der kanonischen Wahl abhänge.

Die Authentizität dieses Wahlvorbehalts ist indessen nicht ganz unumstritten. Bereits Paul Schmid hat im Jahre 1926 darauf aufmerksam gemacht, daß die fragliche Äußerung nur durch eine einzige (zeitgenössische) Quelle belegt werden könne und daß man deshalb vermuten dürfe, die Nachricht gebe weniger die Ansichten des Papstes als vielmehr die Anschauungen des Vitenschreibers wieder.[75] Dieser Einwand ist nicht von der Hand zu weisen. Auch wenn sich heute mehr und mehr die Erkenntnis durchsetzt, daß der Verfasser der Lebensbeschreibung „an sich nicht der polemischen Verfälschung verdächtig"[76] sei, bleibt auf der anderen Seite die Tatsache bestehen, daß die übrigen (zeitgenössischen) Quellen den Vorgang der Papsterhebung ganz anders schildern: daß sie das ausschlaggebende Moment in der Nomination durch Kaiser Heinrich III. erblicken und den Wahlvorbehalt mit Schweigen übergehen.[77]

Doch wie dem auch sei, wo auch immer die Lösung des Problems zu suchen ist – es geht auf keinen Fall, Leos Einstellung zur kanonischen Wahl allein im Lichte der Geschehnisse des Winters 1048/49 zu betrachten. Es ist weder zulässig, die Nachricht der Vita rundweg zu verwerfen, noch sie zum entscheidenden Beurteilungskriterium zu erheben. Wenn die von Leo IX. im Oktober des Jahres 1049 in Reims abgehaltene päpstliche Synode erklärte, daß niemand ohne die Wahl von Klerus und Volk in ein höheres Kirchenamt gelangen dürfe,[78] so erscheint diese Bestimmung zwar vordergründig als Bestätigung jener Forscher, die an der Glaubwürdigkeit der Wormser Forderung festhalten. Es wäre jedoch verfehlt, von vornherein auszuschließen, daß der in Reims beschlossene Kanon sich möglicherweise nur gegen den „Mißstand einer völlig formlosen Bischofserhebung ohne die Beteiligung der Betroffenen"[79] richtete und mit der Investiturpraxis König Heinrichs III. überhaupt nichts zu tun hatte.

Auf genau derselben Linie liegen auch die übrigen Quellen, die uns über Leos Auffassung von der Bischofserhebung informieren. Auch sie können keineswegs als Indizien für eine prinzipiell kritische Haltung des Papstes gegenüber der königlichen Besetzungspraxis gedeutet werden; aber es wäre ebenso falsch, sie als Belege dafür heranzuziehen, daß der römische Oberhirte bereit gewesen sei, das Prinzip der kanonischen Wahl den Verfügungsansprüchen der weltlichen Herrscher völlig unterzuordnen. Im Gegenteil: Bereits ein kurzer Blick auf die Berufung des Bischofs Udo von Toul im Jahre 1051 dokumentiert uns, daß Leo IX. die königliche Willensbekundung (und damit auch den Investiturakt) nach Möglichkeit an den Schluß des eigentlichen Entscheidungsprozesses gestellt wissen wollte[80]; und aus seinem Verhalten angesichts der strittigen Besetzungen der burgundischen Metropole Besançon und des französischen Bistums Le Puy darf man sogar schließen, daß er nicht die Nomination durch den Herrscher, sondern die Wahl durch Klerus und Volk zum entscheidenden Maßstab der regulären Bischofserhebung erklärte. Der Papst stellte sich nämlich in beiden Fällen rückhaltlos hinter das Votum der jeweiligen Ortsgemeinde: Im Jahre 1049 wies er die Ansprüche eines gewissen Bertald, der schon um 1016 von Rudolf III. von Burgund († 1032) zum Erzbischof von Besançon bestimmt worden war,[81] mit der Begründung zurück, die Kinder der genannten Kirche hätten ihn weder gewählt noch anerkannt[82]; und im Jahre 1053 weihte er nicht den durch den französischen König Heinrich I. († 1060) eingesetzten Kandidaten für das Amt des Bischofs von Le Puy, sondern entschied sich für den von Klerus und Volk dieser Diözese vorgeschlagenen Elekten.[83]

Bedeutete der Pontifikat Leos IX. somit in mehr als einer Hinsicht eine Stärkung des Prinzips der *electio canonica*, so mußte sich dieser Umstand über kurz oder lang auch auf die Papstwahl auswirken. Im August 1057 (also etwa ein Jahr nach dem Tod Kaiser Heinrichs III.) war es soweit: Abt Friedrich von Montecassino, einer der engsten Mitarbeiter Leos IX. und der Bruder Herzog Gottfrieds von Lothringen († 1069), wurde als Stephan IX. zum Papst ausgerufen, ohne daß sich die römische Reformpartei vorher der Zustimmung des (noch minderjährigen) deutschen Königs versichert hatte.[84] Erst im Anschluß an die schon einen Tag nach der Wahl vorgenommene Weihe des neuen Oberhirten zog eine von Hildebrand, dem späteren Papst Gregor VII., geführte Gesandtschaft[85] nach Deutschland, um den Konsens des dortigen Hofs einzuholen. Wir werden auf diese Ereignisse in einem späteren Kapitel noch ausführlich zu sprechen kommen.[86] Hier sei jedoch festgehalten, daß der Gedanke der kanonischen Wahl mit der Erhebung Stephans IX. eine ungeheure Aufwertung erfuhr.

In denselben Zusammenhang einer wesentlich an den Normen des Kirchenrechts orientierten Neuordnung der Vergabe kirchlicher *regimina* ist sicherlich auch jene zwischen 1057 und 1059 entstandene Schrift einzuordnen, die von ihrem Autor – Kardinalbischof Humbert von Silva Candida († 1061) – mit dem Titel ›Adversus Simoniacos‹ versehen wurde. Dieser in insgesamt drei Bücher gegliederte politisch-theologische Traktat nahm seinen Ausgang zwar nicht von der Frage der kanonischen Wahl, sondern von dem (weitaus grundsätzlicheren) Problem, unter welchen Umständen die den Priestern und Bischöfen anvertraute Aufgabe der sakramentalen Heilsvermittlung als gefährdet betrachtet werden müsse.[87] Er muß aber trotzdem ausführlich behandelt werden, weil er einige längere Passagen enthält, die dem Investiturproblem gewidmet sind.[88]

Wenden wir uns nun im folgenden dem Inhalt dieser Kapitel zu, so ist hierbei zunächst einmal sehr aufschlußreich, daß Humbert auch die Könige zu den Laien rechnete und deren Verfügungsgewalt über die Einsetzung neuer Bischöfe und Äbte auf das engste mit dem Thema der simonistischen Ämtervergabe in Verbindung brachte. Auch wenn er sich in diesem Zusammenhang stets davor hütete, die Investiturpraxis der weltlichen Herrscher ausdrücklich unter den Begriff der Simonie zu stellen, betonte er auf der anderen Seite mehr als deutlich, daß die damit einhergehende Verleihung von Kirchengut im Grunde nichts anderes besage als einen unerlaubten Handel mit Dingen, die den Bischöfen ohnehin rechtlich zuständen und dem Zugriff weltlicher Machthaber eigentlich entzogen seien.[89] Die Laieninvestitur war demzufolge in Humberts Augen auf jeden Fall von simonistischen Begleitumständen geprägt; der Kardinalbischof zog hiermit eine logische Konsequenz aus seiner in Buch II von ›Adversus Simoniacos‹ getroffenen Feststellung, daß kein Mensch jemals irgend etwas umsonst von einem anderen erlangen könne und daß es deshalb am besten sei, er bekomme es von Bischöfen oder Klerikern, die bekanntlich nur den himmlischen Lohn fordern oder bezahlen dürften.[90] Es kann angesichts dieses Verständnishorizonts nur wenig verwundern, wenn er an einer anderen Stelle des Traktates erklärte, die weltlichen Fürsten würden die *res ecclesiasticae* unter dem falschen Namen der Investitur *(investitio)* verkaufen.[91]

Humbert begnügte sich aber nicht damit, die simonistischen Begleitumstände der zu seiner Zeit üblichen Form der Bischofserhebung zu kritisieren; er protestierte darüber hinaus auch gegen den Umstand, daß die irdischen Herrscher mittels der von ihnen ausgeübten Investitur seit langem zum entscheidenden Faktor für die Vergabe von Bischofsstühlen geworden seien. Das wichtigste Argument, dessen er sich in diesem Kontext bediente, war ein Grundsatz, der auf Papst Leo den Großen († 461) zurückging: Keine vernünftige Überlegung lasse es zu, daß zu den Bischöfen auch Personen gerechnet würden, die weder von den Geistlichen gewählt noch von der Bevölkerung erbeten, noch von den Bischöfen ihrer Kirchenprovinz mit der Billigung des Metropoliten geweiht worden seien,[92] lautete die Quintessenz dieses von Humbert gleich zweimal zitierten Gedankens. Der Kardinalbischof zog hieraus die Schlußfolgerung, daß durch die zeremonielle Übertragung von Ring und Stab mittels der weltlichen Fürsten der kanonistisch festgelegte Ablauf der Bischofserhebung auf den Kopf gestellt werde.[93] Anstelle der vom Kirchenrecht vorgesehenen Instanzen sei damit die weltliche Gewalt zur ausschlaggebenden Kraft für die Übertragung von Bischofsstühlen geworden. Obwohl selbst die von einem Laien vorgenommene Taufe durch das Gebet und die Salbung eines Priesters ergänzt werden müsse, seien die irdischen Machthaber dazu übergegangen, mittels der Investitur über das Sakrament der Bischofsweihe zu verfügen.[94]

Daß dieser in Buch III, 6 von ›Adversus Simoniacos‹ in überaus komprimierter Form zusammengefaßte Standpunkt die in weiten Teilen Europas übliche Investitur- und Besetzungspraxis radikal in Frage stellte, ist unmittelbar einsichtig und bedarf deshalb keiner weiteren Erläuterungen. Schwerer abzuschätzen ist jedoch der Einfluß, den diese Ansichten auf die Zeitgenossen ausübten. Die von Humbert verfaßte Schrift gegen die Simonisten ist lediglich durch drei Handschriften überliefert, die mit dem Investiturproblem zusammenhängenden Passagen des dritten Buchs finden sich sogar nur in einem einzigen mittelalterlichen Codex. Nichts liegt daher auf den ersten Blick näher als die Vermutung, daß Humberts Auffassungen vom ordnungsgemäßen Ablauf der Bischofserhebung über Jahrzehnte hinweg zur Wirkungslosigkeit verurteilt geblieben seien.[95]

Gegen diese (zunächst sehr plausibel wirkende) Annahme lassen sich aber einige gravierende Einwände geltend machen. Der wichtigste von ihnen sei hier genannt: Humbert gehörte als Kardinalbischof von Ostia zweifellos zu den engsten Mitarbeitern des Reformpapsttums, die Durchsetzung seiner Ideen war mithin keineswegs auf eine große Verbreitung von ›Adversus Simoniacos‹ angewiesen, sondern konnte viel direkter erfolgen. Es ist schwer vorstellbar, daß ausgerechnet der Reformer, der schon im Jahre 1059 als eines der beiden „überaus scharfen und durchdringenden Augen" Papst Nikolaus' II. († 1061) bezeichnet wurde,[96] auf den von ihm besuchten Synoden und bei anderen Gelegenheiten gezögert haben sollte, seine Vorstellungen über das Investiturproblem deutlich zu äußern. Man sieht: Die Feststellung Lanfranks von Le Bec, daß Humbert seit den Tagen Leos IX. bei sämtlichen Konzilien und Beratungen des Apostolischen Stuhls zugegen gewesen sei und diese stets maßgeblich bestimmt habe,[97] ist nicht der einzige Hinweis auf eine rasch erfolgte Rezeption der Gedanken des Kardinals. Auch wenn sich zahlreiche Indizien dafür anführen lassen, daß der Traktat gegen die Simonisten nur von wenigen Zeitgenossen gelesen worden ist, darf man hieraus noch lange nicht folgern, daß die dort festgehaltenen Vorstellungen von den übrigen Reformern weder aufgegriffen noch zur

Kenntnis genommen wurden. Es ist nicht zu bestreiten, daß Humbert zumindest eine der verschiedenen Entwicklungstendenzen repräsentierte, welche die Reforminitiativen des Papsttums maßgeblich bestimmten.

Diese Erkenntnis darf uns freilich nicht dazu verleiten, die weitere Entwicklung des Investiturproblems allein im Lichte der Thesen von ›Adversus Simoniacos‹ zu interpretieren. Mindestens ebenso aufschlußreich für die Meinungsbildung in der engeren Umgebung Papst Stephans IX. und seiner Nachfolger sind die Schriften eines anderen Reformers. Gemeint ist Petrus Damiani († 1072), der im Jahre 1057 auf Betreiben Hildebrands zum Kardinalbischof von Ostia erhoben wurde und der spätestens seit diesem Zeitpunkt zu den führenden Repräsentanten der innerkirchlichen Erneuerungsbewegung zählte. Seine Briefe, Traktate und Predigten verdienen zweifellos besondere Aufmerksamkeit.

Der erste Gesichtspunkt, der in diesem Zusammenhang ins Auge fällt, ist die Tatsache, daß Petrus Damiani die laikale Investitur- und Besetzungspraxis seiner Zeit offenkundig nicht mit derselben Entschiedenheit und Rigorosität zu bekämpfen trachtete, die wir bei Humbert von Silva Candida beobachten konnten. Bei allem Engagement, mit welchem Petrus die Frage des Laieneinflusses in der Kirche behandelte, scheute er sich stets, den weltlichen Herrschern jegliches Mitwirkungsrecht an der Besetzung vakanter Bischofsstühle abzuerkennen. Er kritisierte lediglich die dem kanonischen Recht zuwiderlaufenden Begleitumstände, von denen die Bischofserhebung in der Regel gekennzeichnet war. In der höchst umfangreichen literarischen Hinterlassenschaft des Kardinalbischofs findet sich jedoch nicht eine Passage, in welcher ausdrücklich die Abschaffung der Laieninvestitur verlangt worden wäre.[98]

In Anbetracht dieses Umstandes gelangt man natürlich schnell zu der Auffassung, daß Damiani die herkömmliche Vergabepraxis ohne größere Vorbehalte akzeptiert habe. Diese Hypothese hält aber einer genaueren Überprüfung nicht stand. Lediglich ein Brief aus dem Jahre 1046 kann als eindeutiger Beleg dafür bewertet werden, daß der spätere Kardinal den Königen ein faktisches Ernennungsrecht einräumte.[99] Alle anderen Zeugnisse (auch diejenigen, die von der Forschung gemeinhin als Gegenbeispiele genannt werden)[100] besagen bei näherem Hinsehen nichts weiter, als daß Petrus die Übertragung kirchlicher *regimina* in jedem Fall an die Normen des Kirchenrechts gebunden wissen wollte. Es gibt keinerlei Indizien dafür, daß der Reformer noch in den fünfziger oder sechziger Jahren des 11. Jahrhunderts die Meinung vertrat, das Prinzip der *electio canonica* könne notfalls durch einen Machtspruch des Königs ersetzt werden.

Mit dieser Feststellung ist freilich nur die allgemeine Tendenz umrissen, die den verschiedenen Äußerungen Petrus Damianis zugrunde lag. Will man die Ansichten des reformerisch gesinnten Kardinals etwas differenzierter charakterisieren, so scheint es dringend erforderlich, sie mit den Auffassungen Humberts von Silva Candida zu vergleichen. Gleich vorweg muß dabei der Hinweis erfolgen, daß Petrus den ganzen Komplex im Prinzip auf derselben geistigen Basis erörterte, wie dies in ›Adversus Simoniacos‹ geschehen war. Auch Damiani betrachtete den König – ungeachtet seiner sakralen Legitimation, die er durchaus befürwortete[101] – als einen Laien, der sich nicht das priesterliche Amt anmaßen dürfe.[102] Auch er sprach sich entschieden dafür aus, daß den weltlichen Fürsten keinerlei Recht auf die Übertragung von Kirchen an deren künftige Leiter zustehe[103] und daß der (oben erwähnte) Grundsatz Leos des Großen über die Bischofserhebung unter allen Umständen befolgt werden müsse.[104]

Ähnliches gilt für die Bewertung der simonistischen Begleitumstände, die mit der Laieninvestitur in der Regel verbunden waren: Wie Humbert von Silva Candida erklärte auch Petrus Damiani, daß bereits die Verpflichtung zum Hofdienst oder die Schmeichelei bei weltlichen Fürsten einen verbotenen Handel mit kirchlichen Ämtern und Gütern bedeute;[105] wie jener trat auch er ohne jede Einschränkung der Auffassung entgegen, man könne sich mittels der Investitur nur das Kirchengut und nicht die Kirche selbst verschaffen.[106] Das einzige, was die beiden Reformer grundsätzlich unterschied, war der Umstand, daß Petrus die zeremonielle Übergabe von Ring und Stab durch die Hand weltlicher Herren nicht als vorweggenommene Bischofsweihe interpretierte. Nur von hierher ist es zu verstehen, daß er die Laieninvestitur nicht mit derselben Schärfe verurteilte wie sein Amtsbruder aus Silva Candida.

Die Versammlung von 113 Bischöfen, die in den Wochen nach dem Osterfest des Jahres 1059 unter dem Vorsitz Papst Nikolaus' II. im römischen Lateran abgehalten wurde, ist die nächste Station, mit der wir uns im Rahmen unseres Überblicks über die Geschichte des Investiturproblems beschäftigen müssen. Denn diese Synode faßte einen Beschluß von ungewöhnlicher Tragweite. Dieser häufig als das erste päpstliche Investiturverbot bezeichnete Kanon wurde von Nikolaus II. durch eine (zweifellos als rechtsverbindlich angesehene)[107] Enzyklika bekanntgemacht und hat nach Ausweis seiner ältesten handschriftlichen Überlieferungsform folgenden Wortlaut: *ut per laicos quilibet clericus aut presbiter nullo modo optineat ecclesiam nec gratis nec precio* („daß durch Laien irgendein Kleriker oder Priester auf keinerlei Weise eine Kirche erlangen mögen, weder umsonst noch für Geld").[108]

Auf den ersten Blick scheint diese Vorschrift nichts anderes als ein generelles Verbot der Vergabe von Kirchen durch Laienhand zu besagen; und es kann wenig verwundern, daß man (zumal in der älteren Forschung) immer wieder die Ansicht vertreten hat, daß damit das zum Gesetz geworden sei, was Humbert in ›Adversus Simoniacos‹ explizit gefordert hatte: eine prinzipielle Neuordnung der Besetzung kirchlicher Ämter. Parallel zum Papstwahldekret, das von derselben Synode verabschiedet worden war, sei in diesem Rechtssatz der Versuch unternommen worden, die eigentliche Personalentscheidung für die Übertragung geistlicher Würden allein an die zuständigen kirchlichen Instanzen zu binden. Die römische Bischofsversammlung habe mithin einen programmatischen Grundsatzbeschluß gefaßt, dessen einziger Schönheitsfehler darin bestand, daß ihm jegliche Sanktionen fehlten.

Ob man sich die Dinge so konkret zurechtlegen darf, ist freilich in den letzten Jahren sehr fragwürdig geworden. Namentlich Giovanni Battista Borino[109] und Rudolf Schieffer[110] möchten die Richtlinie der Lateransynode nämlich ganz anders verstehen. Die beiden Autoren sprechen sich (in Übereinstimmung mit P. Imbart de la Tour[111] und W. Schwarz[112]) dafür aus, daß die Bestimmung sich höchstwahrscheinlich nur auf den niederkirchlichen Bereich bezogen habe. Sie argumentieren dabei einmal mit dem Hinweis, daß der fragliche Kanon im Hinblick auf die Erlangung von Abts- oder Bischofsstühlen keinerlei (erkennbare) Resonanz ausgelöst habe und den meisten Zeitgenossen offensichtlich völlig unbekannt geblieben sei. Zum anderen stützen sie sich auf die Tatsache, daß sich die zu Beginn des Jahres 1060 in Vienne und Tours abgehaltenen päpstlichen Legatensynoden damit begnügten, den simonistischen Verkauf von Niederkirchen zu verbieten und die von Laien vorgenommene Übertragung solcher Kirchen an den Konsens des zuständigen Bischofs zu binden.[113] Nach ihrer Auffassung zielten die Reformbemühungen Papst Nikolaus' II. mit an Sicherheit grenzender Wahrscheinlichkeit lediglich auf „eine Milderung des elementaren Eigenkirchenwesens"[114] ab; sie seien damit als Konsequenz einer älteren (legislativen) Tradition zu betrachten, die sich bis in die Karolingerzeit zurückverfolgen lasse.

So verblüffend wie diese Thesen angesichts des oben zitierten Wortlauts des Synodalbeschlusses klingen mögen, sie lassen sich nur schwer widerlegen. Es ist kaum anzunehmen, daß das Reformpapsttum und seine Anhänger sich bereits ein Jahr nach ihrer Zusammenkunft im Lateran zu einem radikalen Kurswechsel entschlossen haben sollten; es fällt auf, daß die im Jahre 1059 verkündete Maxime keineswegs in einen offenen Kampf mit den weltlichen Herrschaftsträgern einmündete. Berücksichtigt man indessen den Umstand, daß es methodisch zumindest sehr bedenklich ist, von der praktischen Anwendung und Durchsetzung einer (abstrakt formulierten) kirchenrechtlichen Norm auf deren ursprünglichen Bedeutungsgehalt rückzuschließen, dann liegt die Lösung des Interpretationsproblems nicht mehr so klar auf der Hand. Um sich ein abschließendes Urteil bilden zu können, erscheint es vor diesem Hintergrund durchaus angebracht, die ganze Frage einer erneuten Prüfung zu unterziehen.

Geht man hierbei zunächst von einer (rein textimmanenten) Bestandsaufnahme des mit den Worten ›Vigilantia universalis‹ eingeleiteten Synodalschreibens Nikolaus' II. aus, dann ergibt sich folgendes Bild: Sowenig der (hier zur Debatte stehende) sechste Rechtssatz dieses Rundbriefs eine formelle Abschaffung der Laieninvestitur verlangt, so abwegig ist die Vermutung, man könne aus dem (äußerst unbestimmt wirkenden) Ausdruck *quilibet clericus aut presbiter* ein sicheres Indiz dafür gewinnen, daß der ganze Kanon sich ausschließlich mit niederen Kirchenämtern beschäftigte. Im Gegenteil: Bereits ein kurzer Vergleich mit jenen Bestimmungen derselben Enzyklika, die sich eindeutig auf die gesamte kirchliche Hierarchie erstrecken, fördert einige auffällige sprachliche Analogien zutage.[115] Der Textbefund dürfte daher eher darauf hindeuten, daß die Lateransynode dem laikalen Verfügungsanspruch über kirchliche Ämter ganz grundsätzlich entgegentreten wollte.

Eine interpretatorische Sicherheit läßt sich aus dieser Beobachtung allerdings nicht gewinnen. Hierzu bedarf es zweifellos einer genaueren Analyse, die die Gesamttendenz der Reformbestrebungen Papst Nikolaus' II. und seiner Umgebung ebenso ins Auge faßt wie den Wortlaut des sechsten Rechtssatzes von ›Vigilantia universalis‹. Aufschlußreich ist in diesem Zusammenhang zunächst einmal die Tatsache, daß die Formulierung *nec gratis nec precio* eine enge Verbindung zwischen der laikalen Besetzungspraxis und der Frage des simonistischen Amtsantritts herstellte. Denn der päpstliche Rundbrief vollzog damit genau denselben gedanklichen Schritt, den wir bei Humbert von Silva Candida und Petrus Damiani konstatieren konnten. Die beiden Kardinalbischöfe haben auf der Lateransynode nachweislich eine bedeutende Rolle gespielt. Es dürfte daher schwerlich auf einen Zufall zurückgehen, daß sich die älteste Version des von Nikolaus II. autorisierten Synodalschreibens ausgerechnet in einer jener wenigen mittelalterlichen Handschriften befindet, die uns den Text von ›Adversus Simoniacos‹ überliefern.[116]

Berücksichtigt man darüber hinaus den Umstand, daß die Lateransynode die von Leo dem Großen und Coelestin I. aufgestellten Richtlinien über die Bischofserhebung ausdrücklich bekräftigte[117] und daß Papst Nikolaus II. und seine engsten Berater den König übereinstimmend zu den Laien zählten,[118] dann wird man sich wohl kaum der Ansicht verschließen können, daß der sechste Rechtssatz von ›Vigilantia universalis‹ durchaus den Charakter eines Grundsatzbeschlusses besaß: daß er zwar (aufgrund der bestehenden Machtverhältnisse) keineswegs voll in die Praxis umgesetzt werden konnte, daß er sich aber prinzipiell sowohl auf kirchliche *regimina* als auch auf die (vorwiegend sachenrechtlich verfaßten) Niederkirchen erstreckte. Zusätzlich abgesichert wird diese Hypothese durch drei Briefe aus der Feder Petrus Damianis. Die beiden ersten sind an Papst Nikolaus II. adressiert,[119] der dritte an dessen Nachfolger Papst Alexander II. († 1073).[120] Bei den zuerst genannten Dokumenten handelt es sich um zwei in den Jahren 1058 und 1060 verfaßte Opuscula, in welchen Petrus einen Mönch lobt, der auf einen Bischofsstuhl verzichtet habe, weil es ihm widerfahren sei, die Übertragung der Kirche *de manu regis, laici videlicet hominis,* entgegenzunehmen.[121] Die dritte, wohl aus dem Jahre 1066 datierende Epistel befaßt sich mit den simonistischen Begleitumständen der Laieninvestitur und stellt in diesem Zusammenhang beiläufig fest, daß es den weltlichen Fürsten (und hierbei werden die Könige ausdrücklich miteingeschlossen) rechtlich überhaupt nicht zustehe, irgendwelche Kirchen an deren künftige Leiter zu übertragen.[122]

So unmißverständlich diese Quellenstellen zum Ausdruck bringen, daß die Mitwirkung von Laien an der Vergabe von Bistümern, Abteien oder sonstigen kirchlichen Einrichtungen niemals zu einem faktischen Ernennungs- und Besetzungsrecht gesteigert werden dürfe, so naheliegend ist die Annahme, daß sie an eine konkrete kirchenrechtliche Norm anknüpfen. Nicht zu beweisen ist indessen, daß es sich bei dieser Maxime um den sechsten Kanon der päpstlichen Enzyklika ›Vigilantia universalis‹ handelt. Denn zumindest eines der drei Schriftstücke ist mit Sicherheit vor der Lateransynode von 1059 entstanden.[123] Es ist also keineswegs auszuschließen, daß Petrus Damiani auch bei den beiden anderen Äußerungen lediglich die ältere kanonistische Tradition (beispielsweise den 31. Apostolischen Kanon)[124] im Auge hatte. Trotzdem sind die zitierten Textpassagen nicht uninteressant. Stellt man nämlich den Umstand in Rechnung, daß der Kardinalbischof von Ostia die Vergabe von Bischofsstühlen durch die Hand des Königs offensichtlich schon im Jahre 1058 als korrekturbedürftigen Mißstand betrachtete, dann spricht immerhin einiges dafür, daß er in der Folgezeit darauf hinwirkte, auf einem päpstlichen Generalkonzil einen entsprechenden Beschluß zu fassen.

Doch wie dem auch sei, so wünschenswert es wäre, in diesem Punkt Gewißheit zu erlangen – entscheidender ist in unserem Zusammenhang die Beantwortung einer anderen Frage. Sie lautet: Läßt sich ein generelles Verbot der Vergabe von Kirchen durch Laienhand überhaupt mit den übrigen Entscheidungen und Beratungsthemen der römischen Bischofsversammlung des Jahres 1059 vereinbaren? Um es kurz zu machen: Es gibt keinerlei Anzeichen, die dagegen sprechen. Fast alle Tagesordnungspunkte der Lateransynode weisen nämlich eine gemeinsame Grundtendenz auf. Der zentrale Verhandlungsgegenstand lag offensichtlich in der kanonistischen Formulierung von Reformidealen, die das priesterliche Amt betrafen[125]; nirgendwo ist dabei eine Einengung auf den niederkirchlichen Bereich zu erkennen. Im Gegenteil, wenn der berühmteste Beschlußtext des Konzils – das Papstwahldekret ›In nomine Domini‹ – die Erlangung des Apostolischen Stuhls an ein stufenförmiges Wahlverfahren band, in dem den Kardinalbischöfen die entscheidende Prärogative eingeräumt wurde,[126] dann bedeutete dies nichts anderes, als daß die bis zu den Tagen Viktors II. († 1057) übliche, vornehmlich von laikalen Kräften bestimmte Erhebungspraxis durch die Befolgung des Prinzips der *electio canonica* ersetzt werden sollte. Nichts ist vor diesem Hintergrund naheliegender als die Vermutung, daß der sechste Kanon von ›Vigilantia universalis‹ im Hinblick auf die übrigen Kirchenämter eine ganz ähnlich geartete Absicht verfolgte, anders ausgedrückt: daß er die Neubesetzung sämtlicher Kirchen in die Hände der zuständigen kirchenrechtlichen Instanzen legen wollte.

Man sieht: Von welcher Seite auch immer man den fraglichen Rechtssatz der päpstlichen Enzyklika betrachtet, stets überwiegen die Hinweise darauf, daß sich dieser auch auf die kirchlichen *regimina* bezog. Die Forschungsergebnisse Borinos und Schieffers können angesichts dieses Quellenbefundes lediglich als Beleg für das praktische Verhalten des Reformpapsttums *nach* der Beschlußfassung von 1059 herangezogen werden. Sie sind jedoch keineswegs geeignet, den prinzipiellen Geltungsbereich der Bestimmung der Lateransynode in irgendeiner Weise einzuschränken. Auch wenn Papst Nikolaus II. und seine Umgebung den Gegebenheiten des kirchlichen Alltags durch ein umsichtiges Verhalten Rechnung trugen, waren sie deshalb noch lange nicht der Auffassung, daß die *saecularis potestas* den ausschlaggebenden Faktor bei der Bischofserhebung bilden dürfe.

In Anbetracht dieses eindeutigen Untersuchungsergebnisses verwundert es nicht, daß das Investiturproblem auch in den folgenden Jahren eine erhebliche Rolle spielte; es liegt auf der Hand, daß auch die Nachfolger Nikolaus' II. sich mit dem Problem der ordnungsgemäßen Vergabe von Abts- und Bischofsstühlen beschäftigen mußten. Dennoch wäre es falsch, wollte man aus diesen Beobachtungen die Annahme ableiten, daß schon Papst Alexander II. († 1073), der am 1. Oktober des Jahres 1061 die *cathedra* des heiligen Petrus bestieg, den Kampf gegen die laikale Besetzungspraxis mit der Rigorosität eines Humbert von Silva Candida geführt habe. De facto nahm der neue römische Bischof eine eher gemäßigte Position ein: Auf der einen Seite respektierte er durchaus den von den weltlichen Herrschern geltend gemachten Investituranspruch und protestierte niemals gegen den Vollzug der Ring- und Stabübergabe durch Laienhand.[127] Auf der anderen Seite wollte er den Bestimmungen des Kirchenrechts auf jeden Fall die ihnen zukommende Geltung verschaffen und scheute sich nicht, jeden Verstoß gegen den Grundsatz der kanonischen Wahl und die Simonievorschriften mit strengen Strafen zu belegen.[128] Kurz und gut, wenn Alexander II. die von seinem Vorgänger im Jahre 1059 verfaßte Enzyklika ›Vigilantia universalis‹ (zusammen mit dessen ›Decretum contra Simoniacos‹)[129] nahezu vollständig unter seinem eigenen Namen erneut promulgierte,[130] dann war dieser Schritt im Hinblick auf die Neuvergabe von Bistümern und Abteien keineswegs als Kampfansage an die Einweisungspraxis der weltlichen Herrscher zu verstehen. Was die Laieninvestitur anging, besagte ein solches Vorgehen lediglich, daß alle Beteiligten an die Bestimmungen des Kirchenrechts erinnert werden sollten.

Diese auf Ausgleich bedachte Zielsetzung der päpstlichen Politik läßt sich vor allem daran veranschaulichen, daß es Alexander II. bei strittigen Bistumsbesetzungen bis in die ausgehenden sechziger Jahre des 11. Jahrhunderts vermied, die Wünsche von Klerus und Volk gegen die Personalvorstellungen des deutschen und französischen Königshofes auszuspielen. Denn es läßt sich zwar eine ganze Reihe von Beispielen aufzählen, aus denen hervorgeht, daß der Papst die weltlichen Herrscher auf die Beachtung der kirchenrechtlichen Normen verpflichten wollte.[131] Es gibt jedoch keinen Hinweis darauf, daß er bereits in dieser Phase seiner Amtsführung darauf hinarbeitete, das königliche Mitspracherecht bei der Besetzung kirchlicher *regimina* ernsthaft einzuschränken oder gar zu beseitigen. Alexander II. war statt dessen stets bestrebt, den Interessen des Königtums soweit wie möglich entgegenzukommen. Erst gegen Ende seines Pontifikats führten zwei unvorhergesehene Einzelfälle zu einer dramatischen Zuspitzung. Erst jetzt sah sich der Papst veranlaßt, das Prinzip der *electio canonica* gegen die Personalentscheidungen des französischen Königs Philipp I. († 1108) und des deutschen Herrschers Heinrich IV. († 1106) zu verteidigen.

Was war geschehen? Wenden wir uns zunächst dem Konflikt mit

König Philipp I. von Frankreich zu: Dieser hatte im Jahre 1068 unter krasser Mißachtung des Gedankens der kanonischen Wahl in Tours mit Rudolf von Langeais einen neuen Erzbischof eingesetzt und war trotz erheblicher Widerstände von seiten der Ortskirche nicht bereit, dessen unrechtmäßige Erhebung rückgängig zu machen. Alexander II. konnte angesichts dieser gespannten Situation nicht untätig bleiben. Er verweigerte dem vom König ernannten (und wohl auch investierten) Kandidaten Anerkennung und Pallium, ja er scheint ihn sogar förmlich verurteilt zu haben. Die päpstliche Kritik richtete sich dabei zwar keineswegs gegen den formalen Brauch einer Ring- und Stabübergabe durch die Hand eines weltlichen Herrschers; es ist aber nicht zu übersehen, daß der Papst dem französischen König (wie jedem anderen Laien) die Befugnis absprach, eigenmächtig über die Neubesetzung eines Bischofsstuhls zu entscheiden und das Wahlrecht der entsprechenden Ortsgemeinde völlig außer acht zu lassen.[132]

Durchaus vergleichbar mit diesem erst im Jahre 1073 beigelegten Streit um die Ernennung Rudolfs von Langeais waren die Mailänder Geschehnisse der Jahre 1071 und 1072. Denn auch im Hinblick auf diese Vorgänge kann man die Feststellung treffen, daß der Reformpapst die königliche Mitwirkung nur so lange für legitim erachtete, wie das Prinzip der kanonischen Wahl hinreichend berücksichtigt wurde; und auch an diesen Ereignissen läßt sich aufzeigen, daß Alexander II. bereit war, die Vorschriften des Kirchenrechts notfalls auch gegen den erklärten Willen eines gesalbten Herrschers durchzusetzen. Wenn der römische Oberhirte den als Nachfolger des bisherigen Erzbischofs Wido von Heinrich IV. investierten Subdiakon Gottfried auf der päpstlichen Fastensynode des Jahres 1072 dem Anathem unterwarf und zugleich Atto, den nur wenige Wochen zuvor im Beisein eines Kardinallegaten erhobenen Kandidaten der Mailänder Pataria, ausdrücklich als rechtmäßig erwählt *(iuste electum)* bezeichnete,[133] so lag diesem Vorgehen die Absicht zugrunde, die Erlangung eines höheren Kirchenamtes unter allen Umständen von den kirchenrechtlichen Normen abhängig zu machen. Auch wenn Alexander dem deutschen König keineswegs seinen Anspruch auf die Investitur mit Ring und Stab bestritt, bedeutete dies nicht, daß er gewillt war, eine Aushöhlung des Wahlrechts der betroffenen Ortsgemeinde hinzunehmen.

Daß es das ausdrückliche Ziel des Reformpapstes war, die Entscheidung über die Neuvergabe von Bischofsstühlen vor allen Dingen zu einer Sache der hierzu vom Kirchenrecht vorgesehenen Instanzen zu machen, läßt sich indessen nicht nur an den Vorfällen in Mailand und Tours ablesen. Daneben ist noch ein weiteres Zeugnis geeignet, die grundsätzliche Auffassung Alexanders anhand eines konkreten Beispiels zu demonstrieren; gemeint ist ein päpstliches Privileg aus dem Jahre 1070, in welchem die Besetzungsfrage im Salzburger Eigenbistum Gurk eine kirchenrechtliche Klärung erfuhr.[134] Wenn es im Text dieser Urkunde heißt, daß nur derjenige durch die sogenannte Investitur oder einen anderen Rechtsakt zum Bischof bestellt werden dürfe, der zuvor nach dem Willen des Salzburger Metropoliten gewählt, ordiniert und konsekriert worden sei,[135] dann kommt hierin zweifelsfrei zum Ausdruck, daß Alexander II. den Stellenwert der zeremoniellen Verleihung von Ring und Stab relativ gering einschätzte. Auch wenn der Gurker Fall nur bedingt mit den Verhältnissen an den übrigen Bischofskirchen Deutschlands und Reichsitaliens zu vergleichen ist, ist kaum zu übersehen, daß der Papst die Investitur in dieser Urkunde lediglich als rechtssymbolische Bestätigung einer bereits vorher gefällten Personalentscheidung interpretierte, anders ausgedrückt, daß sie nur den äußeren Abschluß der Bischofserhebung bilden sollte.[136]

Insgesamt läßt sich die Auffassung Alexanders II. also wie folgt umreißen: Der römische Bischof wollte unter allen Umständen vermeiden, daß jemand in den Episkopat aufstieg, der sein Amt ausschließlich der weltlichen Gewalt zu verdanken hatte. Waren das Prinzip der kanonischen Wahl und die Simonieverbote aber hinreichend beachtet geblieben und hatte sich der entsprechende Elekt auch sonst keine Verstöße gegen das Kirchenrecht zuschulden kommen lassen, so hatte der Papst nichts dagegen einzuwenden, daß eine Investitur durch Laienhand erfolgte. Nicht die Ring- und Stabübergabe war die Zielscheibe der päpstlichen Kritik; Alexander protestierte lediglich dann, wenn die weltlichen Machthaber ihren Investituranspruch zu einem faktischen Ernennungsrecht auszugestalten trachteten.

4. Der Pontifikat Papst Gregors VII. (1073–1085)

Mit der Wahl des römischen Archidiakons Hildebrand zum Papst (am 22. April des Jahres 1073) begann nach weit verbreiteter Ansicht eine neue Epoche. Erst in diesem Pontifikat, so vermerkt ein Großteil der historischen Forschung, sei das Investiturproblem zu einer wirklich virulenten Streitfrage geworden.[137] Erst jetzt habe das Reformpapsttum fast jede sich bietende Gelegenheit genutzt, die Investiturpraxis der weltlichen Fürsten radikal in Zweifel zu ziehen. Schaut man indessen etwas genauer hin, dann wird man rasch von der Ansicht abrücken, daß eine solche Wertung auch für die Anfangsjahre jenes Papstes Bestand haben könne, der unter dem Namen Gregor VII. zu den bedeutendsten Repräsentanten der innerkirchlichen Erneuerung des 11. Jahrhunderts gezählt wird. Für diesen ersten Abschnitt seiner Amtszeit läßt sich nämlich die Feststellung treffen, daß die päpstliche Politik im Hinblick auf die Neuvergabe von Bischofssitzen genau denselben Kurs einschlug, den schon Nikolaus II. und Alexander II. für richtig gehalten hatten. Mit anderen Worten: Auch Gregor VII. wandte sich zu Beginn seines Pontifikats noch keineswegs gegen die zeremonielle Übertragung von Investitursymbolen durch Laienhand; aber auch er verfolgte zunächst einmal das Ziel, die von den weltlichen Herrschern praktizierte Ring- und Stabübergabe auf eine rechtssymbolische Bestätigung einer Personalentscheidung zu reduzieren, die zuvor auf der Basis des Kichenrechts (d.h. einer simoniefreien, kanonischen Wahl durch die Vertreter der jeweiligen Ortskirche) gefällt worden war.

Ganz besonders deutlich wird uns diese Haltung, wenn wir uns die Tatsache vor Augen halten, daß der Nachfolger Alexanders II. schon bei der Erhebung Attos von Mailand eine beträchtliche Rolle gespielt hatte. Folgt man nämlich dem Bericht des ortsansässigen und offensichtlich gut unterrichteten Geschichtsschreibers Arnulf von Mailand, dann vollzog sich die vor allem von der Pataria betriebene Wahl Attos auf einen ausdrücklichen Ratschlag Hildebrands,[138] der zu dieser Zeit als Archidiakon der römischen Kirche zur engsten Umgebung Alexanders II. gehörte. Nichts ist vor diesem Hintergrund also naheliegender als die Annahme, daß Papst Gregor VII. in den ersten Monaten nach seinem Pontifikatsantritt bestrebt gewesen sei, den deutschen König in der Mailänder Angelegenheit auf seine Seite zu ziehen und das Schisma in der Kirche des heiligen Ambrosius auf friedliche Weise beizulegen.

In der Tat läßt sich diese Vermutung auch leicht belegen. Denn aus verschiedenen Briefen des päpstlichen Registers[139] ergibt sich zweifelsfrei, daß der römische Oberhirte noch im September des Jahres 1073 die (durchaus nicht ganz unbegründete) Hoffnung hegte, Heinrich IV. werde die unrechtmäßige Investitur Gottfrieds rückgängig machen und statt dessen Atto, dem von der Kurie unterstützten Kandidaten, die Anerkennung aussprechen. Und durch keinen anderen Text läßt sich die kompromißbereite Haltung des Papstes besser veranschaulichen als durch den Umstand, daß er – etwa zur gleichen Zeit – dem Elekten (und späteren Bischof) Anselm II. von Lucca († 1086) die Anweisung erteilte, sich nur so lange einer Investitur aus der Hand des Königs zu enthalten, bis der Friede wiederhergestellt sei.[140] Erst, als sich seine Erwartungen dann doch nicht erfüllten, griff Gregor zu schärferen Maßnahmen: Die im März des Jahres 1074 abgehaltene römische Fastensynode wiederholte den schon unter Alexander II. verhängten Bannspruch gegen Gottfried und bestätigte die Wahl Attos[141]; und die zu Beginn des folgenden Jahres einberufene, zweite Fastensynode bestritt dem König jegliches Recht auf die Vergabe von Bischofsstühlen und verbot gleichzeitig die Praxis der Laieninvestitur.

Wir werden auf diese wichtige Grundsatzentscheidung noch ausführlich zu sprechen kommen. Um die Darstellung jedoch nicht einseitig auf die Beziehung zwischen Gregor VII. und Heinrich IV. zu konzentrieren, soll zuvor ein Fall in den Vordergrund gerückt werden, der das päpstliche Verhältnis zu Philipp I. von Frankreich betraf: Seit dem 5. März 1072 war das Bistum Mâcon vakant. König Philipp, dem für diesen Bischofssitz traditionsgemäß das Investiturrecht zufiel, nutzte diese Gelegenheit, um wieder einmal zu demonstrieren, daß er über sämtliche Hochkirchen seines engeren Herrschaftsbereichs eine weitgehende Entscheidungsbefugnis beanspruche. Er ließ zwar eine kanonische Wahl durch die Diözesanen von Mâcon zu, war aber anschließend nicht bereit, dem von Klerus und Volk gewählten Kandidaten – es handelte sich um den Archidiakon Landerich von Autun – seinen Konsens bzw. die Investitur zu erteilen.[142]

Die Vertreter der Ortsgemeinde wandten sich daraufhin an den Papst, und das hierdurch eingeleitete Verfahren stand im Prinzip unter dem gleichen Vorzeichen wie die Haltung Gregors in der Mailänder Frage. Der römische Oberhirte machte nämlich zweierlei deutlich: einmal, daß er die Zustimmung des Herrschers neben der einmütigen Wahl durch Klerus und Volk des entsprechenden Sprengels durchaus zu den regulären Bestandteilen der Bischofserhebung rechne, und dann, daß dieser *assensus* vom König nicht verweigert werden dürfe.[143] Aufgrund dieses zweiten Gedankens ordnete er die noch ausstehende Konsekration Landerichs auch für den Fall an, daß Philipp I. dessen Amtsantritt weiterhin behindere.[144]

Es war somit nicht allein die Zuspitzung der Auseinandersetzung um die Mailänder Doppelwahl, die den Papst gleich zu Beginn seines Pontifikats veranlaßte, das Prinzip der *electio canonica* gegen das Besetzungsrecht eines weltlichen Herrschers in Schutz zu nehmen. Auch die Verhältnisse in Mâcon führten Gregor dazu, die Bestimmungen des Kirchenrechts in besonderer Weise zu akzentuieren. Aber selbst diese Parallele kann durch weitere Analogien ergänzt werden. Wenn der römische Oberhirte im März des Jahres 1074 den burgundischen Grafen Wilhelm ermahnte, den von Klerus und Volk gewählten und anschließend in Rom konsekrierten Bischof Hugo von Die († 1106) vorbehaltlos anzuerkennen,[145] und wenn er ein knappes Jahr später die Diözesanen von Gubbio und Montefeltre aufforderte, unter Assistenz von päpstlichen Legaten zwei Elekten für ihre Bistümer zu bestimmen und diese daraufhin so rasch wie möglich zur Weihe nach Rom zu schicken[146] – dann waren diese Äußerungen als eindeutige Manifestationen für die Eigenständigkeit der kirchlichen Rechtssphäre zu verstehen. Mehr noch, sie brachten zweifelsfrei zum Ausdruck, daß Gregor bereits in den Jahren 1073–1075 fest entschlossen war, dem Gedanken der kanonischen Wahl unter allen Umständen zum Durchbruch zu verhelfen.[147]

In diesen Kontext einer in den Grundzügen bereits voll ausgebildeten Vorstellung von der herausragenden Bedeutung des Prinzips der *electio canonica* ist nun auch jene Passage aus Arnulfs Gesta der Mailänder Erzbischöfe einzuordnen, in welcher es mit Bezug auf die Beschlüsse der römischen Fastensynode des Jahres 1075 wörtlich heißt:

> „Der Papst … untersagte dem König öffentlich, fortan irgendein (Mitwirkungs- oder Ernennungs-)Recht bei der Vergabe von Bistümern zu haben, und er schloß alle Laienpersonen von den Investituren der Kirchen aus. Ferner verkündete er im Hinblick auf sämtliche Ratgeber des Königs die Verhängung des Anathems, nachdem er zuvor dem König dasselbe angedroht hatte, falls er diesem Beschluß nicht in naher Zukunft gehorche“ *(papa … palam interdicit regi, ius deinde habere aliquod in dandis episcopatibus, omnesque laicas ab investituris ecclesiarum summovet personas. Insuper facto anathemate cunctos regis clamat consciliarios, id ipsum regi comminatus, nisi in proximo huic obediat constituto).*[148]

Rudolf Schieffer hat diese Quellenstelle vor einigen Jahren mit dem Hinweis zu erklären versucht, daß sie im Hinblick auf Heinrich IV. nur die zeitlich genau befristeten „Rechtsfolgen einer Mißachtung der Strafmaßnahmen gegen die simonistischen Räte“[149] bezeichne und somit kaum als prinzipieller Angriff auf die Investitur- und Besetzungspraxis des deutschen Herrschers interpretiert werden dürfe. Er stützte sich dabei einmal auf die Tatsache, daß eine derart pauschale Absage an die herkömmlichen Gepflogenheiten bei der Bischofserhebung nur durch Arnulf zweifelsfrei bezeugt ist; zum anderen berief er sich darauf, daß sich die Nachricht der Mailänder Gesta keineswegs „in einen plausiblen Ereigniszusammenhang“[150] füge, konkret gesprochen: daß für das Jahr 1075 weder die Voraussetzungen noch die Konsequenzen erkennbar seien, „die einen Vorgang vom Gewicht des ersten päpstlichen Investiturverbots für einen deutschen König eben zu diesem Zeitpunkt erklärlich und glaubwürdig erscheinen“[151] ließen.

Demgegenüber hat aber schon Hermann Jakobs im Jahre 1982 darauf hingewiesen, daß eine solche Auslegung der fraglichen Sätze aus den Gesta Arnulfs die Wendung *omnesque laicas ab investituris summovet personas* nicht hinreichend verständlich machen könne[152]; und spätestens seit der ausführlichen Rezension von Friedrich Kempf[153] darf als sicher gelten, daß Gregor VII. sein bei Arnulf von Mailand überliefertes Investiturverbot eben doch als grundsätzliche Absage an das von Heinrich IV. beanspruchte *ius in dandis episcopatibus* verstand. Kempf hat nämlich einmal herausgearbeitet, daß die päpstliche Reaktion auf die im April oder Mai des Jahres 1075 am deutschen Königshof vollzogene Investitur des Bischofs Huzmann von Speyer[154] ebensowenig mit den rechtlichen Konsequenzen der kurz zuvor erfolgten Bannung der simonistischen Ratgeber Heinrichs IV. erklärt werden kann wie die Antwort Gregors auf den ganz ähnlich gelagerten Fall des im September 1077 (also nach der Rekonziliation Heinrichs IV. in Canossa) investierten Patriarchen Heinrich von Aquileja,[155] zweitens verdanken wir ihm die Erkenntnis, daß das von Gregor VII. am 8. Dezember 1075 verfaßte Schreiben an den deutschen Herrscher mit hoher Wahrscheinlichkeit ein auf der Fastensynode desselben Jahres erlassenes Investitur- und Besetzungsverbot (und keineswegs bloß ein Dekret gegen die Simonie) voraussetzt,[156] und drittens läßt sich nun schwerlich bestreiten, daß – abgesehen von den (sachlich nicht ganz zutreffenden) Nachrichten der Geschichtsschreiber Landulf von Mailand[157] und Hugo von Flavigny[158] – noch zwei weitere päpstliche Briefe[159] darauf hindeuten, daß der römische Bischof die Praxis der Laieninvestitur schon in den Jahren 1075/76 pauschal in Zweifel gezogen hat.[160]

Alles in allem dürfte es schon in Anbetracht dieser Beobachtungen richtig sein, die Thesen Schieffers ihrer Substanz nach rundweg zu verwerfen. Aber zusätzlich bekräftigt wird die Historizität des von Arnulf von Mailand bezeugten Investitur- und Besetzungsverbots durch die Tatsache, daß Gregor VII. die Mailänder Angelegenheit offensichtlich von Anfang an als juristischen Präzedenzfall behandelte. Wenn der Papst dem deutschen König im Dezember 1074 zu verstehen gab, daß er seine Meinung *de causa Mediolanensi* nur dann revidieren werde, wenn Heinrich durch die *ratio* und *auctoritas* religiöser und kluger Männer beweisen könne, daß das hierzu erlassene und von zwei päpstlichen Synoden bestätigte Dekret verändert werden könne oder müsse,[161] dann erklärte er damit die Bestimmungen des Kirchenrechts zum einzigen Maßstab seiner Urteilsfindung. Ganz besonders deutlich wird diese Grundhaltung Gregors, wenn man sich vor Augen hält, daß es sich bei diesem „Dekret“ nur um die in Arnulfs Gesta erwähnten Exkommunikationssentenzen gegen den von Heinrich IV. investierten Mailänder Subdiakon Gottfried sowie die damit verbundenen Anerkennungsbescheide für Atto, den Kandidaten der Mailänder Pataria, handeln kann.[162] Zieht man darüber hinaus in Betracht, daß der Papst im Dezember 1075 noch ein zweites Mal auf das von Heinrich IV. eingeforderte, aber niemals erstellte Rechtsgutachten zu sprechen kam und daß er in diesem Zusammenhang die Investiturpraxis des Saliers als *prava consuetudo* bezeichnete, die im Gegensatz zu den Vorschriften des Apostolischen Stuhles stehe,[163] dann erscheint es durchaus plausibel, wenn uns Arnulf von Mailand mitteilt, daß sich der ganze Konflikt zwischen König und Papst an der Mailänder Frage entzündet habe.[164]

Man sieht: Das auf der römischen Fastensynode im Februar 1075 verkündete Dekret, der (deutsche) König habe fortan kein Recht *in dandis episcopatibus* und alle Laien hätten von den kirchlichen Investituren Abstand zu nehmen, fügt sich durchaus in eine sinnvolle Ereigniskette. Da Gregor sich nicht damit begnügte, die simonistischen Begleitumstände der Investitur Gottfrieds zu kritisieren, sondern zugleich die Erhebung Attos nachhaltig unterstützte, kann es keinen Zweifel geben: Das zu Beginn des Jahres 1075 ausgesprochene generelle Verbot der Übertragung von Kirchen durch Laienhand ist vor allem damit zu erklären, daß Gregor VII. eine juristische Handhabe brauchte, um dem deutschen König in der Mailänder Sache wirksam entgegentreten zu können.

Mit den Beschlüssen der Fastensynode von 1075, so können wir resümieren, wurde mithin endgültig die Schwelle zur offenen Auseinandersetzung mit dem deutschen Königtum überschritten. Denn zu diesem Zeitpunkt erging das erste päpstliche Verbot, das konkret auf den deutschen König und seine gewohnheitsrechtlich abgesicherte Praxis bei der Bischofserhebung Bezug nahm und das nicht mehr nur abstrakt den Gedanken der kanonischen Wahl gegen das laikale Verfügungsrecht über höhere Kirchenämter zu stärken versuchte. Doch wie behandelte Gregor VII. den gerade erst ausdrücklich formulierten Zusammenhang zwischen Investitur und kanonischer Wahl in der Folgezeit? Machte er nun das Verbot der Ring- und Stabübergabe durch Laienhand zum alles entscheidenden Vehikel für die Durchsetzung seiner Zielvorstellungen, oder stand auch weiterhin die eher abstrakte Diskussion um die prinzipielle Rolle der weltlichen Fürsten bei der Vergabe kirchlicher *regimina* im Vordergrund?

Versucht man, diese Fragen angemessen zu beantworten, so fällt der Blick naturgemäß schnell auf das päpstliche Register. Denn wie keine andere Quelle kann uns diese Sammlung von Urkunden, Briefen und Synodalbeschlüssen Aufschluß über unser Problem geben. Es ist daher fast selbstverständlich, daß sich die ältere und neuere Forschung stets bemüht hat, auf diesem Weg eine befriedigende Klärung herbeizuführen.[165] Daß es hierbei in der Einzelauslegung der verschiedenen Dokumente zu kontroversen Ansichten kam, mag in unserem Kontext außer acht bleiben. Hingewiesen sei aber darauf, daß sich alle Historiker, welche sich in der jüngeren und jüngsten Vergangenheit mit diesem Thema beschäftigten, insofern einig waren, als sie die Feststellung trafen, daß die „berühmten Szenen von Worms, Rom, Utrecht, Mainz, Tribur/Oppenheim und Canossa"[166] für die Entwicklung des Investiturproblems „gänzlich unergiebig"[167] seien und daß die zeremonielle Verleihung von Ring und Stab mittels der weltlichen Herren erst ab dem Jahre 1077 – im Anschluß an die Rekonziliation Heinrichs IV. – in das Zentrum der päpstlichen Reformpolitik gerückt sei. Unabhängig davon, wie man die strittige Nachricht Arnulfs über die Fastensynode von 1075 beurteilt, kann man also davon ausgehen, daß es nicht die (eher vordergründige) Frage des Einweisungsaktes war, die in den Jahren 1075/76 das Verhältnis zwischen geistlichen und weltlichen Herrschaftsträgern bestimmte, daß es vielmehr vor allem um den tatsächlichen Einfluß der Laien auf die Neuvergabe kirchlicher Ämter ging.

Mit einer solchen Bewertung der Sachlage ist freilich noch nicht gesagt, welche Funktion das Prinzip der *electio canonica* während dieses Zeitraums in den Augen Gregors VII. besaß. Kam dem Gedanken der kanonischen Wahl lediglich marginale Bedeutung zu, oder stand er im Mittelpunkt der päpstlichen Reformpolitik? Die Antwort hierauf kann klarer ausfallen, als man es in Anbetracht der divergierenden Forschungsansichten über die Fastensynode von 1075 erwarten wird. Denn bereits die im Sommer desselben Jahres anstehende Neubesetzung des Bamberger Bischofsstuhls läßt erkennen, daß der Papst sich primär an Erzbischof Siegfried I. von Mainz[168] und an Klerus und Volk der vakanten Diözese[169] wandte (also an jene Instanzen, die nach seiner Ansicht für die Bischofserhebung in Bamberg kirchenrechtlich zuständig waren) und daß er den deutschen König lediglich ersuchte, den notwendigen Entscheidungsprozeß nicht zu behindern.[170]

Trotz dieses eigentlich ganz eindeutigen Quellenbefundes haben einige Historiker den Versuch unternommen, die in diesem Zusammenhang an Heinrich IV. abgeschickten Briefe Gregors VII. als Kronzeugen dafür zu verwenden, daß der Papst dem König ein beträchtliches Mitsprache- oder gar Entscheidungsrecht zugestanden habe.[171] Demgegenüber ist aber darauf hinzuweisen, daß der römische Oberhirte im Prinzip genau denselben Weg einschlug, den er auch anderthalb Jahre zuvor im Hinblick auf die Besetzung des Bistums Mâcon gewählt hatte: Er warnte den Herrscher vor simonistischen Mißbräuchen und schärfte die Normen des Kirchenrechts ein. Diese Mahnung wurde freilich nicht mit demselben Nachdruck ausgesprochen, den Gregor gegenüber Philipp I. von Frankreich an den Tag gelegt hatte. Gleichwohl wäre es falsch anzunehmen, der Papst habe in der zweiten Hälfte des Jahres 1075 den Gedanken einer kanonischen Wahl durch die zuständige Ortsgemeinde hintangestellt. Denn einmal weist die in den beiden Briefen an Heinrich IV. aufgestellte Forderung, die Einsetzung des neuen Bamberger Hirten solle *secundum deum* erfolgen, nach Ausweis einer analogen Formulierung im Protokoll der römischen Fastensynode von 1080[172] darauf hin, daß Gregor dabei sehr wohl an ein einmütiges Votum der Diözesanen unter Beteiligung des zuständigen Metropoliten gedacht hat. Und zum anderen dokumentieren die verschiedenen Schreiben, in denen sich der römische Bischof am 8. Dezember 1075 mit dem Mailänder Schisma und den unrechtmäßigen Bistumsbesetzungen in Fermo und Spoleto beschäftigte,[173] daß die päpstliche Politik nach wie vor darauf abzielte, die Bestimmungen des Kirchenrechts – besonders das Prinzip der *electio canonica* – gegenüber einer wesentlich von den weltlichen Herrschern bestimmten Form der Vergabe kirchlicher *regimina* nachdrücklich zu verteidigen.

Es ist somit nicht zu leugnen: Auch wenn sich in bezug auf die Auseinandersetzung zwischen Gregor VII. und Heinrich IV. während des Jahres 1076 keinerlei Zeugnisse dafür beibringen lassen, daß die römische Seite die Praxis der Laieninvestitur auf breiter Front angegriffen habe, auch wenn der früheste unmißverständliche Beleg für ein im Jahre 1075 erlassenes päpstliches Investiturverbot erst in Register IV, 22 (vom 12. Mai 1077)[174] zu finden ist – nichts berechtigt bei näherer Betrachtung der Quellen zu der Annahme, daß sich der römische Oberhirte erst im Anschluß an den Canossa-Gang seines wichtigsten Gegenspielers entschlossen habe, dem laikalen Verfügungsrecht über kirchliche Ämter eine grundsätzliche Absage zu erteilen. Man braucht nicht erst auf die Bischofserhebungen des Jahres 1077 Bezug zu nehmen, um zu verdeutlichen, daß Gregor die eigenmächtige Investitur- und Besetzungspraxis vieler weltlicher Herren mißbilligte. Bereits eine eingehende Untersuchung der Jahre 1073–1075 führt uns vor Augen, daß der Papst den im kanonischen Recht verankerten Wahlprinzipien absolute Verbindlichkeit zuerkannte und den Laieneinfluß auf die Vergabe von Hochkirchen soweit wie möglich zurückzudrängen suchte.

So klar sich indessen die Auffassung Gregors von der grundlegenden Bedeutung der *electio canonica* umreißen läßt, so schwierig ist es, die Gesamtlage während der ersten Hälfte des Jahres 1077 im Hinblick auf das Investiturproblem treffend zu charakterisieren. Denn es steht zwar außer Frage, daß sich der römische Oberhirte gerade in diesen Monaten bemühte, das auf der Fastensynode von 1075 verkündete Investitur- und Besetzungsverbot in Erinnerung zu rufen. Aber es ist auch nicht zu übersehen, daß das am 15. März 1077 im Beisein zweier päpstlicher Legaten abgelegte Wahlversprechen des deutschen Gegenkönigs Rudolf von Rheinfelden († 1080) das Thema der Laieninvestitur gar nicht berührte, sondern sich darauf beschränkte, die Gewährleistung einer simoniefreien kanonischen Wahl in Aussicht zu stellen.[175]

Allein die aus Register IV, 13 (vom 1. März 1077) hervorgehende Tatsache, daß Gregor den ihm von den bretonischen Fürsten angebotenen Investiturverzicht mit den Worten kommentierte, die Ring- und Stabübergabe durch Laienhand sei ohnehin als eine alte und schlechte Gepflogenheit *(antiqua atque pessima consuetudo)* zu betrachten,[176] gibt uns einen eindeutigen Fingerzeig darauf, daß er die herkömmliche Einweisungspraxis als einen gravierenden Mißstand bewertete, der unbedingt beseitigt werden müsse. Man sieht: Wenn der Papst am 12. Mai 1077 in dem schon oben zitierten Brief an seinen (inzwischen zum Dauerlegaten ernannten) Vertrauensmann Hugo von Die die Anweisung gab, man solle in Frankreich einen Synodalbeschluß fassen, der ein Weiheverbot für sämtliche Elekten beinhalte, die das Geschenk des Bischofsamtes *(donum episcopatus)* von einer Laienperson erhalten hätten,[177] dann war dies – bildlich gesprochen – nur die Spitze des Eisberges. Insgesamt kann man zweifellos die Feststellung treffen, daß Gregor die Frage des Investiturzeremoniells zwar auch jetzt noch nicht für die einzig entscheidende hielt, daß er sie aber zunehmend in den Vordergrund rückte.

In diesen Zusammenhang einer verstärkten Hinwendung zu sämtlichen Problemkreisen, die mit der laikalen Besetzungspraxis in irgendeiner Weise zu tun hatten, sind nun auch die weiteren Zeugnisse einzuordnen, die uns die Einstellung Gregors VII. und seiner engsten Mitarbeiter verständlich machen. Gleichgültig, ob der Papst am 17. September 1077 in zwei Briefen (die die Neuvergabe des Patriarchats Aquileja betrafen)[178] die Notwendigkeit einer echten kanonischen Wahl besonders betonte oder ob die von Hugo von Die zur selben Zeit in Autun abgehaltene Legatensynode das von Gregor im Mai geforderte Weiheverbot durch einen förmlichen Synodalbeschluß realisierte[179] – die Reforminitiativen waren stets darauf ausgerichtet, der Eigenständigkeit der kirchlichen Rechtssphäre endgültig zum Durchbruch zu verhelfen. Mit einem Wort: Bezüglich der in den meisten Teilen Europas nach wie vor üblichen Investiturpraxis der weltlichen Machthaber wurden die Angriffe immer schärfer und heftiger. Es war vor diesem Hintergrund schwerlich ein Zufall, daß in Poitiers (also im Herrschaftsbereich des

Herzogs von Aquitanien) ungeachtet eines königlichen Verbots am 15. Januar 1078 noch eine weitere Legatensynode zustande kam, die sämtliche investierenden Laien (gleich welchen Standes) mit der Exkommunikation bedrohte.[180] Und es war ebenso folgerichtig, daß Gregor den in Frankreich verabschiedeten Kanon um die Wende vom Februar zum März des Jahres 1078 durch eine römische Bischofsversammlung mehr oder minder ausdrücklich bestätigen ließ.

Dieses erste päpstliche Investiturverbot, von dem uns die Nachricht überliefert ist, daß es mit einer Ankündigung der Exkommunikation sämtlicher zuwiderhandelnden Personen, Kleriker wie Laien, verbunden gewesen sei, ist uns indessen leider nur durch eine einzige (in den Einzelheiten nicht immer glaubwürdige) zeitgenössische Quelle bezeugt: die Annalen des im Jahre 1088 verstorbenen Geschichtsschreibers Berthold von Reichenau.[181] Analog zu den oben behandelten Äußerungen Arnulfs von Mailand über die Fastensynode von 1075 könnte man daher erwarten, daß auch dieser Bericht Anlaß zu divergierenden Wertungen gegeben habe. In der Tat zeichnet sich die Forschungsdiskussion über die Angaben des schwäbischen Annalenwerks nicht gerade durch ein Höchstmaß an Übereinstimmung aus; im Hinblick auf die dort überlieferte unterschiedslose Bannandrohung gegen Kleriker und Laien neigen einige Historiker sogar der Annahme zu, man müsse sie in jedem Fall als unhistorisch eliminieren.[182] Doch wo auch immer die Lösung des Quellenproblems zu suchen ist, eines ist sicher: Die fragliche Berthold-Stelle bereitet bei weitem nicht so große Verständnisschwierigkeiten wie der Auszug aus den ›Gesta archiepiscoporum Mediolanensium‹. Denn einmal läßt sich ein zu Beginn des Jahres 1078 erlassenes päpstliches Investiturverbot ohne große Mühe in einen sinnvollen Ereigniszusammenhang einfügen, und dann haben wir mit dem Protokoll der römischen Herbstsynode von 1078 noch einen weiteren Text vorliegen, der uns über ein päpstliches Dekret gegen die Ring- und Stabübergabe durch Laienhand informiert.

Dieses zweite Zeugnis ist nun von ungleich höherer historischer Bedeutung, denn es handelt sich um nicht mehr und nicht weniger als um das älteste päpstliche Investiturverbot, dessen voller Wortlaut erhalten geblieben ist. Ohne dieses Dokument könnte die Forschung ernsthaft darüber debattieren, ob Gregor VII. noch im Jahre 1078 gezögert habe, ein grundsätzliches (und mit scharfen Sanktionen versehenes) Investiturverbot auszusprechen. Einzig und allein der Umstand, daß die Beschlüsse vom 19. November 1078 im Originalregister des Papstes festgehalten wurden, bewahrt uns vor jedem Zweifel. Nur aus diesem Grund wissen wir mit absoluter Sicherheit, daß der römische Bischof die zeremonielle Übertragung von Bistümern, Abteien und anderen Kirchen durch die Hand des Kaisers, eines Königs oder irgendeiner anderen Laienperson im Jahre 1078 ausdrücklich als ungültig verwarf und darüber hinausgehend alle an einer solchen Investitur beteiligten Geistlichen mit der Exkommunikation bedrohte.[183]

So weitreichend diese Reformbestimmungen indessen auch waren – sie wiesen doch einige bemerkenswerte Schönheitsfehler auf: Gegen die investierenden Laien wurden nämlich keinerlei Strafmaßnahmen verhängt, die Frage der von den meisten Prälaten übernommenen weltlichen Verpflichtungen blieb gänzlich unberücksichtigt, und die Bedeutung der *electio canonica* wurde keineswegs ausdrücklich herausgestellt. Alle diese Mängel dürfen uns freilich nicht dazu verleiten, Gregor VII. ein unzureichendes Problembewußtsein zu unterstellen. Würdigt man die Geschehnisse der Jahre 1078/79 eines genaueren Blicks (und genau dies hat die jüngere Forschung getan), dann wird man kaum zu einem anderen Schluß gelangen können, als daß der Papst sich angesichts des deutschen Thronstreits eine gewisse Zurückhaltung auferlegte. Da er sich zu diesem Zeitpunkt noch nicht offen entschieden hatte, welchem der beiden Rivalen um die deutsche Königswürde (dem Salier oder Rudolf von Rheinfelden) er den Vorzug geben wollte, dürfte sein vorsichtiges Taktieren auf der Herbstsynode von 1078 wohl in erster Linie damit zu erklären sein, daß er den (nach wie vor schwelenden) Konflikt um die kirchliche Stellenbesetzung in Grenzen zu halten trachtete.[184] Erst auf der Fastensynode des Jahres 1080, als er sich endgültig auf die Seite Rudolfs von Rheinfelden stellte, erließ er ein weiteres (wesentlich komplexeres) Investiturverbot.[185] Erst jetzt wurden sämtliche investierenden Laien mit dem Ausschluß von den kirchlichen Sakramenten bedroht,[186] und erst jetzt wurde die konstitutive Rolle der vom Papst oder einem seiner Metropoliten gebilligten kanonischen Bischofswahl in einem eigenen Dekret klar herausgearbeitet.[187]

Die römische Fastensynode von 1080 eröffnete damit die letzte Phase des Pontifikats Gregors VII. Denn mit der hier vollzogenen nochmaligen Bannung König Heinrichs IV. leitete der Papst eine Periode ein, die allen Zeitgenossen sichtbar machte, daß das Investiturproblem eine baldige Beilegung des Konflikts zwischen den beiden höchsten Repräsentanten der abendländischen Christenheit völlig unmöglich machte. Auf der einen Seite stand die päpstliche Reformforderung nach einer prinzipiellen Neuordnung der kirchlichen Stellenbesetzung auf der Basis des Kirchenrechts; auf der anderen Seite stand die Weigerung Heinrichs IV. und seiner Anhängerschaft, diesem Begehren nachzukommen. Wenn die Synode von Brixen im Juni 1080 auf Betreiben des

Saliers die Absetzung Gregors VII. ausdrücklich ins Auge faßte und wenn man wenig später (im März 1084) den bisherigen Erzbischof Wibert von Ravenna († 1100) als Clemens III. offiziell zum Gegenpapst erhob,[188] dann war das hieraus resultierende Schisma unter anderem ein Ausdruck für die Unlösbarkeit des Investiturproblems. Solange keine der beiden Parteien bereit war, ihren eigenen Standpunkt zu überdenken und dem gegnerischen Lager Konzessionen zu machen, mußte die eigentliche Entscheidung in der Schwebe bleiben. Auch wenn es Heinrich IV. gelang, sich zu Ostern 1084 von Wibert in der römischen Peterskirche zum Kaiser krönen zu lassen und den rechtmäßigen Papst ins normannische Exil nach Salerno abzudrängen,[189] konnte die Frage der kirchlichen Stellenbesetzung damit noch keineswegs als endgültig beantwortet gelten. Im Gegenteil: Während der folgenden Jahrzehnte gab es eine ernsthafte Kirchenspaltung, viele Bistümer und Abteien blieben vakant und nicht wenige wurden gleich doppelt besetzt.

5. Der Höhepunkt und die Überwindung des Investiturstreits

Das wissenschaftliche Geschichtsbild von Viktor III. und Urban II., den beiden ersten Nachfolgern Gregors VII., befindet sich in einem Stadium der differenzierenden Umgestaltung. Längst ist die Forschung davon abgerückt, in diesen beiden „Mönchen" auf dem Stuhle Petri lediglich zwei Epigonen zu sehen, die die revolutionären Ideen Gregors VII. verwässert hätten,[190] längst hat man erkannt, daß beide Päpste durchaus als Gestalten eigenen Gepräges zu bewerten sind,[191] und doch gibt es erst seit kurzem eine halbwegs befriedigende Darstellung ihrer Investiturpolitik.[192]

Die Gründe hierfür liegen vor allem in der schwierigen Quellenlage. Von Viktor III., dem vormaligen Abt Desiderius von Montecassino, ist uns nämlich nicht viel mehr bekannt, als daß er das von Gregor VII. im Jahre 1080 erlassene Investiturverbot auf einer Synode von Benevent (im August 1087) noch einmal bekräftigt haben soll,[193] und Urban II., der ehemalige Prior von Cluny, verwickelte sich bei der Behandlung der Investiturfrage zumindest scheinbar in Widersprüche. Auf der einen Seite bedrohte er bereits auf der Synode von Melfi (im September 1089) jeden Empfang der Laieninvestitur mit der Strafe der sofortigen Absetzung des Investierten[194] und verschärfte diese Vorschrift auf dem Kreuzzugskonzil von Clermont (im November 1095) durch den Zusatz, daß es jedem Bischof oder Priester verboten sei, einem König oder sonstigen Laien Handgang und Treueid zu leisten und sich dadurch in ein ligisches Vasallitätsverhältnis zu begeben.[195] Auf der anderen Seite sah er ausgerechnet in England und der Normandie, wo die lehnrechtlichen Bindungen des Episkopats eine besondere Rolle spielten, über die „widerrechtlich" erfolgten Huldigungen und Investituren stillschweigend hinweg und sprach in vielen Einzelfällen, wo es in Frankreich, Deutschland und Reichsitalien zur zeremoniellen Ring- und Stabübergabe durch den König gekommen war, eine auf den ersten Blick überraschende Begnadigung aus.[196]

Sieht man jedoch etwas genauer hin, dann entpuppen sich diese Widersprüche als geschickt eingefädelte Doppelstrategie, die durchaus von den gregorianischen Reformprinzipien gedeckt war und sich nur die Möglichkeiten zunutze machte, die sich aus der Stellung des Papstes als oberster Autorität der Gesamtkirche ergaben. Urban betrachtete es nämlich als durchaus legitim, sich in schwierigen Situationen allein auf den Beistand des Hl. Geistes zu verlassen und das geltende Kirchenrecht außer Kraft zu setzen. „Dort wo der Geist des Herrn ist, da ist die Freiheit, und wenn Ihr vom Geist Gottes geführt werdet, seid Ihr nicht dem Gesetz unterworfen",[197] hat der Reformpapst zu diesem Problem einmal bemerkt. Und an einer anderen Stelle heißt es: „Obwohl wir aber in Anbetracht der Barmherzigkeit und unter dem Zwang einer großen Notwendigkeit diese Verfügung hinsichtlich der heiligen Stände erlassen haben, wollen wir keineswegs, daß den heiligen Kanones irgendein Schaden zugefügt werde, diese sollen vielmehr ihre ureigene Kraft behalten. Und wenn die Notwendigkeit vorübergeht, dann soll auch das weichen, was ihretwegen geschehen ist. Wo nämlich die Vernichtung vieler offen zutage tritt, dort ist soviel an Strenge wegzunehmen, wie an Liebe hinzugefügt wird."[198]

Man sieht: Es mangelte Urban nicht an Problembewußtsein. Sein Handeln darf kaum als bedenkenloser Opportunismus verstanden werden.[199] Es ist eher als ein im großen und ganzen geglückter Versuch zu bewerten, sowohl den durch Schisma und Investiturstreit bedingten kirchenpolitischen Notwendigkeiten als auch den überzeitlichen Normen des kanonischen Rechts Rechnung zu tragen. Ganz besonders deutlich wird diese Grundhaltung, wenn man Urbans Verhalten bezüglich der Bischofserhebungen Anselms III. von Mailand und Ivos von Chartres in Augenschein nimmt. Denn in beiden Fällen kann man mit guten Gründen davon ausgehen, daß der Papst die an den genannten Prälaten vollzogenen Investituren nur deshalb in Kauf nahm, weil das Prinzip der kanonischen Wahl hinreichend beachtet worden war.[200] Es ist also anzunehmen, daß es Urban in erster Linie darum ging, das Votum der Ortsgemeinde zum entscheidenden Faktor einer jeden Bischofserhebung zu machen, und daß er die Abschaffung der Laieninvestitur lediglich als Instrument zur besseren Durchsetzung dieses Ziels betrachtete. Soweit es ihm möglich war, scheint der Papst allerdings durchaus darauf bestanden zu haben, daß unrechtmäßig investierte Bischöfe ein formelles Schuldbekenntnis ablegten und Buße taten, bevor er sie *necessitate cogente Aecclesiae* begnadigte.[201] Nur dort, wo ihm die politischen Rahmenbedingungen jede wirksame Einflußnahme von vornherein verwehrten, entschloß er sich, auf disziplinarische Maßnahmen zu verzichten und die übliche Besetzungspraxis einfach zu ignorieren.

Es war aber nicht nur das pragmatische Verhalten Urbans II., das einer allmählichen Überwindung der Gegensätze den Weg ebnete. Auch die politisch-theologische Traktatliteratur leistete hierzu einen wichtigen Beitrag. Einer der frühesten Lösungsvorschläge stammte dabei aus der Feder Bischofs Wido von Ferrara († nach 1099), der zum Lager des Gegenpapstes zählte. Seine vermutlich im Frühjahr 1086 entstandene Schrift ›De scismate Hildebrandi‹ suchte die Investiturfrage dadurch zu bewältigen, daß sie sich einer scholastischen Argumentationsweise bediente. In einer literarischen Konzeption, der das dialektische Abwägen der verschiedenen Standpunkte ebenso zu eigen war wie die Vorliebe für möglichst klare (begriffliche und sachliche) Distinktionen, trat dabei der Grundgedanke zutage, daß sich die Investitur im Grunde nur auf den Temporalienbesitz der Kirchen beziehen könne. Wido griff nämlich die von vielen Simonisten seit langem ins Feld geführte Vorstellung auf, daß jeder Bischof Träger einer doppelten Amtsgewalt – einer geistlichen und einer weltlichen – sei; und er machte zugleich deutlich, daß nach seiner Ansicht mit der vom König vollzogenen Ring- und Stabübergabe lediglich das übertragen werde, was ohnehin zu den Gütern und Rechten des Reiches gehöre.[202]

Wenn der Ferrarese allerdings im selben Atemzug die königliche Ernennung neuer Bischöfe dadurch zu rechtfertigen trachtete, daß er den sakralen Charakter des Königsamtes besonders akzentuierte,[203] dann lag hierin eine bezeichnende Inkonsequenz. Wido zögerte offenkundig, die von ihm befürwortete Scheidung von geistlichen und weltlichen Rechten folgerichtig zu Ende zu denken. Diesen Widerspruch erkannt und beseitigt zu haben war nun das Verdienst eines anderen Theoretikers der Kirchenreform. Gemeint ist Bischof Ivo von Chartres († 1116), vormals Propst des Kanonikerstiftes St.-Quentin zu Beauvais, der im Jahre 1090 (im Anschluß an eine kanonische Wahl) durch den französischen König Philipp I. investiert worden war und von Papst Urban II. (ungeachtet des Widerspruchs des zuständigen Metropoliten) persönlich die Bischofsweihe empfangen hatte.[204]

Wie in Anbetracht dieses kirchlichen Werdegangs wohl nicht anders zu erwarten, war Ivo durchaus bereit, den Königen ein Investiturrecht zuzugestehen; ja es scheint ihm sogar völlig gleichgültig gewesen zu sein, ob die Herrscher sich dabei eines geistlichen Symbols (nämlich der *virga pastoralis*) bedienten oder eine andere Form der Einweisung bevorzugten.[205] Nach allem, was wir aus seinem im Jahre 1097 entstandenen Brief an Erzbischof Hugo von Lyon († 1106)[206] wissen, gab es nur zwei Punkte, in denen er keinerlei Konzessionen machte: den Gegenstand und die Funktion der Laieninvestitur. Nach Ivos Meinung war es völlig klar, daß die irdischen Herrscher nichts Geistliches *(nihil spirituale)*, sondern nur die *bona exteriora* (den weltlichen Besitz der Kirchen) vergeben könnten.[207] Und es stand für ihn ebenso außer Frage, daß die eigentliche Personalentscheidung bei der Neubesetzung eines Bistums nicht durch den investierenden König, sondern durch Klerus und Volk – also das vom kanonischen Recht vorgesehene Wahlgremium – gefällt werden müsse. Nur vor diesem Hintergrund ist es zu verstehen, wieso der Bischof von Chartres das von Urban II. verkündete Investiturverbot nicht als eine Maßregel ansah, die jegliche Mitwirkung des Königs an der Bischofserhebung von vornherein ausschließe.[208] Da Ivo die von ihm mit den Ausdruck *concessio* umschriebene königliche Investitur als bloße Einweisung in den Temporalienbesitz der Kirchen interpretierte und sie somit als einen rein innerweltlichen Vorgang ohne jede sakramentale Bedeutung auffaßte, hielt er es durchaus für möglich, daß der Herrscher mit ihrer Hilfe sein rechtliches Verhältnis zum Episkopat sinnfällig ausgestaltete.

So zukunftsträchtig sich dieser Lösungsversuch freilich auf die Dauer auch erweisen mochte – als er ausgesprochen wurde, stand er in einem deutlichen Kontrast zu den Absichten der päpstlichen Investiturgesetzgebung. Wenn Urban II. den Priestern und Bischöfen auf seiner durch den Aufruf zum ersten Kreuzzug berühmt gewordenen Synode von Clermont neben der traditionellen Investitur auch die lehnrechtliche Kommendation und Eidesleistung untersagte,[209] dann vollzog er hiermit im Grunde genommen genau das, was Ivo unter allen Umständen zu vermeiden trachtete: eine Ausweitung der gregorianischen Investiturverbote auf die *bona exteriora,* auf jene Besitztümer und Rechte der Kirchen, die die weltlichen Herrscher häufig gegen die Leistung des ligischen Treueids zu vergeben pflegten.

Daß diese Gesetzesinitiative noch weit über das hinausging, was Gregor VII. für richtig gehalten hatte,[210] bedarf keiner langen Erläuterung; es liegt auf der Hand, daß das Huldigungsverbot von 1095 die Beziehungen zwischen Königtum und Episkopat auf eine völlig neue

Rechtsbasis stellen sollte. Kaum zu beantworten ist jedoch die Frage, wie das Verhältnis zwischen Herrschern und Bischöfen nach den Vorstellungen Urbans II. und seiner Anhänger konkret aussehen sollte. Das Kreuzzugskonzil hatte nämlich im Hinblick auf dieses Problem lediglich eine negative Entscheidung getroffen; es war deutlich geworden, daß der von vielen Prälaten eingegangene Lehnsnexus von den strenggesinnten Reformern als unerträglich empfunden wurde. Wenn die letzte, in Rom tagende Synode Urbans II. im Frühjahr 1099 die Mannschaftsleistung von Klerikern grundsätzlich mit dem Anathem bedrohte,[211] dann war diese Richtlinie schwerlich etwas anderes als eine nochmalige Bekräftigung des in Clermont verkündeten Dekretes. Man kann also zusammenfassend feststellen, daß das Investiturverbot beim Tode Urbans II. keineswegs als prinzipiell überwunden gelten konnte, sondern lediglich eine Akzentverschiebung ins Lehnrechtliche erfahren hatte.[212]

Auch der Pontifikat Paschalis' II. (1099–1118) verkörperte, was die Beteiligung der weltlichen Herrscher an der Bischofserhebung anging, zunächst einmal eine geradlinige Fortsetzung des nun schon seit Generationen andauernden Grundsatzstreits. Wenn der neue Papst im Jahre 1100 auf einer Legatensynode von Poitiers allen Klerikern die Leistung der Mannschaft *(hominium)* bei weltlichen Herren untersagen ließ[213] und wenn er wenig später auf einem römischen Konzil (im April 1102) auch die Vergabe von Kirchengütern *(dona ecclesiastica)* durch Laienhand verbot,[214] so waren diese Maßnahmen kaum dazu angetan, die Spannungen zu entschärfen. Im Gegenteil: Bereits ein kurzer Blick auf die Verhältnisse in England und Frankreich zeigt uns eindeutig, daß der Beginn der Amtszeit Paschalis' II. vor allen Dingen eine Ausweitung des Investiturkonflikts bedeutete.

Erst mit dem Jahre 1104, als es dem französischen König Philipp I. und dem römischen Oberhirten gelang, sich über die Neubesetzung des Bistums Paris zu verständigen, zeichnete sich zumindest im Westen Europas ein Kompromiß ab.[215] In Frankreich ging man in der unmittelbaren Folgezeit mehr und mehr dazu über, dem König lediglich einen Treueid (nicht aber die Mannschaft) zu leisten und im Gegenzug die Nutzungsrechte für die Temporalien zu empfangen. Und in England, wo es nach der Thronbesteigung König Heinrichs I. († 1135) im Jahre 1100 wegen des von Urban II. verkündeten Investitur- und Kommendationsverbots zu lebhaften Auseinandersetzungen zwischen dem Herrscher und Erzbischof Anselm von Canterbury († 1109) gekommen war, wurde nach zähen Verhandlungen mit Paschalis II. auf einem Londoner Reichstag (im August 1107) endgültig festgelegt, daß der König auf die Übergabe von Ring und Stab an die in seiner Gegenwart am Hof gewählten Bischöfe und Äbte verzichte, aber von allen Prälaten das *hominium* nach wie vor einfordere.[216]

Der für England (einschließlich der Normandie) während der Jahre 1105–1107 erfolgreich abgeschlossene Ausgleichsversuch konnte auf die Dauer nicht ohne Parallelentwicklungen bleiben. Angesichts des Umstands, daß das auf der Synode von Brixen im Jahre 1080 ausgebrochene Schisma nach dem Tode Clemens' III. († 1100) rasch an Bedeutung verloren hatte, und in Anbetracht der Tatsache, daß sich im Dezember 1104 mit Heinrich V. († 1125) ein Mann gegen den gebannten Kaiser Heinrich IV. († 1106) erhoben hatte, der der Kurie durchaus verhandlungsbereit gegenüberstand, mußte sich über kurz oder lang auf allen Seiten das Gefühl einstellen, daß man auch für den Bereich des salischen Imperiums zu einer tragfähigen Einigung gelangen könne. Es war daher schwerlich ein Zufall, daß es im Hinblick auf das Investiturproblem schon an der Jahreswende 1105/06 zu einer ersten Kontaktaufnahme zwischen dem Papst und dem jungen deutschen König kam.[217] Und es war ebenso folgerichtig, daß die ersten ernsthaften Verhandlungen zwischen Heinrich V. und Paschalis II. just im Oktober 1106 begannen[218] – etwa ein Jahr, nachdem sich Heinrich I. von England und Anselm von Canterbury im normannischen L 'Aigle (bei Séez) über den später in London verkündeten Kompromiß im Grundsatz verständigt hatten,[219] und ziemlich genau sieben Monate, nachdem der Papst in einem Brief an Anselm sein Nachgeben in der Frage der Mannschaft signalisiert hatte.[220]

Doch so günstig die äußeren Rahmenbedingungen der im lombardischen Guastalla (anläßlich eines päpstlichen Konzils) begonnenen Verhandlungen auch sein mochten, es gab noch zu viele tiefgreifende Differenzen, als daß ein wirklicher Interessenausgleich bereits zu diesem Zeitpunkt gelingen konnte. Denn Paschalis II. zeigte sich zwar grundsätzlich bereit, den Königen das zu gewähren, was ihnen nach seiner Ansicht rechtlich zustand; er sprach sich aber wie seine Amtsvorgänger für die Abschaffung jeder Form von Laieninvestitur aus, lehnte also auch die in Frankreich stillschweigend geduldete Temporalienleihe als unkanonisch ab.[221] Und die königliche Seite betonte zwar den rein innerweltlichen Charakter der Investitur (indem sie diese lehnrechtlich ausdeutete und auf die vom König zu vergebenden Regalien bezog); sie beharrte jedoch weiterhin darauf, daß der Herrscher sich hierbei der traditionellen Rechtssymbole (Ring und Stab) bedienen dürfe.[222]

Vor diesem Hintergrund kann es kaum überraschen, daß die Gespräche von Guastalla schon bald ergebnislos abgebrochen werden mußten. Solange sich beide Parteien in der eigentlichen Kernfrage als absolut intransigent erwiesen, konnte ein Durchbruch natürlich nicht erzielt werden. Auch die im Mai des folgenden Jahres in Châlons-sur-Marne vollzogene Fortsetzung der Verhandlungen war wegen der mangelnden Konzessionsbereitschaft aller Beteiligten von vornherein zum Scheitern verurteilt. Zwar läßt sich der Inhalt des von Erzbischof Bruno von Trier unterbreiteten Lösungsvorschlags der Anhänger Heinrichs V. nicht genau bestimmen, da der diesbezügliche Bericht Abt Sugers von Saint-Denis († 1151)[223] erst aus der Zeit um 1144 stammt und erhebliche Quellenprobleme aufwirft,[224] aber soviel ist sicher: Im königlichen Lager beanspruchte man nach wie vor die lehnrechtlich verstandene Vollinvestitur (mit Ring und Stab) und ein unbeschränktes Verfügungsrecht über die vom Herrscher zu vergebenden Regalien, während der Papst die Investitur weiterhin grundsätzlich ablehnte und in bezug auf die Regalien keinerlei Zugeständnisse machte. Wenn die im unmittelbaren Anschluß an die königlich-päpstlichen Konsultationen von Paschalis II. in Troyes abgehaltene Reformsynode die zuletzt in Guastalla erteilte generelle Absage an die Laieninvestitur dadurch verschärfte, daß sie die auf diese Weise ins Amt beförderten Geistlichen sowie deren Konsekratoren mit Bann und Absetzung bedrohte,[225] und wenn sie gleichzeitig weder auf das Problem der Regalieneinweisung noch auf die (nach Suger) von der deutschen Seite angeschnittenen Themen 'Mannschaft' und 'Treueid' zu sprechen kam, so bedeutete dies offensichtlich zweierlei: erstens eine deutliche Abgrenzung der päpstlichen Verhandlungsposition und zweitens eine erneute Vertagung der eigentlichen Entscheidung.

Was in Châlons und Troyes noch einmal in der Schwebe geblieben war – die Frage der Lehnsbindung zwischen König und Episkopat und deren sinnfällige Ausgestaltung –, das bedurfte nun freilich immer dringender einer abschließenden Klärung. Die Initiative hierzu ging dabei zunächst von den Anhängern Heinrichs V. aus. Im Jahre 1109 entstand in Lothringen ein Traktat, der für die weitere Entwicklung von grundlegender Bedeutung war und in der Forschung gewöhnlich unter dem Titel ›De investitura episcoporum‹ zitiert wird.[226] Dieses vermutlich aus der Feder des Geschichtsschreibers Sigebert von Gembloux († 1112) stammende Rechtsgutachten entwickelte in Anlehnung an den oben erwähnten Brief Bischof Ivos von Chartres aus dem Jahre 1097[227] und unter Verwendung der angeblich von den Päpsten Hadrian I. und Leo VIII. ausgestellten Investiturprivilegien[228] folgenden Gedankengang: Da sich die Verfügungsgewalt eines Königs oder Kaisers lediglich auf die Temporalien, nicht aber auf die Spiritualien beziehen könne, spiele die äußere Form von Investitur und weltlicher Inthronisation keine entscheidende Rolle. Der Herrscher könne die Einweisung in den Temporalienbesitz sowohl durch ein Wort als auch durch eine Urkunde, einen Stab oder irgendeine andere Sache, die er in der Hand halte, vollziehen. Das am besten geeignete Rechtssymbol sei allerdings der Bischofsstab, denn dieser trage zugleich geistlichen und weltlichen Charakter. Doch wie auch immer man vorgehe, wesentlich sei in jedem Fall der Zeitpunkt, zu dem der Herrscher an der Bischofserhebung beteiligt werde. Sowohl die Investitur als auch die dem König wegen der Regalien zustehende Lehnshuldigung *(hominium et sacramentum de regalibus)* sollten künftig möglichst vor der Weihe des Prälaten erfolgen. Nur so könne der Kirchenbesitz wirksam gegen Tyrannen und Räuber geschützt werden.[229]

Diese Argumentationskette, in welcher das Verhältnis zwischen Herrscher und Episkopat als eine reine Lehnsbindung aufgefaßt wurde, die „dinglich in den Regalien und persönlich in dem *hominium*“[230] zum Ausdruck kommen sollte, bedeutete gegenüber den bisherigen Lösungsvorschlägen der königlichen Seite einen erheblichen Fortschritt. Denn erstmals wurde die Vollinvestitur (mit Ring und Stab) ausdrücklich zur Disposition gestellt; und erstmals verzichtete man stillschweigend auf die bisher stets erhobene Forderung, daß der König bei der Bischofswahl ein entscheidendes Mitspracherecht behalten müsse.

Dessenungeachtet dauerte es noch bis zum Jahre 1111, bis die Vorstellungen der lothringischen Denkschrift von Paschalis II. zumindest teilweise aufgegriffen wurden. Noch im März des Jahres 1110 – also zu einem Zeitpunkt, wo die deutsch-römischen Verhandlungen über die noch ausstehende Kaiserkrönung Heinrichs V. bereits in vollem Gange waren – lehnte eine im Lateran versammelte Fastensynode die Übertragung von Kirchengütern *(possessiones ecclesiasticae)* unter Berufung auf eine angeblich auf Stephan I. († 257) zurückgehende Dekretale als unrechtmäßig ab.[231] Erst als der Reformpapst endgültig einsah, daß an dem Verfügungsrecht des Königs über die Regalien nicht zu zweifeln war, erzielten die von den Anhängern Heinrichs V. ins Gespräch gebrachten Gedanken von ›De investitura episcoporum‹ eine gewisse Wirkung.[232]

Beide Seiten erlebten dabei freilich böse Überraschungen. Denn der deutsche Episkopat zeigte sich wenig geneigt, auf die Vorstellungen des Königs einzugehen. Und Paschalis II. war keineswegs bereit, dem künftigen Kaiser die von den deutschen Unterhändlern geforderte Regalienleihe zuzugestehen. Er erklärte statt dessen in einem Privileg,[233] welches am Krönungstag in der Peterskirche verlesen werden sollte, daß man sämtliche Regalien an Heinrich V. zurückgeben müsse, weil es den Priestern durch das göttliche Gesetz und die geheiligten Kanones verboten sei, sich mit weltlichen Aufgaben zu beschäftigen.[234] Darüber hinaus verstand er unter Regalien beileibe nicht dasselbe, was man nördlich der Alpen (zumal in Lothringen) dafür hielt – nämlich den gesamten Grundbesitz und alle Einkünfte, die die Kirchen vom König bekamen. Der Papst definierte den Ausdruck Regalien vielmehr so, wie es auch Wido von Ferrara getan hatte: als diejenigen Güter und Rechte der Kirchen, die offensichtlich zum Besitzstand des Reiches gehörten *(que manifeste regni erant)*.[235]

Als nun Heinrich V. merkte, daß die Prälaten seines Reiches es mehrheitlich ablehnten, sich auf die Vorschläge Paschalis' II. einzulassen, daß der Papst „statt in der Provenienz 'vom König' in der Pertinenz 'zum Reiche' das definierende Moment“[236] für den Regalienbegriff erkannte und daß er damit sämtliche Besitzungen und Oblationen, die nicht zum Reich gehörten, als freies Eigen der Kirchen betrachtete,[237] war der scheinbar schon so weit gediehene Interessenausgleich schnell zum Scheitern verurteilt. Anläßlich der für den 12. Februar 1111 anberaumten Krönungsfeierlichkeiten kam es noch vor der Übergabe der Krone bei der Verlesung des päpstlichen Privilegs zu tumultuarischen Szenen, Paschalis II. wurde gefangengesetzt, und Heinrich V. verkündete kurz darauf in einer Enzyklika,[238] die sich an die gesamte Christenheit richtete, daß er nach wie vor auf seinem Investiturrecht bestehe und daß mit den Regalien der gesamte Temporalienbesitz gemeint sei, mit dem die Kaiser und Könige die Kirchen seit den Tagen Karls des Großen ausgestattet hätten. Damit wurde die vom Papst getroffene Unterscheidung zwischen den zum Reiche gehörigen Regalien und den den Kirchen zu freiem Eigen gegebenen *oblationes* und *possessiones* für null und nichtig erklärt. Der Salier wollte offenkundig alles beim alten lassen, also die Kirchen weiterhin mit dem gesamten Reichskirchengut belehnen.

Vor dem Hintergrund dieser dramatischen Zuspitzung der Gegensätze kann es wenig verwundern, daß die weitere Entwicklung in erster Linie von Gewalt und Nötigung bestimmt war. Paschalis II. mußte dem König am 11. April 1111 in einem am Ponte Mammolo (in der Nähe von Rom) verabredeten Vertrag[239] zugestehen, daß dieser die traditionelle Investiturpraxis beibehalten dürfe; und er wurde außerdem gezwungen, hierüber am folgenden Tag ein Privileg[240] auszustellen. Nach jenem (von den Reformern schon bald als Pravileg = Schandurkunde) bezeichneten Dokument war es dem Herrscher von nun an erlaubt, die Bischöfe und Äbte seines Reiches im Anschluß an eine simoniefreie kanonische Wahl und noch vor der Weihe mit den Regalien, d.h. dem gesamten Temporalienbesitz ihrer neuen Kirchen, zu investieren. Elekten, denen der König seinen Konsens (und damit auch die Investitur) verweigere, sollten künftig nicht mehr geweiht werden dürfen.[241]

Es liegt auf der Hand, daß die kirchliche Reformpartei eine solche Regelung keinesfalls als die abschließende Lösung des Investiturproblems betrachten konnte. Und in der Tat, kaum hatte Heinrich V. sich am 13. April 1111 zum Kaiser krönen lassen und kaum waren die Deutschen in ihre Heimat zurückgekehrt, da zeigte sich, daß der Salier die Beharrlichkeit der strengen Reformanhänger[242] unterschätzt hatte: Auf einer im März des Jahres 1112 im Lateran abgehaltenen Synode kam es zu einer scharfen Verurteilung der am Ponte Mammolo hergestellten Zwangseinigung, und der römische Bischof bekannte sich in feierlicher Form zu den Grundsätzen Gregors VII. und Urbans II.[243] Damit war die Ausgangslage (äußerlich gesehen) wiederhergestellt. Auf der einen Seite stand die Forderung Heinrichs nach einer Ring- und Stabübergabe, die sich auf sämtliche Regalien beziehen sollte, auf der anderen Seite die päpstliche Weigerung, dieses Verlangen als berechtigt anzuerkennen.

Trotzdem waren die Ausgleichsbemühungen des Jahres 1111 nicht völlig vergebens. Denn ihr Ausgang hatte allen Beteiligten gezeigt, daß ein dauerhafter Frieden nur dann erreicht werden konnte, wenn man versuchte, sowohl den Interessen des Reformpapsttums als auch denen des deutschen Königtums gerecht zu werden. Während der Amtszeit Paschalis' II. gelang es allerdings nicht mehr, zu einer wirklichen Verständigung zu kommen. Und auch der kurze Pontifikat Gelasius' II. (1118–1119) war von so vielen Schwierigkeiten (einschließlich der Erhebung eines kaiserlichen Gegenpapstes) gekennzeichnet, daß ein tragfähiger Kompromiß in weite Ferne gerückt zu sein schien. Aber schon im Jahre 1119, als der bisherige Erzbischof Guido von Vienne unter dem Namen Calixt II. († 1124) zum Papst ausgerufen wurde, konnten die größten Hindernisse aus dem Weg geräumt werden. Der neue römische Bischof signalisierte in einem entgegenkommenden Schreiben an Heinrich V., daß er dem Kaiser das lassen wolle, was zu dessen Besitzstand zähle *(habeat imperator, quod suum est)*.[244] Und die deutsche Seite ließ den Gegenpapst stillschweigend fallen und beschloß auf einer in Mainz abgehaltenen Reichsversammlung,[245] eine möglichst rasche Aussöhnung anzustreben. Mit einem Wort: Das allgemeine Friedensbedürfnis war schlagartig so angewachsen, daß erneute Gespräche durchaus erfolgversprechend wirken mußten.

Die aus diesem Grund Anfang Oktober 1119 in Straßburg begonnenen kaiserlich-päpstlichen Verhandlungen,[246] die auf kurialer Seite zunächst durch Abt Pontius von Cluny († 1126) und Wilhelm von Champeaux († 1121), den scholastisch gebildeten Bischof von Châlons-sur-Marne, geführt wurden, kamen erstaunlich schnell voran. Schon nach wenigen Tagen konnte man Calixt II. (der zu dieser Zeit in Paris weilte) die Nachricht überbringen, daß man ein grundsätzliches Einvernehmen erzielt habe; und nur kurze Zeit später gelang es einer zweiten päpstlichen Gesandtschaft (unter Führung der beiden Kardinäle Lambert von Ostia und Gregor von Sant' Angelo), mit Heinrich V. den Entwurf zweier Vertragstexte[247] auszuhandeln, auf deren Basis der Konflikt beendet werden sollte. Nach diesen Dokumenten erklärte sich der Salier bereit, auf die Investitur gänzlich zu verzichten und den Kirchen den ihnen entfremdeten Besitz zurückzuerstatten. Calixt II. sollte versprechen, dem Kaiser wahren Frieden zu geben und ihm das Seinige zu restituieren. Eventuelle Streitfälle sollten vor der jeweils zuständigen (geistlichen oder weltlichen) Gerichtsinstanz entschieden werden.

Doch so einfach, wie es der Wortlaut dieser Abmachungen suggerieren mochte, war dem Investiturproblem nicht beizukommen. Solange die entscheidende Frage, was mit dem Temporalienbesitz der Kirchen geschehen solle, nur unklar beantwortet wurde, mußte es völlig offenbleiben, ob Heinrich mit der Investitur zugleich auch die Regalienleihe fallenlassen würde oder ob er lediglich auf die Benutzung der traditionellen Rechtssymbole (Ring und Stab) verzichten wollte. Calixt II., der am 24. Oktober 1119 in Mouzon mit dem Kaiser zusammentraf,[248] drängte vor diesem Hintergrund auf eine sofortige Präzisierung der Vereinbarungen, genauer gesagt: auf eine Zusicherung des Herrschers, daß sich sein Investiturverzicht auch auf die weltlichen Besitzungen der Kirche erstrecke.[249] Aber Heinrich V. war keineswegs ein Mann, der sich einfach überrumpeln ließ. Er verwies statt dessen darauf, daß er eine dermaßen weitgehende Zusage nur auf einem Reichstag und mit Zustimmung der Fürsten geben könne.[250] Außerdem war er auch durch die – schon in den Vorverhandlungen erstmals ausgesprochene – Beteuerung Wilhelms von Champeaux nicht zum Einlenken zu bewegen, daß sich an den Leistungen der Reichskirchen für den König ausweislich des französischen Vorbilds auch dann nichts ändere, wenn man den Prälaten die Nutzungsrechte für die Temporalien ohne eine formelle Belehnung zugestehe.[251]

So scheiterten die Verhandlungen, und Papst Calixt II. versuchte, eine von ihm zur selben Zeit in Reims abgehaltene Synode dazu zu bewegen, die von Heinrich V. praktizierte Temporalieninvestitur *(investitura ecclesiasticarum possessionum)* ausdrücklich zu verbieten.[252] Doch auch dieses päpstliche Begehren wurde abschlägig beschieden. Die Konzilsteilnehmer belegten zwar den Salier und seine Anhänger mit dem Kirchenbann, aber sie weigerten sich, das von Calixt geforderte Investiturverbot auch auf das Kirchengut auszudehnen. Es wurde lediglich die Laieninvestitur mit ganzen Bistümern und Abteien untersagt, wohingegen das Problem der Regalienleihe völlig unberücksichtigt blieb.[253]

Damit war der äußere Rahmen für die mit dem Wormser Konkordat vom 23. September 1122 abgeschlossene letzte Verhandlungsphase im Grunde genommen schon abgesteckt: Wollte Calixt II. sich nicht gänzlich vor der Realität verschließen, so mußte er von seiner im Jahre 1112 erstmals öffentlich ausgesprochenen Verurteilung der Temporalieninvestitur[254] stillschweigend Abstand nehmen. Nicht mehr die französische, sondern nur noch die englische Lösung des Investiturproblems konnte also in Zukunft als Vorbild für das salische Imperium in Betracht gezogen werden. Der Spielraum war deutlich enger geworden.

Es kam, wie es kommen mußte. Nachdem Heinrich V. im Jahre 1121 auf einem Würzburger Reichstag von der Mehrheit der Fürsten zu einer Wiederaufnahme der Gespräche mit Calixt II. gezwungen worden war, trafen im Juli 1122 drei päpstliche Legaten in Deutschland ein und verhandelten über einen dauerhaften Interessenausgleich.[255] Bereits im September desselben Jahres konnte die Versöhnung zwischen Papst und Kaiser unter Dach und Fach gebracht werden. Die Gesandten Calixts II. – angeführt von Kardinalbischof Lambert von Ostia, dem späteren Papst Honorius II. († 1130) – tauschten auf der heute nicht mehr genau zu lokalisierenden Laubwiese vor den Toren von Worms mit Heinrich V. die Vertragstexte aus; und damit war der Frieden besiegelt.

In der Forschung ist lange gerätselt worden, ob man diese Dokumente, die erstmals von Gottfried Wilhelm Leibniz († 1716) als Konkordat bezeichnet wurden, tatsächlich als rechtskräftigen Abschluß des Investiturstreits betrachten dürfe.[256] Man wies in diesem Zusammenhang einmal darauf hin, daß die päpstlichen Versprechungen nach dem Wortlaut des Abkommens nur für die Lebenszeit Heinrichs V. gelten sollten; und dann machte man darauf aufmerksam, daß es angesichts der handschriftlichen Überlieferung völlig unklar bleibe, ob das Privileg Calixts II. jemals mit Eschatokoll und Bulle versehen worden sei.

Über der Heftigkeit dieser wissenschaftlichen Kontroverse hat man allerdings häufig übersehen, daß der eigentliche Streitgegenstand – die Frage der formalen Rechtsgültigkeit der in Worms gegebenen päpstlichen Zusicherungen – für die Gesamtbeurteilung des im Jahre 1122 ausgehandelten Kompromisses letztlich nur von untergeordneter Bedeutung ist. Denn unabhängig davon, wo die Lösung des Quellenproblems zu suchen ist, kann man zweifellos die Feststellung treffen, daß die auf der Wormser Laubwiese ausgetauschten Vertragstexte die wesentliche Grundlage für die weitere Ausgestaltung des rechtlichen Verhältnisses zwischen den deutschen Königen und den Prälaten des Imperiums bildeten.[257] Es ist daher durchaus zulässig, das in der älteren Forschung so lebhaft diskutierte Thema im folgenden außer acht zu lassen und sich unmittelbar dem Wortlaut der Vereinbarungen zuzuwenden.

Der Inhalt der beiden Privilegien, des sogenannten „Heinricianum"[258] und des „Calixtinum"[259], ist schnell referiert: Aufbauend auf den in Mouzon vorgelegten Schlichtungsvorschlägen, verzichtete der Kaiser auf die Investitur mit Ring und Stab, behielt aber das Recht auf eine – künftig mit dem Zepter zu vollziehende – Regalienleihe, die in Deutschland in unmittelbarem Anschluß an eine simoniefreie kanonische Wahl, in Burgund und Reichsitalien innerhalb von sechs Monaten nach der Weihe erfolgen sollte. Der Papst erlaubte, daß die Wahlen der Bischöfe und Äbte des Deutschen Reiches nach englischem Vorbild in Gegenwart des Herrschers stattfinden könnten, und er gestand dem Salier außerdem zu, daß dieser bei zwiespältigen Wahlen gemäß dem Rat oder Urteil des zuständigen Metropoliten und seiner Suffraganbischöfe zugunsten der *sanior pars* eingreifen dürfe.

Ferner machte Calixt dem Kaiser die Zusicherung, daß die Prälaten des Imperiums alle Rechtspflichten zu erfüllen hätten, die sich aus den Regalien ergäben. Er nahm hiervon lediglich all das aus, was anerkanntermaßen der römischen Kirche gehöre, bestand also darauf, daß der Temporalienbesitz des heiligen Petrus der Rechtssphäre Heinrichs entzogen sei. Im Gegenzug gelobte der Herrscher, daß er die Restitution sämtlicher im Zuge des Investiturkonflikts abhanden gekommener *possessiones et regalia beati Petri* entweder persönlich in die Wege leiten oder doch zumindest nach Kräften unterstützen werde. Beide Vertragspartner versprachen einander wahren Frieden. Als letztes wurde vereinbart, daß man sich in Streitfällen wechselseitig Rechtshilfe leisten wolle.

Verglichen mit den in Frankreich, England und der Normandie eingegangenen Kompromissen hatte Calixt dem Kaiser gegenüber eine wesentlich differenziertere Lösungsmöglichkeit gefunden. Trotzdem fällt es schwer, den in Worms ausgehandelten Interessenausgleich in allen Punkten als Fortschritt zu bezeichnen. Denn erstens hatten es beide Seiten erneut vermieden, den Regalienbegriff klar zu definieren,[260] zweitens hatte man nicht ausdrücklich gesagt, was unter jenen Leistungen zu verstehen sei, die dem Kaiser wegen der Regalien erbracht werden sollten,[261] und drittens hatte man es unterlassen, auf die Frage einzugehen, was mit den Regalien zu geschehen habe, wenn der Kaiser sterbe, wenn also (lehnrechtlich gesprochen) der Herrenfall eintrete.[262]

So gab es eine ganze Reihe von Dingen, die in Worms mehr oder minder bewußt in der Schwebe gehalten wurden. Zwar ist nicht zu bestreiten, daß das Konkordat den Königen den Weg bereitete, „alle Temporalien der Kirche nach rein weltlichem Recht, und das bedeutete nun nach Lehnrecht, zu begreifen".[263] Aber dieser Umstand darf uns keineswegs darüber hinwegtäuschen, daß die Feudalisierung der Reichskirchen nur eingeleitet, jedoch keineswegs in allen Einzelheiten festgeschrieben wurde. Erst die konservative kirchenpolitische Haltung Kaiser Lothars III. (1125–1137) führte in den folgenden Jahrzehnten dazu, daß Handgang und Treueid endgültig als reguläre Ausdrucksformen der Bindung zwischen König und Reichsprälaten angesehen werden konnten.[264] Auch wenn die Leistung der Mannschaft dabei nur noch von Elekten, aber nicht mehr von geweihten Bischöfen und Äbten gefordert wurde, entwickelte sich das Lehnrecht schnell zur einzigen Legitimationsbasis für sämtliche Servitialleistungen, die die Reichskirchen dem Herrscher schuldeten. Regalienleihe und Huldigung bildeten damit die entscheidenden Rechtsakte, mit denen der König seine Verfügungsgewalt über das Kirchengut wirksam zur Geltung bringen konnte. Es ist nicht zu bezweifeln, daß die wichtigsten Voraussetzungen hierfür in Worms geschaffen worden waren. Aber man sollte über dieser Tatsache keineswegs übersehen, daß das Konkordat vom 23. September 1122 nur deshalb mehr als ein Provisorium war, weil es im Laufe des 12. Jahrhunderts von allen Seiten als tragfähige Rechtsgrundlage für die Beziehungen zwischen den deutschen Herrschern und dem hohen Klerus des Reiches angesehen wurde.

II. DER KAMPF GEGEN DIE MISS-STÄNDE IM KLERUS UND DAS RINGEN UM DIE SAKRAMENTENLEHRE

1. Historische Voraussetzungen

Zu den wichtigsten Merkmalen der kirchlichen Erneuerungsbewegung, die im 11. und 12. Jahrhundert die gesamte abendländische Kirche erfaßte, war zweifellos das Bemühen zu zählen, all jene Mißstände im Klerus zu beseitigen, die in krassem Widerspruch zu den Normen der Heiligen Schrift und der kirchenrechtlichen Tradition standen. Insbesondere die im kirchlichen Alltag weit verbreitete Mißachtung des Zölibatsgebots,[1] die von den Reformern seit den Tagen Papst Leos IX. († 1054) immer häufiger mit dem Vorwurf der nikolaitischen Häresie bedacht wurde,[2] und der fast ebenso oft praktizierte Handel mit kirchlichen Ämtern, Gütern und Sakramenten – die sogenannte Simonie[3] – wurden dabei mit zunehmender Heftigkeit kritisiert. Jeder Versuch, die spirituellen Ziele der Kirchenreform ins Auge zu fassen, muß sich daher mit diesen beiden Problemkreisen etwas ausführlicher beschäftigen.

Beginnen wir unsere Darstellung mit der in der westlichen Kirche schon seit dem 4.–6. Jahrhundert für den gesamten Klerus bestehenden Verpflichtung, ein Leben in Keuschheit und Enthaltsamkeit zu führen, so ist hierbei vor allem bemerkenswert, daß die Aussagen des Neuen Testamentes die Aufstellung dieser Richtlinie ganz erheblich begünstigten. Denn im Matthäus-Evangelium war die Ehelosigkeit „um des Himmelreiches willen“[4] dem ehelichen Zusammenleben als die qualitativ höhere Lebensweise gegenübergestellt worden, und der Evangelist hatte zusätzlich darauf hingewiesen, daß bei der Auferstehung niemand mehr zur Ehe nehme oder zur Ehe genommen werde, sondern alle wie die Engel Gottes im Himmel seien.[5] Darüber hinaus war dem ersten Korintherbrief zu entnehmen, daß nur der Unverheiratete sich ganz um die Sache des Herrn kümmern könne, wohingegen alle Eheleute geteilt, also auch um weltliche Dinge besorgt seien.[6]

Eine ganz ähnliche Situation war im Hinblick auf das Simonieproblem gegeben. Denn aus dem Umstand, daß der in der Apostelgeschichte erwähnte Wunsch des Simon Magus, die den Aposteln übertragene Vollmacht der Geistspendung für Geld zu erwerben, vom heiligen Petrus energisch zurückgewiesen worden war,[7] konnte man folgern, daß jeder Handel mit kirchlichen Ämtern und Sakramenten eine schwere Sünde gegen den Heiligen Geist darstelle; und bei Matthäus war zu lesen, daß jede Lästerung wider den Heiligen Geist (im Unterschied zu allen anderen Sünden) auch im Himmel nicht vergeben werde[8] und daß Jesus jede Form des Handels mit geistlichen Gütern für verwerflich gehalten habe.[9]

Unter Berücksichtigung all dieser Bibelstellen war es natürlich kein Zufall, daß man im Verlauf der Spätantike und des Frühmittelalters eine Vielzahl von rechtlichen Bestimmungen entwickelte, die sowohl die Simonie als auch die Mißachtung der Zölibatsverpflichtung mit schweren Strafen bedrohten. Etwas willkürlicher erscheint da schon die Tatsache, daß man im späten 4. Jahrhundert noch nicht einmal davor zurückschreckte, den Aposteln zwei fiktive Rechtssätze zuzuschreiben, die die Priesterehe und den Handel mit kirchlichen Ämtern mit der Strafe der Exkommunikation belegten.[10] Aber auch diese Zuschreibung kann letztlich nur damit erklärt werden, daß man sich in Übereinklang mit den Aussagen des Neuen Testamentes wußte. Es kann daher wenig überraschen, daß die Päpste Leo I. († 461) und Gregor I. († 604) jeweils noch einen Schritt weitergingen: Leo wollte die Forderung der freiwilligen Ehelosigkeit auch auf die Subdiakone ausgedehnt wissen,[11] und Gregor verwarf die Simonie ausdrücklich als Häresie, ja er sprach nicht nur dann von simonistischen Praktiken und Gewohnheiten, wenn es zur Übertragung von Geld oder sonstigen materiellen Gütern (einem sogenannten *munus a manu*) gekommen war, sondern auch in den Fällen, wo die Vergabe kirchlicher Ämter, Güter oder Sakramente an ein *munus ab obsequio* (die Gewährung von Dienstleistungen und Gefälligkeiten) gebunden worden oder auf Schmeichelei oder Fürsprache – ein sogenanntes *munus a lingua* – zurückzuführen war.[12]

Man sieht: Das Papsttum hatte schon an der Wende von der Spätantike zum Frühmittelalter theologische und rechtliche Normen aufgestellt, mit denen man die *simoniaca haeresis* und die Verletzung der Zölibatsverpflichtung bekämpfen konnte. Dennoch stieß die Durchsetzung dieser an und für sich nicht unbekannten Richtlinie noch im 10. und frühen 11. Jahrhundert auf erhebliche Schwierigkeiten. Vor den strengen Maßstäben des Kirchenrechtes konnten weder jene simonistischen Gewohnheiten bestehen, die als Konsequenz der vom germanischen Sachenrecht wesentlich mitbestimmten Kirchenverfassung des Frühmittelalters anzusehen waren, noch die Tatsache, daß zahlreiche Vertreter des Landklerus nicht bloß im rechtlich ungesicherten Konkubinat, sondern sogar in einer – zumindest halblegalen – Ehe lebten. Insbesondere die von vielen weltlichen Herren praktizierte Gepflogenheit, mittels der zeremoniellen Übergabe von Rechtssymbolen über die Besetzung kirchlicher Ämter (mit-)zuentscheiden, führte dabei im kirchlichen Alltag dazu, daß die Erlangung geistlicher Würden häufig mit der Gewährung von Gegenleistungen verknüpft wurde.[13] Und der in erster Linie im Landklerus zu beobachtende Verfall der Zölibatsidee war unter anderem damit zu erklären, daß dieser Teil der Geistlichkeit einen relativ niedrigen (den Lebensformen der einfachen Bauern angeglichenen) Sozialstatus besaß, daß er in der Regel eine höchst unzulängliche theologische und spirituelle Ausbildung erfuhr und daß er von der Disziplinargewalt der Bischöfe nur sehr selten gemaßregelt wurde.[14]

2. Die ersten Reformansätze

In Anbetracht dieser Verhältnisse liegt es auf der Hand, daß es auf die Dauer zu einer Gegenreaktion und damit zu einer Wiedereinschärfung der von der älteren kirchlichen Tradition entwickelten Normen kommen mußte. Und in der Tat lassen sich schon für die Zeit des Tuskulanerpapsttums (1012–1046) Bestrebungen ausmachen, die in diese Richtung weisen: So wurden im Jahre 1014 päpstliche Dekrete verkündet, die jeden käuflichen Erwerb von Kirchen oder geistlichen Ämtern mit dem Anathem bedrohten,[15] das kaiserlich-päpstliche Konzil von Pavia (1022) bekräftigte das Zölibatsgebot für den gesamten Klerus und legte gleichzeitig fest, daß alle Klerikerkinder als Kirchenhörige für immer im Rechtsstatus der Unfreiheit verbleiben mußten,[16] und die im Jahre 1031 veranstaltete Synode von Bourges schrieb unter anderem vor, daß niemand einen Geistlichen oder dessen Kind zur Ehe nehmen dürfe.[17]

Alle diese rechtlichen Bestimmungen trugen dazu bei, daß die Mißstände im Klerus nicht in Vergessenheit gerieten, aber trotzdem sollte man die historische Tragweite solcher Synodalentscheidungen nicht überschätzen. Denn im Hinblick auf das Zölibatsproblem waren die Reformbemühungen zum großen Teil dadurch motiviert, daß man den kirchlichen Besitzstand vor Entfremdung schützen wollte; und in bezug auf die Simonie berechtigt nichts zu der Annahme, daß sie bereits als ein Delikt verstanden wurden, welches auch die Praktiken der deutschen und französischen Könige umfaßte. Im Gegenteil: Der Handel mit kirchlichen Ämtern, Gütern und Sakramenten wurde bis in die ausgehenden dreißiger Jahre des 11. Jahrhunderts hinein von den meisten als eine Frage angesehen, die sich lediglich auf den Bereich der Niederkirchen sowie das Verhältnis zwischen Episkopat und Diözesanklerus bezog.[18] Es sprach daher für sich, wenn Kaiser Konrad II. auf einer in

Tribur versammelten Synode des Jahres 1036 zwar den Verkauf von heiligem Öl, Taufe oder Begräbnis ebenso untersagen ließ wie den simonistischen Erwerb von Altären, die den Bischöfen oder Archidiakonen unterstellt waren,[19] daß er aber andererseits keinerlei Bedenken hatte, die Neubesetzung von Reichsbistümern oder Reichsabteien an die Gewährung von Gegenleistungen zu binden und von allen Hochkirchen das seit langem übliche *servitium regis* einzufordern.[20]

Insgesamt zeichneten sich damit auf der Ebene des Synodalgeschehens kaum mehr als nur die allerersten Ansätze zu jenen Reformideen ab, die einige Generationen später die gesamte abendländische Kirche verändern sollten. Wie aber stand es mit den übrigen Bereichen des geistlichen Lebens, in denen man Impulse zu einer spirituellen Erneuerung erwarten konnte? Diese Frage läßt sich angesichts des heutigen Forschungsstandes noch nicht pauschal beantworten, aber so viel ist sicher: Kirchliche Rechtsbücher wie die ›Collectio canonum‹ des von cluniazensischem Geist erfüllten Abtes Abbo von Fleury († 994),[21] die im Umkreis des Tuskulanerpapsttums entstandene ›Collectio canonum in V libris‹[22] und vor allem die von Bischof Burchard von Worms († 1025) verfaßten ›Decretorum libri viginti‹[23] sorgten langfristig dafür, daß sich das Bewußtsein für die Normen des Kirchenrechts – insbesondere, was das Simonieproblem betraf – wieder fester verankerte. Und auch wenn man in den letzten Jahren zunehmend von der früher häufig geäußerten Ansicht abrückt, daß die Kanonistik so etwas wie die moralische Richtschnur für die innerkirchliche Erneuerung abgegeben habe, darf man hierüber keinesfalls übersehen, daß die Reformer des 11. Jahrhunderts ihre Vorstellungen von Anfang an juristisch artikulierten und daß sie sich dazu der kirchlichen Rechtsbücher bedienten.

Es kann demnach keinen Zweifel geben: Schon der Umstand, daß viele kanonistische Sammlungen eine thematisch gebündelte Übersicht über die biblische und kirchenrechtliche Tradition vermittelten, mußte den Werken der gelehrten kirchlichen Juristen eine Art Schlüsselfunktion zuweisen; ohne die von der Kanonistik bereitgestellten theoretischen Grundlagen hätte die Durchsetzung der Reform eines wichtigen Hilfsmittels entbehrt. Aber nicht nur die Rechtsbücher kamen der Erneuerung zugute; auch im klösterlichen Bereich waren unzweifelhaft Tendenzen zu beobachten, die die Ausformung reformerischer Leitbilder und den Kampf gegen simonistische Gewohnheiten begünstigten. Bereits im ausgehenden 10. Jahrhundert hatte Abbo von Fleury in seinem ›Apologeticus‹ darauf hingewiesen, daß der Handel mit kirchlichen Ämtern und Gütern fast überall zur Regel geworden sei,[24] und zu derselben Zeit hatte Wilhelm von Volpiano († 1031), der spätere Abt von Saint-Bénigne vor Dijon, sich unter Berufung auf das Simonieverbot geweigert, dem Bischof von Vercelli als Gegenleistung für die Weihe zum Diakon einen Treueid zu schwören.[25] Man erkennt: Wenn in der Toskana und – weniger ausgeprägt – auch in Burgund während der zwanziger und dreißiger Jahre des 11. Jahrhunderts Bestrebungen festzustellen waren, gegen die Simonie energisch vorzugehen, dann waren dies weit mehr als nur verstreute Einzelaktionen. Persönlichkeiten wie Johannes Gualberti,[26] der Gründer von Vallombrosa, standen vielmehr für eine schon recht ansehnliche Bewegung; und die Tatsache, daß zahlreiche Gründungsprivilegien für toskanische Benediktinerklöster schon seit der Jahrtausendwende Bestimmungen aufwiesen, die das Prinzip der freien Abtswahl gegen simonistische Begleitumstände sichern sollten, ist als Indiz dafür zu bewerten, daß die Reformideen zumindest in diesem Raum auch den Hochadel ergriffen.[27]

In den Kontext dieser allgemeinen historischen Entwicklung ist zweifellos auch der Umstand einzuordnen, daß man in der Geschichtsschreibung nach und nach dazu überging, selbst das Verhalten des gesalbten Herrschers an den Normen des Kirchenrechts zu messen. Wichtiger als diese Kritik, die sich in den vierziger Jahren des 11. Jahrhunderts vor allem auf die Person Kaiser Konrads II. († 1039) konzentrierte,[28] war indessen die reformerische Einstellung seines Sohns und Nachfolgers Heinrich II. († 1056); denn die von jenem Herrscher eingenommene Haltung bildete eine der wichtigsten Voraussetzungen dafür, daß der Mißstand der Simonie auf den Bischofsversammlungen der drei *regna* Deutschland, Italien und Burgund weitaus ernster als in der Vergangenheit genommen werden konnte. Nichts belegt diese Tatsache deutlicher als der Italienzug Heinrichs III. im Jahre 1046. Die in diesem Zusammenhang am 25. Oktober 1046 in Pavia abgehaltene Synode schrieb nämlich unter anderem vor, daß der Handel mit kirchlichen Ämtern (unabhängig vom Weihegrad) in jedem Fall zum Verlust des *honor* und zur Verhängung des Kirchenbannes führen solle;[29] und die nur wenige Wochen später in Sutri einberufene Zusammenkunft ließ erkennen, daß die vom deutschen König unterstützten reformerischen Kräfte selbst dann vor einer Verurteilung wegen Simonie nicht zurückschreckten, wenn das hierzu notwendige Verfahren einen Papst (Gregor VI.) betraf, der der kirchlichen Erneuerung positiv gegenüberstand und sich erst kurz zuvor mit Heinrich III. zu Piacenza in einem feierlichen Akt der Gebetsverbrüderung zusammengeschlossen hatte.[30]

3. Die geistige Situation in der Mitte des 11. Jahrhunderts

Die Ereignisse des Jahres 1046 liefern freilich nicht die einzige Erklärung dafür, daß die im kirchlichen Alltag weit verbreiteten simonistischen Gewohnheiten immer heftiger kritisiert wurden. Von mindestens ebenso hoher Bedeutung wie die mit der Unterstützung Heinrichs III. in Pavia und Sutri getroffenen Entscheidungen war die Tatsache, daß man im Kreise der Reformer allmählich dazu überging, das Simonieproblem mit der allen Geistlichen übertragenen Aufgabe der sakramentalen Heilsvermittlung in Verbindung zu bringen. Je weiter die innerkirchliche Erneuerung voranschritt und je mehr sich das religiöse Gewissen verfeinerte, desto häufiger legte man sich die Frage vor, ob man sämtliche von Simonisten vorgenommenen Ordinationen als ungültig betrachten müsse oder ob man in Ausnahmefällen auch zu einer anderen Beurteilung gelangen könne.

Wie nicht anders zu erwarten, fielen die Antworten und Lösungsvorschläge recht unterschiedlich aus: Die rigorosere Gruppe der Reformer trat energisch dafür ein, daß man sämtliche Sakramente der Simonisten (also auch Taufe und Meßopfer) als nichtig verwerfen müsse.[31] Die meisten anderen sprachen sich dafür aus, daß die von Simonisten erteilten Weihen in all den Fällen als wirksam angesehen werden sollten, wo es nicht zur Gewährung einer Gegenleistung gekommen sei. Schon auf der von Papst Clemens II. und Kaiser Heinrich III. im Januar 1047 veranstalteten römischen Generalsynode kam es zu einer für die gesamte Kirche verbindlichen Regelung. Die Bischofsversammlung sicherte jedem unentgeltlich von einem Simonisten geweihten Kleriker zu, daß er – nach vierzigtägiger Buße – sein Amt weiter ausüben dürfe, selbst wenn er zum Zeitpunkt seiner Ordination von der simonistischen Schuld seines Konsekrators gewußt habe.[32]

Dieser als päpstliches Dekret verkündete Beschluß wurde jedoch nicht allgemein akzeptiert. Im Gegenteil: Wenn Papst Leo IX. († 1054) gleich zu Beginn seines Pontifikates auf der in Rom abgehaltenen Ostersynode des Jahres 1049 die Absetzung sämtlicher Amtsträger forderte, die ihre Weihe von Simonisten erhalten hätten,[33] und wenn er außerdem eine Vielzahl von nochmaligen Weihen (sogenannten Reordinationen) bei Personen vornahm, die umsonst von simonistischen Bischöfen ordiniert worden waren,[34] so bedeuteten solche Schritte nichts anderes als den Versuch, die im Jahre 1047 vollzogene Entscheidung wieder rückgängig zu machen. Obwohl das neue Oberhaupt der römischen Kirche auf den von ihm geleiteten Synoden mehrmals dazu veranlaßt wurde, auf den unter Clemens II. eingeschlagenen Weg zurückzukehren, blieb die Frage der Gültigkeit der umsonst erteilten Ordinationen nach wie vor in der Schwebe. Erst auf der von Papst Nikolaus II. († 1061) einberufenen Lateransynode von 1059 wurde mit dem sogenannten ›Decretum contra Simoniacos‹ eine (insgesamt auf der Linie des Dekretes von 1047 liegende) Lösung gefunden, die sich auf die Dauer als tragfähig erweisen sollte.[35]

Zieht man diesen äußerst langwierigen und schwierigen Klärungsprozeß in Betracht, dann kann es kaum überraschen, daß sich auch die theologische Traktatliteratur mit dem Thema der von Simonisten gespendeten Weihen beschäftigte. Den historischen Ausgangspunkt dieser in einer Vielzahl von theoretischen Schriften fixierten Äußerungen markierte dabei ein von Petrus Damiani, dem Eremitenprior von Fonte Avellana und späteren Kardinalbischof von Ostia, im Sommer 1052 fertiggestelltes (und später um einen Zusatz erweitertes) Gutachten: der sogenannte ›Liber Gratissimus‹.[36] Schon der auf den Autor selbst zurückzuführende Titel dieses in Briefform abgefaßten Werkes zeigt an, worum es in erster Linie ging. Petrus wollte auf möglichst breiter exegetischer und kirchenrechtlicher Grundlage nachweisen, daß all diejenigen, die unentgeltlich von Simonisten geweiht worden seien *(qui gratis sunt a symoniacis consecrati)*,[37] in ihren Ämtern zu belassen seien. Die wichtigste Begründung lautete: Die Ordination eines Klerikers könne durch keine (wie auch immer geartete) Verfehlung des jeweiligen Konsekrators unwirksam gemacht werden, da die Weihegewalt nicht aus dem Verdienst des Priesters erwachse, sondern durch das Amt, dem dieser diene, übertragen werde. Mit anderen Worten: Es lohne sich im Hinblick auf die Beurteilung der Gültigkeit eines Sakramentes nicht, auf die Lebensführung und moralische Integrität des Konsekrators zu achten; denn so viele es auch gebe, die den sakramentalen Dienst der Ordination dem äußeren Anschein nach vollzögen, es sei doch stets nur der Heilige Geist, der im eigentlichen Sinne die Weihe vornehme.[38]

Um zu dieser Argumentation zu gelangen, stützte sich Petrus Damiani auf eine Reihe von älteren theologischen Schriften, die ganz ähnlichen Anliegen wie dem seinen gewidmet waren. Von besonderem Wert waren dabei die das Problem der Sakramentenvermittlung berührenden Aussagen des heiligen Augustinus († 430),[39] ein Buch des im Kloster Corbie beheimateten Abtes Pascasius Radbertus († 859)[40] und eine zu Beginn des 10. Jahrhunderts entstandene Schrift, die von einem Priester namens Auxilius verfaßt worden war.[41] Augustinus hatte nämlich im Kontext seiner Auseinandersetzung mit der donatistischen Kirche Nordafrikas immer wieder betont, daß die Gültigkeit des Taufsakraments nicht von der moralischen Qualität des Taufenden abhänge[42];

Pascasius Radbertus hatte ergänzend darauf aufmerksam gemacht, daß auch die eucharistische Wandlung allein auf dem Wirken Gottes und nicht etwa auf dem Verdienst des konsekrierenden Priesters beruhe[43]; und Auxilius war für die Gültigkeit der von Papst Formosus († 896) erteilten Weihen eingetreten und hatte zu diesem Zweck einen ganzen Katalog von historischen Präzedenzfällen, päpstlichen Briefen und Synodalentscheidungen zusammengestellt, die seine Ansichten untermauerten.[44]

Berücksichtigt man die gemeinsame Grundtendenz, die in all diesen Werken offen zutage trat, dann war es nicht mehr als folgerichtig, daß Petrus Damiani zahlreiche Formulierungen der von ihm konsultierten Autoren einfach wörtlich in den Text des ›Liber Gratissimus‹ inserierte. Aber auch die theologischen Gegner des gelehrten Eremitenpriors von Fonte Avellana konnten an diesen Schriften nicht einfach vorbeigehen. So weist der berühmteste (und trotz seiner geringen handschriftlichen Verbreitung bedeutendste) Traktat des rigoroseren Teils der Reformer – gemeint sind die von Kardinalbischof Humbert von Silva Candida verfaßten ›Libri tres adversus Simoniacos‹[45] – eine solche Fülle von Zitaten aus dem Œuvre des heiligen Augustinus und den Studien des Pascasius bzw. Auxilius auf, daß man hieraus geschlossen hat, es müsse sich bei dieser in den Jahren 1057–1059 entstandenen Streitschrift um eine direkte Antwort auf die einige Jahre früher niedergeschriebene Abhandlung Damianis oder zumindest auf die Darlegung des Auxilius handeln.[46]

Doch wie dem auch sei, wer auch immer der anonyme Gegner in Buch I von ›Adversus Simoniacos‹ gewesen sein mag, wenden wir uns dem Inhalt des Traktates zu. Dieser läßt sich in bezug auf die Sakramentenlehre wie folgt zusammenfassen: Der Heilige Geist wende Häretikern nicht dieselbe Gnade zu wie den Katholiken, ein wirksamer Vollzug der Sakramente Christi *(administratio sacramentorum Christi)* sei demzufolge auch nur innerhalb der Kirche möglich. Da sich die Simonisten aber durch ihr Verhalten dem Glaubensirrtum verschrieben hätten, man könne den Heiligen Geist für Geld oder eine andere Gegenleistung käuflich erwerben, seien sie unzweifelhaft als außerhalb der Kirche stehende Häretiker anzusehen. Die von ihnen erteilten Ordinationen könnten deshalb keineswegs als gültige Sakramente betrachtet werden. Simonistische Pseudobischöfe, welche die unvergleichliche Gabe des Heiligen Geistes niemals erlangt hätten, könnten diese naturgemäß auch nicht weitergeben.[47]

Schon anhand dieses – hier nur grob umrissenen – Gedankengangs wird erkennbar, wie tiefgreifend die Meinungsgegensätze in der Frage der von Simonisten vermittelten Weihesakramente waren. Kardinal Humbert verstand die Simonie offenkundig als eine Irrlehre, deren Ausbreitung das nur durch gültige Sakramente zu gewährleistende Seelenheil der Gläubigen ernsthaft gefährde. Er befürchtete, daß weiten Teilen der Bevölkerung der Zugang zum Himmelreich verschlossen bleiben müsse. Es war seiner Logik nach völlig richtig, dafür einzutreten, daß die von simonistischen Bischöfen umsonst geweihten Kleriker erneut ordiniert werden sollten. Für ihn hing die Wirksamkeit eines jeden Sakramentes eben entscheidend von der Orthodoxie desjenigen ab, der dieses Sakrament vermittle. Während Petrus Damiani aus dem Tatbestand, daß der Handel mit kirchlichen Ämtern, Gütern und Sakramenten als eine Häresie zu betrachten sei, keinerlei Konsequenzen in bezug auf die potentielle Ungültigkeit der umsonst von Simonisten erteilten Ordinationen zog, beharrte Humbert darauf, daß all diese Weihen nur als leere Formsache zu betrachten seien.

Aber nicht nur in dieser Hinsicht prallten die Gegensätze scharf aufeinander. Ein ähnlich kontrovers behandeltes Thema, bei dem die Fronten freilich etwas anders verliefen, bildete die dem gesamten Klerus auferlegte Verpflichtung, ein Leben in freiwilliger Ehelosigkeit zu führen. Diese vom Papsttum energisch vertretene Maxime spielte seit den Tagen Papst Leos IX. unter anderem deshalb eine besondere Rolle, weil der byzantinische Mönch Niketas Stethatos in einer gegen die lateinische Kirche gerichteten Streitschrift die nichtzölibatäre Lebensform des Klerus mit einer Fülle von kanonistischen Argumenten verteidigt hatte.[48] Die Antwort der westlichen Seite ließ nicht lange auf sich warten. Schon im Jahre 1054 kam es zur Abfassung eines umfangreichen Traktates, in dem der Zölibat des Klerus als unverzichtbarer Bestandteil der katholischen Glaubensdoktrin verteidigt wurde.[49] Als Hauptargument führte man dabei an, daß die verheirateten Priester sich so verhalten würden wie der in der Apostelgeschichte (6, 5) erwähnte Diakon Nikolaus, nach dem die in der Johannes-Apokalypse (2, 6. 14 f.) verworfene häretische Sekte der Nikolaiten benannt worden sei. Wie dieser seien auch sämtliche im Konkubinat lebenden Geistlichen zweifellos der Sünde der Unzucht *(fornicatio)* verfallen. Dies aber führe dazu, daß sie während des Meßopfers daran dächten, wie sie den Frauen gefallen könnten, und daß der makellose Leib Christi durch dieselben unkeuschen Hände berührt werde, die sich den Körperteilen der Frauen nähern würden.[50]

In Anbetracht dieser sehr entschiedenen Befürwortung des Zölibats, die durch die von den päpstlichen Legaten am 16. Juli 1054 in der Hagia Sophia niedergelegte Bannbulle gegen den byzantinischen Patriarchen Michael Kerullarios bekräftigt wurde,[51] war es natürlich kein Zufall, daß die Übertretung des Gebotes der Ehelosigkeit in den folgenden Jahren immer häufiger mit dem Vorwurf des Nikolaitismus belegt wurde.[52] Von großer historischer Bedeutung war dabei der Umstand, daß man die Frage des Klerikerkonkubinats mit dem Problem der Sakramentenvermittlung in Verbindung brachte. Wenn die Lateransynode von 1059 den Beschluß faßte, daß niemand die Messe bei einem Priester hören dürfe, der unzweifelhaft in einem eheähnlichen Verhältnis lebe,[53] dann bedeutete dies zwar nicht, daß man die von nikolaitischen Klerikern vollzogenen Meßopfer als unwirksam betrachtete. Es kann aber keinen Zweifel geben, daß man in der Verletzung der Zölibatsvorschriften ein geistliches Delikt erkannte, welches in krassem Widerspruch zu den sakramentalen Funktionen des priesterlichen Amtes stehe. Vor diesem Hintergrund ist es wohl zu sehen, daß Papst Leo IX. allen Gläubigen die Gemeinschaft mit unenthaltsam lebenden Geistlichen untersagte und sämtliche Konkubinen römischer Kleriker als rechtlich Unfreie in den Besitz des Laterans überführte.[54] Und von hierher dürfte es zu erklären sein, wenn Humbert in Buch III, 39 von ›Adversus Simoniacos‹ darauf hinwies, daß die von Nikolaiten vermittelten Sakramente ihre Wirksamkeit nur für andere Menschen entfalten würden, daß die Nikolaiten selbst aber vom Zugang zum Ewigen Leben ausgeschlossen seien.[55]

4. Berengar von Tours und die eucharistische Kontroverse

Es waren aber nicht nur die Mißachtung des Zölibatsgebotes und die Simonie, die die innerkirchliche Erneuerung zu einem geistigen Ringen um die Sakramentenlehre werden ließen. Eine weitere dogmatische Herausforderung stellte für viele Reformer die von Berengar, dem Scholaster des Stiftes St. Martin in Tours und Archidiakon von Angers († 1088), vertretene Ansicht dar, daß der historische Leib Christi sich wesentlich vom Brot und dem mit Wasser vermischten Wein des Altarsakraments unterscheide und daß man demzufolge nicht von einer Realpräsenz des Gottessohnes in der Eucharistie sprechen dürfe.[56] Welch hohen Rang der Streit um diese Abendmahlsauffassung in der zweiten Hälfte des 11. Jahrhunderts besaß und wie schwer er zu beenden war, läßt sich dabei schon an der Tatsache ablesen, daß sich insgesamt drei Reformpäpste – nämlich Leo IX., Nikolaus II. und Gregor VII. – auf den von ihnen einberufenen Synoden dem Fall des Tourenser Klerikers widmen mußten. Es scheint deshalb angebracht, sich mit dieser Kontroverse etwas ausführlicher zu beschäftigen.

Historisch gesehen beruhten die großen Schwierigkeiten, die das Reformpapsttum des 11. Jahrhunderts mit der Bekämpfung der häretischen Anschauung Berengars hatte, vor allem darauf, daß es im Verlauf des kirchlichen Frühmittelalters nicht gelungen war, eine im gesamten Abendland anerkannte Eucharistielehre aufzustellen. Im Unterschied zum christlichen Osten, für den Johannes von Damaskus († um 750) eine solche einheitliche Doktrin erarbeitet hatte, standen sich im Westen seit der Mitte des 9. Jahrhunderts zwei theologische Positionen gegenüber, die an Verschiedenartigkeit nichts zu wünschen übrigließen. Umstritten war vor allem die Frage, wie man sich die sakramentale Gegenwart Christi beim Meßopfer vorzustellen habe. Die eine, maßgeblich von Pascasius Radbertus († 859), dem schon erwähnten Abt von Corbie, repräsentierte Seite betonte die Einheit des eucharistischen und historischen Leibes Christi. Sie trat nachdrücklich dafür ein, daß der Herr im Altarsakrament *in mysterio* – das heißt im Zeichen oder Bild – real gegenwärtig sei.[57] Die andere, unter anderem von dem ebenfalls in Corbie ansässigen Mönch Ratramnus († 868) verkörperte Seite akzentuierte demgegenüber die Verschiedenartigkeit der historischen und der sakramentalen Existenzform Christi. Sie argumentierte folgendermaßen: Da man an Brot und Wein während des Meßopfers keine sichtbare Veränderung feststellen könne, dürfe man sich die Umwandlung dieser beiden Dinge nicht leiblich, sondern nur geistlich *(spiritualiter)* oder bildhaft *(figurate)* vollzogen denken.[58]

Diese zweite, wesentlich von den Werken des heiligen Augustinus beeinflußte Position wurde nun im 11. Jahrhundert von Berengar von Tours wiederaufgegriffen. Die entscheidende inhaltliche Weiterentwicklung ist dabei darin zu erkennen, daß der Scholaster des St. Martin-Stiftes die Lehren des Ratramnus, die er übrigens irrtümlich dem Johannes Scotus Eriugena († nach 867) zuschrieb, rein symbolistisch auslegte. Anders ausgedrückt: Berengar vertrat die These, daß die Konsekration auf dem Altar keinesfalls die Natur *(substantia)* von Brot und Wein verändern, sondern diesen nur einen zusätzlichen (zeichenhaften) Sinn geben könne.[59] Es ist klar, daß mit einer solchen Auffassung des sakramentalen Geschehens die Realpräsenz Christi in der Eucharistie ganz grundsätzlich geleugnet wurde und daß damit die Messe als bloße Erinnerungsfeier interpretiert wurde. Die im Jahre 1050 von Papst Leo IX. einberufene Synode von Vercelli verwarf die Meinung Berengars deshalb mit der Begründung, daß sie das Altarsakrament entsprechend den Anschauungen des „Johannes Scotus" als bloßes Zeichen *(signum, figura, pignus* oder *similitudo)* des Leibes Christi mißverstehe.[60]

Diese letztlich auf die Ansichten des Kirchenvaters Ambrosius († 397) zurückzuführende Synodalentscheidung bedeutete indes nur eine negative Abgrenzung. Sie konnte keinesfalls als endgültige Lösung des von Berengar angesprochenen Problems betrachtet werden, da sie noch keine umfassende eigene Definition des eucharistischen Geheimnisses beinhaltete. Es mußte daher zum zentralen Anliegen des Reformpapsttums und seiner Anhänger werden, die bei Pascasius Radbertus greifbaren Ansätze zu einer orthodoxen Eucharistielehre theologisch auszubauen. Daß dies nicht ohne Schwierigkeiten gelang, sondern offenkundig erheblicher geistiger Anstrengungen bedurfte, zeigt dabei schon ein kurzer Blick auf jene von Kardinalbischof Humbert von Silva Candida aufgesetzte Eidesformel, mit welcher die von Papst Nikolaus II. veranstaltete Lateransynode des Jahres 1059 den als häretisch verworfenen Anschauungen Berengars beizukommen suchte.[61]

In einer Form, deren grobsinnlicher Realismus kaum als angemessene Umschreibung des eucharistischen Mysteriums angesehen werden konnte, hieß es in diesem Text, daß Brot und Wein nach der Konsekration nicht allein Sakrament, sondern auch wahrer Leib und wahres Blut Jesu Christi seien, und daß der Corpus des Herrn demzufolge sinnfällig *(sensualiter)* nicht nur durch das Sakrament, sondern auch in Wahrheit *(in veritate)* von den Händen der Priester angefaßt und gebrochen und von den Zähnen der Gläubigen zermalmt werde.[62] Es liegt auf der Hand, worin die Mängel einer derart grobschlächtigen metabolischen Lehre zu finden waren: Einerseits konnte dieses Verständnis der Eucharistie der schon im Johannes-Evangelium (6, 48–58) angegriffenen und deshalb als kapharnaitisch bezeichneten Irrmeinung Vorschub leisten, daß Christus den Menschen im buchstäblichen Sinn des Wortes sein eigenes Fleisch zu essen gebe. Andererseits trieb sie die Identifizierung von sakramentalem und historischem Herrenleib so weit, daß man an der Einmaligkeit des Kreuzesopfers zweifeln konnte.

Boten diese Formulierungen damit noch ganz erhebliche theologische Angriffsflächen und konnten kaum als ausgereift angesprochen werden, so war es nur natürlich, daß sich Berengar diesen Tatbestand zunutze machte und daß die Auseinandersetzung demzufolge lediglich in eine neue Phase eintrat.[63] Charakteristisch für diese schon in den sechziger Jahren anbrechende zweite Periode der eucharistischen Kontroverse war vor allen Dingen, daß sich beide Seiten scholastischer Argumentationsformen bedienten und daß man das sakramentale Geschehen unter Benutzung der aristotelischen Grundbegriffe *accidens* und *substantia* zu definieren suchte. Berengar gelangte in diesem Zusammenhang mit Hilfe der dialektischen Methode zu einer rein symbolistischen Ausdeutung der Meßfeier, indem er darauf hinwies, daß in der äußeren (akzidentellen) Erscheinungsform des Brotes auch die eigentliche Substanz des Sakramentes zum Ausdruck komme.[64] Seine theologischen Gegner – in erster Linie waren es Lanfrank von Le Bec († 1089) und dessen Schüler Guitmund von Aversa († nach 1095) – suchten die Realpräsenz Christi in der Eucharistie vor allem dadurch zu sichern, daß sie zwischen der sinnlich wahrnehmbaren Wirklichkeit *(sacramentum)* und der durch diese bezeichneten unsichtbaren Wesenheit *(res sacramenti)* deutlich differenzierten.[65] Ihre Kernthese lautete, daß das Altarsakrament seinen früheren Charakter (als Brot und Wein) nach der Konsekration nur in der äußeren (akzidentellen) Erscheinungsform behalte, in der Substanz jedoch eine völlige Umwandlung erfahren habe.[66]

Der Sache nach war mit diesen Gedanken schon die bis heute in der katholischen Kirche gültige Lehre von der Transsubstantiation ausgebildet,[67] auch wenn dieser Begriff erst im 12. Jahrhundert aufkam. Zugleich war damit eine theologische Lösung gefunden, die das Ende des Abendmahlstreites in greifbare Nähe rückte. Wenn es im Protokoll der von Papst Gregor VII. im Februar des Jahres 1079 abgehaltenen Fastensynode hieß, daß Brot und Wein, die auf den Altar gelegt würden, durch das Geheimnis des heiligen Gebetes und die Worte des Erlösers ihrer Substanz nach *(substantialiter)* in das wahre, ureigene und lebendigmachende Fleisch und Blut Jesu Christi verwandelt würden, und wenn hierzu als Erläuterung hinzugefügt wurde, daß dies nicht nur durch das Zeichen und die Kraft des Sakramentes, sondern auch in der Eigentümlichkeit der Natur und der Wahrheit der Substanz geschehe[68] – dann wurde damit genau das zum Bestandteil der offiziellen Beendigung der eucharistischen Kontroverse, was die beiden Theologen Lanfrank und Guitmund zuvor als richtig erkannt hatten.[69]

5. *Die Fortführung des Kampfes gegen die Mißstände im Klerus*

Es kann also nicht bestritten werden: Die Auseinandersetzung um Berengar liefert ebenso wie der von den Reformern geführte Kampf gegen Simonie und Nikolaitismus einen eindeutigen Beleg dafür, daß die innerkirchliche Erneuerung spätestens seit der Mitte des 11. Jahrhunderts von einer Spiritualität getragen wurde, die den Problemen der Sakramentenlehre und dem Wesen des priesterlichen Dienstes besondere Aufmerksamkeit schenkte. Wie aber stand es mit der praktischen Durchführung der Reformbemühungen? Konnte diese mit der sich schon relativ früh abzeichnenden Entwicklung von theologischen Leitbildern und Maximen Schritt halten, oder muß man in dieser Hinsicht eine gewisse Phasenverschiebung konstatieren?

Tatsächlich gibt es in den Quellen eine ganze Reihe von Anzeichen dafür, daß die Reform in der Praxis erheblich langsamer als in der Theorie voranschritt, daß sich die Durchsetzung der vom Reformpapsttum vertretenen Anschauungen beträchtlich verzögerte. Zwar ist es schon seit langem gesicherte Erkenntnis der historischen Forschung, daß bereits Papst Leo IX. eine ganze Anzahl von Maßnahmen anordnete, die sich auf konkrete Fälle von Simonie und Nikolaitismus bezogen; und einige dieser Initiativen sind von uns bereits behandelt worden. Aber diese Einsicht kann kaum darüber hinwegtäuschen, daß es eine nennenswerte Häufung von Simonieprozessen erst während der Pontifikate Alexanders II. (1061–1073) und Gregors VII. (1073–1085) zu verzeichnen gab und daß auch der Kampf gegen die Übertretung des Zölibatsgebotes erst seit den sechziger und siebziger Jahren in wirklich intensiver Form auf den kirchlichen Alltag übergriff.

Es charakterisierte deshalb eine historische Ausnahmesituation und darf nicht als Regelfall bewertet werden, daß in Mailand unter Führung der Kleriker Ariald von Varese und Landulf Cotta bereits im Jahre 1057 ein massiver Aufstand losbrach, der die Absetzung von sämtlichen simonistischen und nikolaitischen Geistlichen als Ziel ins Auge faßte und sich bald zu einer dauerhaften Bewegung (der sogenannten Pataria) ausweitete.[70] Kennzeichnend für die geistige Situation in den ausgehenden fünfziger Jahren war eher das Verhalten des von Papst Nikolaus II. beauftragten Legaten Petrus Damiani in dieser Angelegenheit: Ohne die simonistische Häresie oder die nikolaitischen Verfehlungen der Mailänder Kleriker irgendwie theologisch in Schutz zu nehmen, suchte Petrus die Mißstände in friedlicher Form beizulegen. Statt für eine radikale Vertreibungsaktion trat er für Abhilfe durch Buße und anschließende Rekonziliation der betroffenen Geistlichen ein.[71]

Mit einem derart milden Vorgehen waren die Probleme, die sich in Mailand ebenso wie an anderen Orten stellten, freilich auf die Dauer nicht zu meistern. Wollte man die Reform auf universalkirchlicher Ebene vorantreiben, mußte man schon zu etwas schärferen Maßnahmen greifen. In der Tat lassen sich denn auch seit den sechziger Jahren des 11. Jahrhunderts untrügliche Anzeichen dafür finden, daß das Reformpapsttum und seine Anhänger den Kampf gegen Simonie und Nikolaitismus mit immer größer werdender Härte und Entschlossenheit führten. Wenn Papst Alexander II., der am 1. Oktober 1061 (nach etwa zweimonatiger Sedisvakanz) an die Stelle Nikolaus' II. getreten war, sich im Hinblick auf die französischen Bistümer energisch darum bemühte, die Simonie soweit wie möglich in die Defensive zu drängen,[72] dann waren diese disziplinarischen Maßnahmen (genau wie die ganz ähnlich gelagerten päpstlichen Eingriffe in die Verhältnisse von Chiusi und Florenz)[73] als eindeutige Indizien dafür zu bewerten, daß die innerkirchliche Erneuerungsbewegung sich allmählich nicht mehr mit der Aufstellung abstrakter Normen begnügte, sondern sich auch immer häufiger mit konkreten Einzelfällen auseinandersetzte.

Es wirft daher ein deutliches Licht auf die gewissermaßen mit einem Schlag ansteigende Intensität der Erneuerungsbestrebungen, daß Alexander in einem Schreiben aus dem Jahre 1066 den Klerus und das Volk von Cremona ausdrücklich für ihr eigenmächtiges Engagement gegen Simonie und Nikolaitismus lobte und in diesem Zusammenhang lediglich den auf legale Weise verheirateten Vertretern der niederen Geistlichkeit gestattete, in ihren einmal erlangten Weihegraden zu verbleiben und vom Ertrag des ihnen zugewiesenen Kirchenguts ihren Lebensunterhalt zu fristen.[74] Die vom Papsttum geförderte Reform war zu diesem Zeitpunkt eben schon in eine Phase der konkretisierenden Umsetzung der von den Päpsten Leo IX. und Nikolaus II. aufgestellten theologischen Normen eingetreten. Und auch wenn die publizitätsträchtigen Simonieprozesse, die sich in Deutschland seit dem Jahre 1069 abspielten, noch zu einem guten Teil von Interessen überlagert waren, die mit den religiösen Anliegen der Kirchenreform herzlich wenig zu tun hatten,[75] so waren sie doch andererseits – genau wie die im Jahre 1073 durch Alexander II. ausgesprochene Bannung von mehreren (namentlich durchweg unbekannten) simonistischen Ratgebern Heinrichs IV.[76] – als Ausdruck dafür anzusehen, daß der gegen die Normen des Kirchenrechts verstoßende Handel mit kirchlichen Ämtern auch im Gebiet des Deutschen Reiches immer kompromißloser geahndet wurde.

Bedeutete der Pontifikat Alexanders II. somit eine ganz beträchtliche Verschärfung jenes Kampfes, den die Reformer gegen die Mißachtung des Zölibatsgebotes und die sogenannte *simoniaca haeresis* führten, so war die im April 1073 beginnende Amtszeit Papst Gregors VII. als konsequente Fortsetzung dieser Auseinandersetzung zu verstehen. Daß Form und Inhalt der von Gregor, dem ehemaligen Archidiakon der römischen Kirche, ergriffenen Maßnahmen sich mit denen seines Amtsvorgängers weitgehend deckten und im wesentlichen nur durch ihre Intensität über diese hinausgingen, läßt sich dabei vor allem an seinem noch heute zum Bestand des Vatikanischen Archivs zählenden Register sowie den etwa siebzig verstreut überlieferten Dokumenten dieses Papstes ablesen. Gleichgültig, ob es sich um Mahnschreiben an den deutschen König Heinrich IV. († 1108) handelte oder ob es Briefe waren, die sich direkt an kirchliche Instanzen (in der Regel also an Metropoliten und Bischöfe) richteten, stets war Gregor bemüht, den Kampf gegen den Klerikerkonkubinat und die Simonie mit genau denselben Mitteln voranzutreiben, die auch Alexander II. gewählt hatte. Eine gewisse Akzentverschiebung ist lediglich darin zu erkennen, daß der neue Papst simonistische Mißbräuche sehr häufig als Vorboten für das Kommen des Antichrists bewertete und sie damit in eine eschatologische Perspektive rückte.[77] Blickt man indes auf die praktische Durchführung der Reform und sieht sich beispielsweise die Behandlung der Simonievorwürfe gegen die Bischöfe Pibo von Toul, Werner von Straßburg, Hermann von Bamberg und Arnulf von Cremona oder das Verfahren gegen Bischof Otto von Konstanz an,[78] der in seinem Bistum nikolaitische Praktiken geduldet hatte, dann wird man den Pontifikat Gregors VII. zweifellos als kontinuierliche Fortführung der Linie seines Amtsvorgängers bewerten.

Doch nicht nur in bezug auf das Verhalten in konkreten Einzelfällen läßt sich ein hohes Maß an Übereinstimmung zwischen den beiden Päpsten feststellen. Auch was die Aufstellung und Einschärfung grundsätzlicher Normen anging, knüpfte Gregor an die von Alexander II. vertretenen Prinzipien an. Bereits die beiden ersten, von ihm persönlich geleiteten römischen Fastensynoden, nämlich die der Jahre 1074 und 1075, sorgten in dieser Hinsicht für Klarheit: Alle Simonisten wurden auf Dauer ihrer kirchlichen Ämter enthoben, alle unkeuschen Geistlichen vom Altardienst suspendiert und das gesamte Kirchenvolk zum Boykott der von diesen Klerikern ausgeübten sakramentalen Dienste aufgerufen.[79]

Es versteht sich von selbst, daß gerade die beiden zuletzt genannten Bestimmungen auf erbitterten Widerstand stießen. Dieser äußerte sich besonders deutlich im Bereich der theologischen Traktatliteratur. Streitschriften wie die wohl um 1075 verfaßte ›Apologia contra eos qui calumniantur missas coniugatorum sacerdotum‹[80] blieben keine Seltenheit, sondern waren als Indiz dafür anzusehen, daß die Zölibatsproblematik nach wie vor schwer zu bewältigen war. Gregor blieb jedoch hart. So erklärte die im November des Jahres 1078 abgehaltene römische Herbstsynode sämtliche Weihen, die von simonistischen Begleitumständen gekennzeichnet waren, unter Berufung auf einen (im päpstlichen Register auch sonst häufig zitierten) Satz des Johannes-Evangeliums (10, 1) für ungültig[81] und verpflichtete zugleich jeden Bischof unter Androhung der Suspension, keine Unzucht *(fornicatio)* in seinem Diözesanklerus zu dulden.[82]

Mit diesen in der Form von päpstlichen Dekreten verkündeten rechtlichen Normen wurde die Schlußphase des reformerischen Vorgehens gegen Simonie und Nikolaitismus eingeleitet. Auch wenn zu diesem Zeitpunkt noch nicht alle dogmatischen Fragen restlos geklärt waren, war man sich doch über die prinzipiellen Ziele weitgehend einig. Wie generell der im letzten Viertel des 11. Jahrhunderts erreichte Konsens in diesem Bereich gewesen sein muß, läßt sich dabei vor allem dadurch veranschaulichen, daß sich sowohl der im März 1088 (als zweiter Nachfolger Gregors VII.) erhobene rechtmäßige Papst Urban II. († 1099) als auch der von Heinrich IV. favorisierte Gegenpapst Clemens III. († 1100) für die gleichen religiösen Anliegen einsetzten. Beide Kirchenführer verurteilten auf ihren im Jahre 1089 in Melfi (Urban) bzw. Rom (Clemens) abgehaltenen Synoden die Mißachtung der Zölibatsvorschriften,[83] und beide waren leidenschaftliche Gegner der Simonie.[84] Lediglich in bezug auf die Gültigkeit der von simonistischen Amtsinhabern vermittelten Sakramente gab es geringfügige Auffassungsunterschiede: Der schismatische Clemens III. hielt ganz grundsätzlich daran fest, daß solche Sakramente nur durch erneute aktive Simonie ihre Wirksamkeit einbüßen könnten,[85] während Urban II. die Gültigkeit der von Simonisten erteilten Ordinationen nur dann anerkannte, wenn die entsprechenden Kleriker ihre Weihen unentgeltlich und ohne Wissen um das Vergehen ihres Ordinators empfangen hatten.[86]

Früher als in anderen Programmpunkten der Kirchenreform (etwa der gregorianischen Forderung nach Ausschaltung des Laieneinflusses in der Kirche) hatte man damit an der Wende vom 11. zum 12. Jahrhundert eine grundsätzliche Lösung gefunden: Es hatte sich durchgesetzt, daß man Simonie und Nikolaitismus zwar als Häresien bekämpfen müsse, andererseits aber nicht von einer generellen Unwirksamkeit der von den Simonisten vermittelten Ordinationen ausgehen dürfe. Wenn Papst Urban II. im Vertrauen auf seine universale Dispensgewalt in zahlreichen Einzelfällen Milde walten ließ, so war dies ein äußeres Anzeichen dafür, daß die Auseinandersetzung an Schärfe erheblich verloren hatte. Es spricht daher für sich, daß keiner der Reformpäpste des 12. Jahrhunderts – weder Paschalis II. († 1118) noch Gelasius II. († 1119) oder Calixt II. († 1124) – ernsthaft um die grundsätzliche Anerkennung der in den vergangenen fünfzig Jahren aufgestellten Reformvorschriften kämpfen mußte. Und es ist gewiß nicht dem Zufall zuzuschreiben, daß es dem im Jahre 1123 einberufenen Laterankonzil Calixts II. gelang, die wesentlichen Ergebnisse des reformerischen Ringens um die Problemkreise Ämterkauf, Zölibat und Sakramentenvermittlung eindrucksvoll zusammenzufassen.[87]

III. DIE ENTFALTUNG DES RÖMISCHEN PRIMATS

1. Historische Voraussetzungen

Wie jede historische Entwicklung beruhte auch die im 11. Jahrhundert zu verzeichnende Entfaltung des römischen Primats auf ganz bestimmten Voraussetzungen. Von grundlegender Bedeutung war vor allem die Tatsache, daß die gesamte abendländische Kirche seit der Regierungszeit Karls des Großen in überdiözesane Verbände gegliedert war: in sogenannte Kirchenprovinzen, die unter der Leitung von Erzbischöfen standen und außer dem Sprengel des Metropoliten jeweils noch eine Reihe von nachgeordneten Bistümern umfaßte, deren Vorsteher seit dem 9. Jahrhundert in der Regel als *suffraganei* (Gehilfen, vielleicht auch: Stimmberechtigte) bezeichnet wurden.[1] Diese funktionale Dreigliederung, in der das Papsttum, das Metropolitenamt und der Episkopat als die alles beherrschenden Grundformen der kirchlichen Leitungsgewalt erschienen, bildete das Bezugsfeld für sämtliche Bestrebungen, die Kirchenstruktur zu reformieren. Es war somit nur natürlich, daß die Päpste immer wieder den Versuch unternahmen, das Amt des Metropoliten aufzuwerten und die Erzbischöfe in besonderer Weise an sich zu binden.

Eine wichtige Handhabe hierfür bot die Verleihung des Palliums, das ursprünglich ein reines Ehrenzeichen gewesen war, sich aber im Laufe der Zeit zu einem Amtsinsigne der Erzbischöfe entwickelt hatte.[2] Schon die Päpste Nikolaus I. († 867) und Johannes VIII. († 882) machten für die Übergabe dieser mit Kreuzen verzierten Wollbinde bestimmte Normen geltend[3]; und um die Jahrtausendwende war das Wesentliche längst erreicht. Kein Metropolit konnte auf die Dauer darauf verzichten, in Rom um das Pallium zu bitten.[4] Dieser Umstand war zweifellos ein Indiz für die Stärke des Papsttums, aber man sollte hieraus nicht die Schlußfolgerung ziehen, daß die abendländische Kirche bereits während des 10. und des beginnenden 11. Jahrhunderts eine stark ausgeprägte Rombindung besessen habe. De facto befand sich die hierarchische Kirchenstruktur während dieser Zeit in einem noch unausgeglichenen Schwebezustand: Einerseits gelang es dem Papsttum, seine Primatialgewalt mit Hilfe des synodalen Prozeßrechtes und durch die Errichtung neuer Metropolitansitze und Bischofsstühle zu verfestigen; andererseits behielt der in Landeskirchen zusammengeschlossene Episkopat ein so starkes Eigengewicht, daß der römische Bischof zur Durchsetzung universalkirchlicher Ansprüche immer wieder auf die Unterstützung der deutschen und französischen Könige zurückgreifen mußte.[5]

Zur Stärkung der päpstlichen Autorität trugen allerdings nicht nur die weltlichen Herrscher bei. Daneben spielte der Wunsch vieler Klöster eine wichtige Rolle, sich vor dem Zugriff von Episkopat und Laienadel dadurch abzuschirmen, daß man den Papst um die Erteilung von Schutz- und Exemtionsprivilegien ersuchte. Der päpstliche Schutz sollte die Mönche dabei vor den Laiengewalten sichern; die Exemtion eröffnete die Möglichkeit, das betreffende Kloster ganz oder teilweise aus der Jurisdiktion des an sich zuständigen Ortsbischofs herauszunehmen.[6] Beide Rechtsbindungen führten dazu, daß das christliche Abendland in der Epoche der Ottonen und frühen Salier von einem ganzen Netz von Klöstern überzogen wurde, die sich in besonderer Weise nach Rom hin orientierten.[7] Es ist mithin nicht zu bezweifeln, daß die Entfaltung des römischen Primats durch den monastischen Bereich erheblich begünstigt wurde.

Auch in bezug auf Liturgie und Kultus besaß das Papsttum bereits lange vor der gregorianischen Reform eine deutlich hervorgehobene Sonderstellung. Mochten auch die Rezeption der römischen Liturgie im Frankenreich und die Vereinheitlichung des rituell-sakramentalen Stils der Messe in erster Linie außerrömischen Faktoren zuzuschreiben sein, so kamen sie doch im Ergebnis dem päpstlichen Ansehen ebenso entgegen wie die im Bußwesen erkennbare Petrusverehrung, die sich vor allem darin äußerte, daß zahlreiche Gläubige nach Rom zogen, um den Papst als Stellvertreter des himmlischen Schlüsselträgers um Lossprechung von ihren Sünden zu bitten.[8] Man sieht: Kaum etwas berechtigt bei näherer Betrachtung zu der Annahme, daß das Papsttum gegen Ende des 10. Jahrhunderts an einem Tiefpunkt seiner innerkirchlichen Wirksamkeit angelangt war. Ereignisse wie die im Januar des Jahres 993 durch Papst Johannes XV. vollzogene Heiligsprechung des Bischofs Ulrich von Augsburg († 973)[9] sind im Gegenteil als Hinweise darauf zu bewerten, daß das Papsttum seine Autorität – im Vergleich zur frühen Karolingerzeit – ganz wesentlich gesteigert hatte.

2. Die geistige Situation in der ersten Hälfte des 11. Jahrhunderts

Versucht man nun, die geistige Situation am historischen Ausgangspunkt der gregorianischen Kirchenrefom etwas näher zu charakterisieren, so ist hierzu keine zweite Quelle so geeignet wie die ›Decretorum libri XX‹ des Bischofs Burchard von Worms († 1025).[10] Diese kirchenrechtliche Sammlung erlangte nämlich schon kurz nach ihrer Entstehung eine ungeheure handschriftliche Verbreitung[11]; es kann daher kaum überraschen, daß man das Wormser Dekret in der Forschung wiederholt daraufhin befragt hat, ob sein Autor als Protagonist einer episkopalistischen Kirchenverfassung anzusehen sei oder ob er eine päpstlich-zentralistische Position bezogen habe.

Es ist in unserem Zusammenhang nicht notwendig, die wissenschaftlichen Kontroversen, die sich an diesem Problem entzündet haben, im einzelnen vorzustellen.[12] Wesentlich erscheint hier nur, zu welchem Ergebnis man schließlich gelangte: zu der Ansicht, daß die Frage nach der Tendenz der Rechtssammlung nicht im Sinne einer simplifizierenden Alternative (Papalismus oder Episkopalismus) beantwortet werden könne, daß es vielmehr einer nuancenreicheren Interpretation bedürfe, die ihren Ausgang von einer detaillierten Analyse der kanonistischen Vorlagen Burchards nehmen müsse und vor allem die im Dekret angewandte Methode der Textbearbeitung einer eingehenden Untersuchung unterziehe.

Dieser Weg ist inzwischen längst erfolgreich beschritten worden.[13] Wir können uns deshalb darauf beschränken, die Anschauungen des Wormser Bischofs anhand einiger ausgewählter Kapitel seines Werkes kurz zu umreißen. Der erste Abschnitt, dem wir uns in diesem Zusammenhang zuwenden müssen, ist der Beginn des ersten (mit dem Titel ›De primatu Ecclesiae‹ überschriebenen) Buches des Wormser Dekretes. Denn hier machte Burchard deutlich, worauf es ihm im Kern ankam: Er wollte jenen Schwebezustand kanonistisch definieren, in dem dem Papsttum einerseits eine besondere Gewalt *(potestas)* zugesprochen, andererseits aber verhindert wurde, daß der Primat des römischen Bischofs die episkopal-synodale Struktur der Kirche zugunsten eines stärker hierarchisch-zentralistischen Ordnungsprinzipes durchbreche.

Um dieses Ziel zu erreichen, stellte der Wormser Bischof an den Anfang seines Dekretes einen Text, den er in zwei Rechtssammlungen der Karolingerzeit – nämlich den pseudoisidorischen Dekretalen und der ›Collectio Anselmo dedicata‹ – vorgefunden hatte.[14] Im Neuen Testament habe der priesterliche Stand *(sacerdotalis ordo)* nach Christus mit

Petrus begonnen, lautet der Anfang dieser Passage. Und es ist von außerordentlicher Bedeutung, daß unmittelbar im Anschluß an diese Feststellung aus einem berühmten Satz des Matthäus-Evangeliums (16, 18f.) die Konsequenz gezogen wird, Petrus habe nicht nur die Binde- und Lösegewalt als erster empfangen, ihm sei damit gleichzeitig der erste Pontifikat der Kirchengeschichte anvertraut worden.

Natürlich kann aus dieser Stelle allein noch nicht gefolgert werden, daß Burchard dem Papst mehr als nur einen gewissen Ehrenvorrang vor den übrigen Bischöfen zugestanden habe. Denn schließlich wurde dem in Dekret I, l überlieferten Wortlaut dieses Textes in einer seiner beiden oben erwähnten Vorlagen (nämlich den pseudoisidorischen Dekretalen) hinzugesetzt, daß die übrigen Apostel den gleichen *honor* und die gleiche *potestas* empfangen hätten.[15] Zieht man aber das unmittelbar folgende Kapitel der Wormser Rechtssammlung[16] in Betracht, das die Rubrik ›De privilegio beato Petro...‹ trägt, dann ist rasch verdeutlicht, daß Burchard die berühmte Passage des Matthäus-Evangeliums durchaus in dem Sinne interpretierte, den ihm schon Papst Leo der Große († 461) gegeben hatte: als Beleg dafür, daß die Gewalt des Papstes sich grundlegend von der *potestas* der übrigen Bischöfe unterscheide.

Worin bestand nun die *discretio potestatis*, mit deren Hilfe Burchard den Papst als Nachfolger des heiligen Petrus von allen anderen Bischöfen abhob? Die Formulierungen von Dekret I, 2 lassen keinen Zweifel zu: Dem römischen *pontifex* wurde zugestanden, daß er die jurisdiktionelle Spitze der Christenheit bilde. Sowohl die größeren Rechtsfälle *(majores causae)* – wie z.B. die der Bischöfe – als auch die Sorge um gewichtigere Angelegenheiten *(cura potiorum negotiorum)* sollten an dem einen Sitz des Apostelfürsten Petrus zusammenfließen.[17] Burchard beabsichtigte also nicht, die päpstlichen Sonderrechte zugunsten eines episkopalistischen Ordnungsprinzips zu beseitigen.

Aus dem sich direkt anschließenden Kapitel I, 3 der Wormser Rechtssammlung ergibt sich freilich, daß diese Befürwortung der Ausnahmestellung des Papstes eine scharf umrissene Grenze hatte. Burchard war noch weit entfernt von den im ›Dictatus papae‹ Gregors VII. formulierten Idealvorstellungen; er bestand deshalb darauf, daß der römische *pontifex* nicht als *summus sacerdos* oder *princeps sacerdotum*, sondern nur als Bischof des ersten Sitzes bezeichnet werde.[18] Um zu dieser Aussage gelangen zu können, bediente er sich des folgenden Verfahrens. Statt den von ihm zitierten Rechtssatz – den kanonistischen Vorlagen entsprechend – auf Karthago und die Verfassungsverhältnisse der afrikanischen Kirche zu beziehen, ordnete Burchard den fraglichen Kanon durch Änderung der Rubrik einfach dem römischen Bischof zu.[19]

Durch diesen Kunstgriff war das eigentliche Ziel schnell erreicht; die Vorrechte des Papstes erschienen nicht mehr als persönliche Privilegien des jeweiligen Amtsinhabers, sie waren eingebunden in die Sonderstellung der römischen *cathedra*.

Insgesamt markierte das Wormser Dekret damit eine ekklesiologische Anschauung, die sowohl den Interessen des Papsttums als auch denen des Episkopats gerecht zu werden suchte. Dem Papst wurde dabei eine Ausnahmestellung in der Rechtsprechung zuerkannt, aber man blieb weit davon entfernt, das hierarchische Prinzip der Kirchenstruktur so stark zu betonen, daß die Stellung der Bischöfe davon beeinträchtigt wurde. Bis in die späten vierziger Jahre des 11. Jahrhunderts war diese Einstellung für das gesamte Abendland charakteristisch. Erst in Zusammenhang mit der Absetzung Papst Gregors VI. auf der Synode von Sutri (1046) lassen sich vereinzelte Zeugnisse dafür beibringen, daß die rechtliche Sonderstellung des römischen Bischofs wieder schärfer akzentuiert wurde.

Der erste Text, den wir in diesem Zusammenhang behandeln müssen, ist ein in den Jahren 1047/1048 verfaßtes Rechtsgutachten, dessen Autor vielleicht aus Südfrankreich stammte und das allem Anschein nach für eine Gruppe französischer Bischöfe erstellt wurde.[20] In diesem Traktat, der von der Forschung gewöhnlich unter dem Titel ›De ordinando pontifice‹ zitiert wird,[21] ging es vor allem darum, die kirchenrechtlichen Voraussetzungen für die Erlangung und Aberkennung des päpstlichen Amtes zu ermitteln. Vor diesem Hintergrund sollte dann geklärt werden, ob es nach dem Tode Clemens' II. († 1047) eine Person gebe, die zu Recht Anspruch auf die *cathedra* des heiligen Petrus erheben könne.[22]

Diese Frage wird im Verlauf des Textes eindeutig negativ beantwortet. Für unsere Problemstellung ist es jedoch wichtiger, jene Formulierungen zu beleuchten, in welchen der namentlich unbekannte Verfasser seine grundsätzlichen Anschauungen über die rechtliche Stellung des Papstes zu erkennen gab. In diesem Zusammenhang ist vor allem bemerkenswert, daß das gesamte Schriftstück (ähnlich wie das Dekret des Bischofs Burchard von Worms) sowohl Hinweise auf ein episkopal-kollegiales als auch auf ein päpstlich-hierarchisches Verständnis der Kirchenstruktur enthält. Wenn der Traktat im Hinblick auf die Papstwahl eine einmütige Entscheidung des Gesamtepiskopats fordert,[23] dann ist dieses Verlangen zweifellos als eine Befürwortung einer stärkeren Stellung der Bischöfe zu verstehen. Wenn der Text aber sagt, daß jeder Bischof dem *summus et universalis pontifex* Rechenschaft schuldig sei, jener hingegen nur Gott allein,[24] oder wenn er an einer anderen Stelle darauf besteht, daß die *Romana potestas* der gesamten Kirche vorangestellt sei,[25] dann sind diese Sätze als eindeutige Indizien dafür anzusehen, daß dem Papst eine jurisdiktionelle Vorrangstellung zugesprochen wird.

Insgesamt wird man die Tendenz des Traktates also weder als papalistisch noch als episkopalistisch bezeichnen dürfen. Das Hauptanliegen seines Autors lag zweifellos darin, die Erlangung und Aberkennung des päpstlichen Amtes an kirchenrechtliche Normen zu binden und sie damit auf eine genau umrissene Grundlage zu stellen. Es lag nicht in seiner Absicht, die dipolare Spannung zwischen der Gewalt des Papstes und der des Episkopats aufzulösen. Die wegweisende Bedeutung des Textes bestand vielmehr darin, daß die kirchlichen Instanzen vor dem Zugriff der Laiengewalten geschützt werden sollten. Wenn der Anonymus in einer Passage des Schriftstücks die Aussage machte, daß Laien keinerlei Verfügungsgewalt über kirchliche Ämter *(de gradibus ecclesiasticis)* zustehe, und dies mit einem (unter anderem bei Pseudoisidor überlieferten) Rechtssatz begründete,[26] so wurde hiermit zum Ausdruck gebracht, daß das Vorgehen Heinrichs III. in Sutri unrechtmäßig gewesen sei. Der entscheidende Schritt in Richtung auf die gregorianische Reform ist mithin darin zu erkennen, daß der Autor von ›De ordinando pontifice‹ das Papsttum (ebenso wie alle anderen kirchlichen Würden) aus der Abhängigkeit von den irdischen Herrschaftsträgern befreien wollte.[27]

In der generellen Tendenz vermitteln die sich auf den Pontifikat des Bischofs Wazo von Lüttich († 1048) beziehenden Kapitel der ›Gesta episcoporum Leodiensium‹[28] ein ganz ähnliches Bild. Auch hier wird die geistliche Qualität des Bischofsamtes im Vergleich zur (rein irdischen) Beschaffenheit der Herrscherwürde deutlich herausgearbeitet[29]; auch hier verkörpert das Kirchenrecht den geeigneten Maßstab für die Beurteilung des Verhältnisses zwischen Klerus und Laien. Was die Aussagen über die Rechte und Vorzüge des Papstes angeht, ist freilich eine etwas anders geartete Akzentuierung zu beobachten. Im Unterschied zu dem Verfasser von ›De ordinando pontifice‹ betonte Anselm, der Autor der Lütticher Bistumsgeschichte, stärker die hierarchische Ordnung der Kirche und die Ausnahmeposition des päpstlichen Amtes. Nach seinem Bericht war Bischof Wazo nicht nur der Meinung, daß der gesamte Episkopat dem Papst Gehorsam und Rechenschaft schulde,[30] er habe auch den kirchenrechtlichen Grundsatz vertreten, daß der höchste Bischof von niemandem außer von Gott allein gerichtet werden dürfe.[31] Aus diesem Motiv heraus sei er nach dem Tode Clemens' II. bei Heinrich III. dafür eingetreten, den in Sutri abgesetzten Gregor VI. wieder als Papst anzuerkennen.[32]

Mit diesen Äußerungen gingen die ›Gesta episcoporum Leodiensium‹ einen wichtigen Schritt über die Ansichten Burchards von Worms und des Verfassers von ›De ordinando pontifice‹ hinaus. Denn in das Wormser Dekret war an keiner Stelle die Nichtjudizierbarkeit des römischen Bischofs als eigener Rechtssatz aufgenommen worden,[33] und in dem aus den Jahren 1047/48 stammenden Traktat war die Unverantwortlichkeit des Papstes und der Bischöfe zwar ausdrücklich verteidigt worden, gleichzeitig hatte der Anonymus jedoch darauf hingewiesen, daß Gregor VI. das päpstliche Amt – aufgrund seiner simonistischen Machenschaften – niemals erlangt habe.[34]

Es ist also nicht von der Hand zu weisen: Schon die aktualisierende Konsequenz, zu der Bischof Wazo im Hinblick auf das Absetzungsverfahren in Sutri gelangte, zeigt an, daß die Lütticher Bistumsgeschichte die rechtliche Sonderstellung des Papsttums besonders betonte. Doch auf welche Rechtsbasis stützte Wazo nach dem Bericht der ›Gesta‹ seinen Beweisgang? Beließ er es bei dem Hinweis auf die prinzipielle Nichtjudizierbarkeit des römischen Bischofs, oder führte er noch weitere Begründungen an? In der Tat lassen sich hierfür untrügliche Anzeichen finden. In einer Passage wird nämlich berichtet, daß Wazo für seine Beurteilung der Sachlage die Geschichte der römischen Bischöfe, deren Dekrete und die *autenticos canones* sorgfältig prüfte,[35] und an einer anderen Stelle des Textes steht ausdrücklich, daß die Klage eines geringeren kirchlichen Grades gegen einen höheren zurückgewiesen werden müsse.[36]

Dieses Problem war freilich auch in ›De ordinando pontifice‹ gesehen und behandelt worden. Der entscheidende Unterschied zwischen den beiden Stellungnahmen über den Prozeß gegen Gregor VI. bestand aber darin, daß der anonyme Verfasser des kanonistischen Traktates eine solche Klage für den Fall als zulässig erklärte, daß der ranghöhere Mann ein verderbliches Beispiel gebe.[37] Zwar läßt sich nicht bestreiten, daß die Bewertung des Anonymus aufgrund der differenzierteren Argumentation auf höherem kirchenrechtlichen Niveau stand als die Einschätzung Wazos. Andererseits ist aber auch nicht zu übersehen, daß die Ansicht des Lütticher Bischofs im Ergebnis der Autorität des Papsttums stärker zugute kam. Die in den ›Gesta episcoporum Leodiensium‹ fixierten Gedanken dürfen deshalb als besonders wichtiges Zeugnis dafür angesprochen werden, daß der Primat des römischen Bischofs nicht in Vergessenheit geraten war.

3. Die Reformmaßnahmen Papst Leos IX. († 1054)

Der Pontifikat Papst Leos IX. stellte für die Entfaltung der Suprematieansprüche des römischen Bischofs eine Phase von grundlegender Bedeutung dar. Es ist daher von großem Interesse, jene Grundlinien noch einmal herauszuarbeiten, denen die moderne Forschung besonders starke Beachtung geschenkt hat. Vor allem die in der Amtszeit dieses Reformpapstes vollzogene Umstrukturierung der päpstlichen Institutionen sowie die im Jahre 1054 offen zutage tretenden Spannungen mit der byzantinischen Kirche müssen in diesem Zusammenhang näher untersucht werden. Und doch sei gleich vorweg darauf hingewiesen, daß die durch die Hagiographie bezeugte Weigerung Leos, die von Heinrich III. ausgesprochene Nomination für das päpstliche Amt vor einer Wahl durch Klerus und Volk Roms überhaupt anzunehmen,[38] nicht nur für die Durchsetzung des Gedankens der *electio canonica* von Belang war, sondern darüber hinaus eine wichtige Voraussetzung für die in der zweiten Hälfte des 11. Jahrhunderts erfolgende Befreiung des Papsttums aus den engen Bindungen an das deutsche Königtum bedeutete.

Daß es die erklärte Absicht des nur etwa fünf Jahre amtierenden Reformpapstes war, die römische Kirche zu einer möglichst unabhängigen Größe aufzuwerten und die Bedeutung des Papsttums zu steigern, läßt sich freilich nicht nur an den Geschehnissen des Jahres 1048 ablesen. Auch die ungeheure Intensivierung des Synodalgeschehens während der Amtszeit Leos IX. wies in diese Richtung. Insgesamt elf oder zwölf Bischofsversammlungen – die Zahl steht nicht genau fest – wurden in der kurzen Zeit zwischen 1049 und 1054 vom Papst persönlich einberufen und geleitet[39]; allein das erste Pontifikatsjahr hatte vier Konzilien zu verzeichnen, davon zwei außerhalb Italiens. Diese neuartige Synodalpolitik führte das Papsttum aus der regionalen Gebundenheit an den mittelitalienischen Raum heraus, sie erweiterte die vom Papst geleitete große Synode sinnfällig zur Vertretung der gesamten Christenheit und stellte damit eine der Grundbedingungen dafür dar, daß die Amtszeit Leos IX. nicht eine vorübergehende Episode blieb, sondern den Beginn einer neuen Epoche verkörperte. Auch wenn sich nicht im einzelnen verfolgen läßt, inwiefern sich die auf diesen Zusammenkünften verabschiedeten kirchenrechtlichen Leitsätze in den kirchlichen Alltag umsetzen ließen, steht doch außer Frage, daß die Rechtstradition der römischen Kirche und die innerkirchliche Wirksamkeit des Papsttums durch die Konzilien Leos IX. eine ungeheure Aufwertung erfuhren.

Genauso zukunftsweisend und folgenschwer wie die päpstliche Synodalpolitik waren jene Maßnahmen Leos, die sich auf die Auswahl seiner engsten Mitarbeiter bezogen. Mit der Berufung von so eigenwilligen Persönlichkeiten wie Hildebrand, dem späteren Papst Gregor VII. († 1085), oder Humbert von Moyenmoutier († 1061), der als Kardinalbischof von Silva Candida bis zu seinem Tode zu den wichtigsten päpstlichen Ratgebern gehörte, sorgte der römische Bischof dafür, daß das Kardinalkollegium mehr und mehr zur tragfähigen Stütze der päpstlichen Reformpolitik wurde.[40] Man würde die Bedeutung dieser ungewöhnlichen Form der Stellenbesetzung unterschätzen, wollte man übersehen, daß sie eine Auflockerung der Verflechtung des Papsttums mit den Interessen der verschiedenen römischen Adelsparteien garantierte.

Es kann also keinen Zweifel geben: Auch wenn die Kardinalbischöfe (als Vorsteher der sogenannten suburbikarischen Bistümer) und die Kardinalpriester (als Seelsorger an den römischen Titelkirchen) schon seit Jahrhunderten im Umkreis des Papsttums liturgische Funktionen wahrgenommen hatten, so bildeten sie sich doch erst unter Leo IX. zu einem Gremium heraus, dessen Mitglieder mit zentralen Aufgaben in der Leitung und Verwaltung der römischen Kirche beauftragt wurden.[41] Es wäre freilich falsch, von einer fast völlig durchgestalteten Neubegründung des Kardinalkollegiums auszugehen; denn hiergegen spricht schon die Tatsache, daß die Personengruppe bei der Erhebung Viktors II. – des unmittelbaren Nachfolgers Leos IX. – die überragende Stellung des deutschen Kaisers noch keineswegs beeinträchtigen konnte. Zieht man aber in Erwägung, daß etwa seit dem Jahre 1054 immer häufiger Kardinäle als päpstliche Legaten eingesetzt wurden und daß diese Praxis in der Folgezeit zu einem wichtigen Instrumentarium der römischen Reformpolitik wurde,[42] dann ist hiermit schnell veranschaulicht, daß die Maßnahmen Leos IX. doch weit mehr waren als ein vorsichtiger Anfang. Sie bildeten die Hauptvoraussetzung dafür, daß das Kardinalkollegium im Verlauf der Kirchenreform des 11. und 12. Jahrhunderts schnell in eine Schlüsselposition aufrücken konnte.

Weitaus weniger spektakulär als die Veränderungen im Bereich des kardinalizischen Klerus (und doch für die praktische Durchführung der päpstlichen Politik von erheblicher Bedeutung) war jene Haltung, die Papst Leo IX. gegenüber der päpstlichen Verwaltungsbehörde, dem sogenannten *sacrum palatium Lateranense,* und in bezug auf die Urkundenausfertigung der päpstlichen Kanzlei einnahm.[43] Vor allem der Umstand, daß die vom Papst ausgestellten Urkunden in der Regel nicht mehr auf Papyrus, sondern auf Pergament geschrieben wurden, sowie die damit einhergehende Entwicklung, daß man immer häufiger die Minuskel (anstelle der alten kurialen Schrift) verwendete und im Eschatokoll der Privilegien mit Rota und Monogramm zwei neue Erkennungszeichen einführte,[44] sind als bahnbrechende Neuerungen zu bewerten. Und auch wenn die Aufwertung der Funktionen des *vicedominus*, der als Stellvertreter des Papstes in dessen Abwesenheit die Jurisdiktion über den Klerus der Stadt Rom ausübte und zugleich für die päpstliche Bibliothek zuständig war, nur die konsequente Nutzung einer bereits bestehenden Einrichtung bedeutete, ist sie doch als Indiz dafür anzusehen, daß die päpstliche Verwaltung sich (institutionell gesehen) immer stärker verfestigte.[45]

Versucht man, an dieser Stelle eine kurze Zwischenbilanz zu ziehen, so wird man nicht bestreiten können, daß die Amtszeit Leos IX. in bezug auf die abendländische Kirche eine (relativ problemlose) Phase der inneren Reorganisation bedeutete. Wesentlich schwieriger gestaltete sich indessen das Verhältnis Roms zu den Kirchen des östlichen Mittelmeerraums. Vor allem dem Wirken des Michael Kerullarios († 1058), der im Jahre 1043 den Stuhl des Patriarchen von Konstantinopel bestiegen hatte, war es zuzuschreiben, daß die schon seit langem bestehende rituelle und disziplinarische Eigenständigkeit der byzantinischen Reichskirche sich allmählich zu einer echten Herausforderung für die primatialen Ansprüche des römischen Bischofs ausweitete. Es war daher schwerlich ein Zufall, daß Papst Leo IX. im Jahre 1054 an Michael Kerullarios und dessen Propagandisten – den bulgarischen Erzbischof Leon von Ochrid – einen Brief verfaßte, in dem er die westliche Position zu den strittigen Fragen noch einmal programmatisch zusammenfaßte.[46]

Dieses in der Regel einfach als ›Libellus‹ Leos IX. bezeichnete Schreiben hat im Zusammenhang mit der Erforschung der im Jahre 1054 (durch den Bannfluch gegen den Patriarchen von Konstantinopel und seine Anhänger) offen zutage tretenden Spannungen mit der byzantinischen Kirche stets besondere Beachtung gefunden. Auch wenn man dabei schon früh zu der Ansicht gelangte, daß die polemische Streitschrift höchstwahrscheinlich niemals an seine in der ›Inscriptio‹ genannten Empfänger abgesandt worden ist[47] (eine Hypothese, die in jüngster Zeit durch eine eingehende Untersuchung der handschriftlichen Überlieferung des Textes bestätigt werden konnte)[48], so wurde der ›Libellus‹ doch immer als hervorragendes Zeugnis für die Primatsidee Leos IX. und seiner Mitarbeiter interpretiert.

Daß eine solche Auslegung den historischen Sachverhalt zutreffend wiedergibt, soll nicht bestritten werden. Fraglich ist aber die in der jüngeren Forschung vor allem von Enzo Petrucci vertretene Auffassung, daß der Text eine in sich geschlossene Konzeption von der absoluten Überordnung des Apostolischen Stuhls gegenüber allen anderen weltlichen und geistlichen *potestates* aufweise und daß diese Konzeption der gelasianischen Zweigewaltentheorie diametral entgegenstehe.[49] Es scheint daher angebracht, aufbauend auf den im Jahre 1983 vorgelegten Ergebnissen von Hans-Georg Krause noch einmal darzulegen, worin die wesentlichen Gedanken des von Leo IX. verfaßten Papstbriefes zu erkennen sind.

Von grundlegender Bedeutung ist in diesem Zusammenhang die Tatsache, daß der ›Libellus‹ den Primat des Papstes nicht als einen rein innerkirchlichen Führungsanspruch begreift, sondern als „allumfassende Gewalt des apostolischen Stuhles, die sich auf drei Bereiche bezieht: die geistliche Gewalt, die weltliche Gewalt und die das Irdische transzendierende Schlüsselgewalt Petri. Diese dreifache Gewalt beruht auf dreifachem Fundament: auf konziliarer Autorität, kaiserlichem Gebot und Einsetzung durch Christus."[50] Es ist vor diesem Verständnishorizont fast selbstverständlich, daß der Autor des Briefes neben anderen Begründungen für die Vorrechte des Papstes einen Auszug aus dem ›Constitutum Constantini‹[51] zitiert – jener berühmten Schenkungsurkunde, die sich selbst auf Kaiser Konstantin den Großen († 337) zurückführt, in Wahrheit aber eine in der Karolingerzeit entstandene Fälschung darstellt.

Die Funktion dieses ›Constitutum‹-Exzerptes, das im Wortlaut des ›Libellus‹ zu finden ist, gilt es im folgenden kurz zu charakterisieren. Gleich zu Anfang muß dabei darauf hingewiesen werden, daß das von Kapitel 5 bis Kapitel 36 reichende Kernstück des Papstbriefes in zwei Hauptteile gegliedert ist.[52] Der eine von ihnen umfaßt die Kapitel 5 bis 22 und führt unter anderem den Gedanken aus, daß Leon von Ochrid und Michael Kerullarios sich durch ihre Kritik an den liturgischen Gebräuchen der lateinischen Kirche – vor allem an der Verwendung von ungesäuerten Broten (Azymen) beim Meßopfer – in Gegensatz zur römischen Kirche gebracht hätten und damit zu Häretikern geworden seien.[53] Der andere (cc. 23–36) behandelt die Frage, wieso das Verhältnis zwischen dem Patriarchat von Konstantinopel und der römischen Kirche als das einer Tochter zu ihrer Mutter zu verstehen sei.[54] Nur in dem ersten dieser beiden längeren Abschnitte wird Bezug auf die Konstantinische Schenkung genommen; und auch hier dient die Zitation des ›Constitutum‹ vor allen Dingen dem Nachweis, daß der Anspruch des Apostolischen Stuhles auf weltliche Herrschaft *(terrena dominatio)* sich auf kaiserliche Verleihung berufen könne.[55]

Nimmt sich die Aufgabe, die das ›Constitutum‹-Insert im Rahmen der Gesamtargumentation zu erfüllen hat, schon vor diesem Hintergrund als durchaus beschränkt aus, so verstärkt sich dieser Eindruck noch bei näherer Betrachtung des Gedankenganges. Denn die im Text des Briefes geschilderte Übertragung von kaiserlicher Gewalt und Würde, imperialen Insignien und Gefolge an Papst Silvester I. († 335) und dessen Nachfolger[56] hat nach der Anschauung des Autors natürlich nicht den Zweck, die Gottunmittelbarkeit des irdischen Kaisertums in Frage zu stellen. Sie zielt vielmehr lediglich darauf ab, das päpstliche Patrimonium vor dem Zugriff weltlicher Herrschaftsträger zu schützen.[57] Man sieht: Es gibt keinerlei Hinweis darauf, daß Papst Leo IX. die rechte Weltordnung im Sinne eines hierokratischen Monismus interpretierte. Zwar faßte er das päpstliche Amt als eine universale Größe auf, die alle anderen (irdischen) *potestates* an Autorität übersteige; aber diese Vorstellung bedeutete keineswegs die Überwindung der gelasianischen Zweigewaltenlehre.[58] Im Gegenteil: Wenn der ›Libellus‹ im Anschluß an den Römerbrief des Apostels Paulus (13, 1–2) betonte, daß alle Gewalt von Gott stamme,[59] und kurz darauf die weltliche und geistliche Herrschaft des Apostolischen Stuhls unter den im Ersten Petrusbrief (2, 9) zu findenden Begriff des *regale sacerdotium* stellte,[60] so waren diese Äußerungen zweifellos als Befürwortung einer dualistischen Weltordnung gemeint. Es kann somit wenig verwundern, daß die Binde- und Lösegewalt des heiligen Petrus nur für die priesterlichen Aufgaben des Papsttums in Anspruch genommen wurde, nicht aber für dessen weltliche Herrschaftsfunktionen.[61]

4. Die Entwicklung unter den Päpsten Nikolaus II. († 1061) und Alexander II. († 1073)

Bedeutete der Pontifikat Papst Leos IX. sowohl im praktischen als auch im theoretischen Bereich eine wichtige Voraussetzung für die allmähliche Steigerung der römischen Primatialgewalt, so verkörperten die folgenden Jahre in erster Linie eine Periode des Übergangs. Die römische Reformpartei erlebte dabei zunächst einmal einen Rückschlag. Denn mit der (von Kaiser Heinrich III. ausgesprochenen) Designation des Reichskanzlers Gebhard von Eichstätt zum neuen Oberhaupt der römischen Kirche (Viktor II., † 1057)[62] wurde offensichtlich, daß Klerus und Volk Roms noch nicht in der Lage waren, die Papstwahl selbst in die Hand zu nehmen. Es sah so aus, als ob das Papsttum sich wieder enger an das Kaisertum anlehnen müsse, als ob die Tage der ebenfalls von Heinrich III. nominierten Päpste Clemens II. († 1047) und Damasus II. († 1048) wiedergekehrt seien.

Aber schon die im August des Jahres 1057 bewerkstelligte Erhebung des dem deutschen Königshof fernstehenden Reformers Friedrich von Lothringen, der als Papst den Namen Stephan IX. († 1058) führte, machte deutlich, daß die von Leo IX. in die Wege geleitete Neuordnung doch weit mehr war als nur ein in den Ansätzen steckengebliebener Reformversuch. Die Wahl und Weihe erfolgte nämlich ohne Konsultation der deutschen Reichsregierung[63]; erst im Anschluß an die bereits vollzogene Erhebung wurde Hildebrand, der spätere Papst Gregor VII. († 1085), damit beauftragt, als päpstlicher Legat nach Deutschland zu ziehen und den nachträglichen Konsens des dortigen Königshofes einzuholen.[64]

Ein Teil der modernen Forschung hat aus dieser Reise den Schluß ziehen wollen, daß das von Heinrich III. († 1056) seit dem Jahre 1046 immer wieder wahrgenommene Mitwirkungsrecht des deutschen Königs bei der Papstwahl auch in bezug auf die Erhebung Stephans IX. noch nicht angetastet oder beschränkt worden sei.[65] Gegenüber einer solchen (auf den ersten Blick durchaus überzeugenden) Beurteilung der Lage im Jahre 1057 ist jedoch darauf hinzuweisen, daß der neue Pontifex seine Beförderung ins päpstliche Amt offensichtlich nicht von der Zustimmung des deutschen Königshofes abhängig machte. Denn einmal begnügte er sich nicht mit der Bezeichnung *in Romanum pontificem electus,* sondern verwendete in seinen Urkunden und Briefen von Anfang an den päpstlichen Titel *servus servorum Dei*[66]; zum anderen forderte er in einem noch während der bis 1058 dauernden Legation Hildebrands verfaßten Schreiben[67] den Erzbischof Gervasius von Reims zu Gehorsam und Treue *(oboedentia et fidelitas)* auf und machte hierdurch deutlich, daß er sich als legitimen Papst betrachtete. Zwar gibt es keinerlei Indizien dafür, daß Stephan IX. und seine Anhänger an einer Kraftprobe mit dem deutschen Königshof interessiert waren (hiergegen spricht schon das äußerst vorsichtige Verhalten des päpstlichen Legaten)[68]; es ist aber mehr als nur eine ansprechende Vermutung, daß die römische Reformpartei die königliche Designationspraxis bei der Besetzung der *cathedra* des heiligen Petrus durch das Prinzip der kanonischen Wahl ersetzen wollte.

Die Frage, ob diese Rechtsposition nach dem Tode Stephans I. († 29. März 1058) von den Reformern aufgegeben oder ob sie zugunsten eines Vorstimmrechts der Kardinalbischöfe sogar noch ausgebaut wurde, ist angesichts der dürftigen und widersprüchlichen Quellenlage nicht ganz eindeutig zu beantworten. Einerseits scheint sich aus dem Bericht Lamperts von Hersfeld[69] zu ergeben, daß der deutsche Königshof bei der Erhebung Nikolaus' II. die eigentliche Entscheidung traf – heißt es dort doch ausdrücklich, König Heinrich IV. († 1106) habe den Bischof Gerhard von Florenz zum Papst designiert, ein die Nachwähler bindender Vorschlag sei durch die *Romani principes* bis zu diesem Zeitpunkt nicht gemacht worden. Andererseits deuten die in Italien entstandenen historiographischen Quellen[70] sowie die größeren Altaicher Annalen[71] darauf hin, daß die Nomination Gerhards bereits feststand, als die aus Italien angereiste Gesandtschaft der kirchlichen Reformpartei im Juni 1058 in Augsburg eintraf.[72] Nach dieser Tradition waren es neben dem Herzog Gottfried dem Bärtigen († 1069) und Kardinal Hildebrand die *Romanorum meliores*, die die eigentliche Entscheidung trafen.[73]

Es läßt sich freilich nicht genau bestimmen, ab wann sich Gerhard von Florenz als *episcopus ad apostolicam sedem electus*[74] betrachtete, da das von ihm mit dieser Formel unterfertigte Dokument nur die Angabe des Inkarnationsjahres 1058 (aber keine genauere Datierung) aufweist.[75] Und ebensowenig ist nach dem gegenwärtigen Stand der Forschung zu klären, ob und – gegebenenfalls – wann die bei Bonizo von Sutri[76] überlieferte Papstwahl durch Hildebrand und die mit ihm in Siena versammelten Kardinäle stattgefunden hat.[77] Stellt man aber den Umstand in Rechnung, daß der Reformer Petrus Damiani in einem Schreiben aus der zweiten Hälfte des Jahres 1058 den Konsens der Kardinalbischöfe als Vorbedingung für die gültige Wahl hervorhob,[78] und berücksichtigt man die Tatsache, daß diese Ansicht durch das im Frühjahr 1059 verabschiedete Papstwahldekret[79] kirchenrechtlich bestätigt wurde, dann darf man mit einiger Gewißheit annehmen, daß die Wahl Papst Nikolaus' II. auf eine Vereinbarung der Kardinalbischöfe zurückzuführen ist.

Daß diese Hypothese mehr als nur eine Vermutung ist, wird besonders deutlich, wenn man sich zwei Dinge vor Augen führt: einmal, daß die Wahlordnung von 1059 – wie wir heute wissen – nicht nur für die Zukunft bestimmt war,[80] sondern auch einer rechtlichen Absicherung der Erhebung Nikolaus' II. diente,[81] und dann, daß das wichtigste Zeugnis über die Wahlvereinbarung der Kardinalbischöfe von Petrus Damiani stammt,[82] der als Bischof von Ostia selbst zu dieser Personengruppe zählte und schon Jahre zuvor die besondere Autorität des Apostolischen Stuhls energisch vertreten hatte.[83] Lenken wir den Blick zunächst einmal auf diese zweite Tatsache, dann erhebt sich natürlich sofort die Frage, worin denn eigentlich die wesentlichen Gedanken Petrus Damianis über die Sonderstellung des Papstes in der Kirche bestanden.[84] Und versucht man, hierauf eine kurze Antwort zu geben, so erscheint vor allem bemerkenswert, daß der eigenwillige Reformer zwar grundsätzlich sowohl Synodalbeschlüsse als auch päpstliche Dekretalen als kirchenrechtlich verbindliche Normen ansah, daß er aber die von Synoden verkündeten Kanones in all den Fällen für ungültig erachtete, in denen sie nicht mit den Dekreten des römischen Bischofs übereinstimmten.[85]

Mit dieser Auffassung wurde die Lehrtradition der römischen Kirche in einem bislang keineswegs üblichen Ausmaß aufgewertet. Zugleich war damit ein methodisches Prinzip gefunden, das es ermöglichte, die einander widersprechenden kirchenrechtlichen Bestimmungen von einem festen Bezugspunkt aus – eben den *decreta Romanorum pontificum* – in Einklang zu bringen. Von hierher war es nur noch ein Schritt zu der logischen Konsequenz, daß derjenige als Häretiker zu betrachten sei, der im Gegensatz zur römischen Kirche stehe.[86] Es war daher kennzeichnend für den hohen historischen Stellenwert des von Petrus Damiani vertretenen Konkordanzprinzips, daß der von ihm befürwortete Ketzerbegriff in etwas veränderter Form während der folgenden Jahre häufig dem heiligen Ambrosius († 397) zugeschrieben wurde,[87] um ihm größere Autorität zu verleihen. Und es sprach für sich, wenn Hildebrand den kanonistisch gebildeten Kardinalbischof von Ostia im Jahre 1059 ersuchte, die Dekrete und Taten der römischen Bischöfe auf all das hin durchzusehen, was speziell der Autorität des Apostolischen Sitzes zukomme.[88]

Es wäre allerdings voreilig, die Rolle, die Petrus im Hinblick auf die Entfaltung des römischen Primats spielte, allein auf der Grundlage seiner theoretischen Äußerungen über die Lehrtradition der römischen Kirche zu beurteilen. Um zu einer ausgewogenen Bewertung zu gelangen, bedarf es zweifellos auch einer Analyse jener Quellen, aus denen man den persönlichen Anteil des Reformers an den Geschehnissen der Jahre 1057 bis 1059 herauslesen kann. In diesem Zusammenhang ist ein Brief von großem Interesse, den Petrus Damiani an Bischof Gerhard von Florenz, den Elekten der römischen Kirche, und an Kardinal Hildebrand, den späteren Papst Gregor VII., adressierte.[89] Zwar ist sich die neuere Forschung seit den Untersuchungen von Giovanni Lucchesi darüber einig, daß dieses Schreiben seine Empfänger höchstwahrscheinlich niemals erreichte[90]; aber die Tatsache, daß Petrus seine beiden Adressaten in diesem Brief mit der römischen Kirche identifizierte,[91] ist dessenungeachtet sehr aufschlußreich. Sie zeigt nämlich einmal, daß der Kardinalbischof von Ostia die Leitung der römischen Kirche als die für ihn zuständige metropolitane Instanz betrachtete; zum anderen legt sie (gewissermaßen als Umkehrschluß) die Vermutung nahe, daß Petrus den Kardinalbischöfen bei der Wahl eines neuen Papstes eine quasimetropolitane Stellung eingeräumt haben könnte.

In der Tat lassen sich im reichhaltigen Schrifttum Petrus Damianis zahlreiche Belege finden, die geeignet sind, diese Hypothese abzustützen. Eines dieser Zeugnisse wurde schon erwähnt: Gemeint ist jener Brief aus der zweiten Hälfte des Jahres 1058, in dem der Konsens der Kardinalbischöfe zur *conditio sine qua non* für die gültige Papstwahl erhoben wurde.[92] Zieht man darüber hinaus in Betracht, daß Petrus schon im Jahre 1052 den Metropoliten zum entscheidenden Faktor der regulären Bischofserhebung erklärt hatte,[93] und berücksichtigt man außerdem die Tatsache, daß er die Autorität der Kardinalbischöfe im Jahre 1057 aus deren Teilhabe an der Schlüsselgewalt des Apostelfürsten herleitete,[94] dann ist schwerlich von der Hand zu weisen, daß Petrus Damiani spätestens seit dem Jahre 1058 zu jener Gruppe von Reformern gehörte, die die *electio Romani pontificis* in erster Linie als eine Angelegenheit der Kardinalbischöfe ansah.

Mit diesem Befund vor Augen stellt sich nun die Frage, wie groß der Einfluß Petrus Damianis auf die Entstehung des Papstwahldekretes von 1059 war. Die gedanklichen und sprachlichen Parallelen, die zwischen den gerade erwähnten Äußerungen des Kardinalbischofs von Ostia und dem Text der Papstwahlordnung bestehen, haben in der Forschung vereinzelt den Eindruck hervorgerufen, daß nicht Humbert von Silva Candida – wie noch Anton Michel[95] meinte –, sondern Petrus Damiani der eigentliche Autor des berühmten Beschlusses der Lateransynode von 1059 gewesen sei.[96] Gegenüber dieser Ansicht setzt sich heute allerdings fast allgemein die Erkenntnis durch, daß die Ermittlung eines individuellen Verfassers für ein Dekret von der Art der Wahlordnung von 1059 „kaum mit hinreichender Gewißheit gelingen kann".[97] Immerhin: Die verschiedenen Analogien sind so deutlich, daß man Petrus Damiani in jedem Fall zu den geistigen Urhebern des berühmten synodalen Beschlußtextes rechnen darf.

Doch wie dem auch sei: Wenden wir uns dem Wortlaut des Papstwahldekretes zu, so ist in diesem Zusammenhang zunächst einmal zu betonen, daß der Text die Erlangung des päpstlichen Amtes in eine spezifisch kirchliche Rechtssphäre einwies und sie damit (stillschweigend) aus der Verfügungsgewalt laikaler Herrschaftsträger herauslöste.[98] Auch wenn die Formulierung des Mitwirkungsrechtes, das dem deutschen König zugestanden wurde,[99] dabei so ausfiel, daß sie den modernen Historikern einen großen Interpretationsspielraum ließ,[100] so ist doch nicht daran zu zweifeln, daß die Kirche nun „wieder als eine hierarchische, von oben nach unten verlaufende Ordnungsmacht"[101] begriffen wurde. Das Papstwahldekret verfolgte also nicht nur das in seinem Wortlaut unmißverständlich formulierte[102] Ziel, den weit verbreiteten Mißstand der Simonie zu bekämpfen; es begründete zugleich das in der Folgezeit freilich nicht immer beachtete Prinzip, daß jeder Papst aus einer kanonischen Wahl des (von den Kardinalbischöfen angeführten) Klerus und des Volkes der römischen Kirche hervorgehen solle.

Mit diesem Grundgedanken einer *pura, sincera atque gratuita electio*[103] ist freilich nur die allgemeine Richtung umschrieben, die der Wahlordnung von 1059 zugrunde lag. Daneben verdient zweifellos der Umstand besondere Aufmerksamkeit, daß die Kardinalbischöfe nach den Worten des Textes als *praeduces in promovendi pontificis electione* fungieren sollten,[104] anders ausgedrückt, daß der im sogenannten *electionis ordo* festgelegte mehrstufige Erhebungsakt die Intention besaß, dieser Personengruppe ein wahlentscheidendes Vorstimmrecht zuzusichern.[105] Zur Untermauerung dieses Anspruchs auf Prärogative wurde ein Rechtssatz Leos des Großen († 461) angeführt,[106] aus dem hervorging, daß dem Metropoliten bei der Bischofserhebung das über die Weihe entscheidende *iudicium* zustehe. Weil der Apostolische Stuhl, so hieß es weiter, allen anderen Kirchen des Erdkreises vorangestellt sei und aus diesem Grund keinen Metropoliten über sich haben könne, deswegen seien es zweifellos die an die Stelle des fehlenden Metropoliten tretenden Kardinalbischöfe, die den erwählten Vorsteher der römischen Kirche zur Höhe des Apostolischen Amtes befördern würden.[107]

Schon diese Passagen des Wahldekretes verraten, daß den Kardinalbischöfen bei der Wahl und Weihe des Papstes eine einzigartige Sonderstellung zugebilligt wurde. Aber darüber hinaus wurden ihnen noch weitere Vorrechte zugesichert: Sie sollten zwar möglichst einen Kandidaten aus dem Schoß der römischen Kirche wählen, könnten jedoch notfalls auch auf einen Angehörigen einer anderen Kirche zurückgreifen.[108] Wenn es die Zeitumstände unmöglich machen sollten, den Papst in Rom zu wählen, dann sollten sie das Recht haben, die Wahl im Verein mit anderen gottesfürchtigen Klerikern und Laien an einem (von ihnen selbst zu bestimmenden) anderen Ort zu vollziehen.[109] Wenn der von ihnen Gewählte durch widrige Umstände an der üblichen Inthronisation in Rom gehindert würde, dann sollte dieser Elekt – gewissermaßen wie ein Papst – die volle geistliche und vermögensrechtliche Leitungsgewalt in der römischen Kirche ausüben dürfen.[110] Einzig und allein derjenige, der nach den Vorschriften dieser Wahlordnung erhoben worden sei, dürfe als Papst angesehen werden. Jeder andere, der Ansprüche auf die *cathedra* des heiligen Petrus geltend mache, solle für immer dem Anathem verfallen.[111]

Versucht man, an dieser Stelle kurz zu bestimmen, in welchem Punkt das Papstwahldekret von 1059 über die von Leo IX. vorgezeichneten Bahnen hinausführte, so ist sicherlich vor allem hervorzuheben, daß das Kardinalkollegium im Hinblick auf seine Beteiligung an der Erhebung des römischen Bischofs ungeheuer aufgewertet wurde. Insbesondere die Kardinalbischöfe erlangten dabei eine einzigartige Schlüsselposition. Es kann deshalb kaum überraschen, daß gerade sie von Papst Nikolaus II. († 1061) mit Aufgaben betraut wurden, die eine besondere Verbundenheit mit dem Gedanken des römischen Primates voraussetzten. Kennzeichnend für diese Entwicklung war in diesem Rahmen unter anderem die Einstellung Petrus Damianis, des Kardinalbischofs von Ostia († 1072). Es sei daher gestattet, die geistige Situation der Jahre 1059–1061 anhand eines Briefes zu beleuchten, den dieser Reformer in Zusammenhang mit seiner im Jahre 1059 erfolgten Legation nach Mailand verfaßte.[112]

Gleich zu Beginn dieses Schreibens betonte Petrus Damiani, welch große Bedeutung die römische Kirche für die Ausgewogenheit und Einheitlichkeit des Kirchenrechtes und den Gesamtzustand der Kirche *(ecclesiasticus status)*[113] habe. Er wies dabei darauf hin, daß die *ecclesia Romana* als Haupt der gesamten christlichen Religion *(totius Christianae religonis caput)* allen anderen Kirchen des Erdkreises vorangestellt sei.[114] Gerade weil nur die römische Kirche von dem gegründet sei, der dem heiligen Petrus die im Himmel und auf Erden geltende Schlüsselgewalt anvertraut habe – so liest man in einer anderen Passage des Briefes –, falle ohne Zweifel jeder in Häresie, der dieser ihre Ausnahmeposition als oberstes Haupt aller anderen Kirchen zu nehmen trachte.[115] Denn den Glauben verletze derjenige, der sich hartnäckig gegen jene Kirche stelle, die als Mutter des Glaubens zu betrachten sei *(Fidem quippe violat, qui adversus illam agit, quae mater est fidei)*.[116]

Wie folgenschwer diese in der kanonistischen Literatur des späten 11. Jahrhunderts häufig zitierten[117] Sätze für die weitere Entwicklung des Primatsgedankens waren und wie sehr sie der innerkirchlichen Autorität des Papsttums zugute kamen, kann man vor allem daran sehen, daß hiermit nicht nur die Abweichung von der Lehrtradition der römischen Kirche als Häresie bezeichnet wurde, sondern auch der hartnäckige (und aus innerer Überzeugung erwachsene) Verstoß gegen die rechte Ordnung.[118] Die von Petrus Damiani geforderte Übereinstimmung mit der römischen Kirche und ihrer Leitung erstreckte sich somit auch auf den ganzen Bereich der kirchlichen Disziplin. Man muß hierin eine der wesentlichen (geistigen) Voraussetzungen dafür erkennen, daß

Gregor VII. die *auctoritas* des Papstes so eindrucksvoll formulieren konnte.

Beschäftigen wir uns nun mit jenen Entwicklungen, die im Jahre 1061 zur Wahl des Bischofs Anselm I. von Lucca zum Nachfolger Papst Nikolaus' II. führten, so wird wiederum anhand einer Aufzeichnung aus der Feder Petrus Damianis[119] ersichtlich, daß die Gruppe der Kardinalbischöfe gewissermaßen das Rückgrat der schon im Papstwahldekret faßbaren kirchlichen Autonomiebestrebungen bildete. Zwar ergibt sich aus einer zuverlässigen Quelle,[120] daß es der römische Archidiakon Hildebrand war, der nach Lucca reiste, um den dortigen Bischof zu einer Kandidatur für das höchste kirchliche Amt zu bewegen. Aber diese Tatsache kann nicht darüber hinwegtäuschen, daß die entscheidende Rechtsposition, auf die sich Anselm als Papst (Alexander II.) zurückziehen konnte, darin bestand, daß er nach den Bestimmungen der Wahlordnung von 1059 gewählt worden war, mit anderen Worten, daß er seine Stellung vor allem den Kardinalbischöfen verdankte.[121]

Wenn Petrus Damiani in seiner im Frühjahr des Jahres 1062 entstandenen ›Disceptatio synodalis‹ (einem fingierten Streitgespräch über die rechtlichen Grundlagen der Wahl Alexanders) darauf hinwies, daß derjenige zum Häretiker werde, der der römischen Kirche ihr *privilegium* entreißen wolle,[122] und wenn er dabei dieselbe Argumentation zugrunde legte, die er auch in seinem (oben zitierten) Schreiben über seine Mailänder Legation verwendet hatte,[123] dann brachte er hiermit zum Ausdruck, daß die Papstwahl für ihn ganz wesentlich mit dem Gedanken des römischen Primats zusammenhänge. Es ist also nicht von der Hand zu weisen: Wenn der Kardinalbischof von Ostia außerdem darauf aufmerksam machte, daß in der Vergangenheit schon viele Päpste ohne die Zustimmung christlicher Fürsten gewählt worden seien, und wenn er darüber hinaus schlüssig darlegte, daß der deutsche König durch die im Jahre 1061 ausgesprochene Verurteilung Nikolaus' II. sein Konsensrecht zur Wahl eines neuen Papstes verwirkt habe,[124] dann waren diese Äußerungen eindeutige Belege für die rechtliche Eigenständigkeit der römischen Kirche. Nun wurde klar ausgesprochen, daß die Erhebung des römischen Bischofs in dem Augenblick, wo eine Mitwirkung des deutschen Herrschers nicht realisiert werden könne, ganz in den Händen des dafür vom Papstwahldekret vorgesehenen Gremiums liegen müsse. Mit einem Wort: Petrus Damiani sah in der einmütigen Nomination durch die Kardinalbischöfe und in der Wahl durch Klerus und Volk der Stadt Rom die entscheidende Rechtsgrundlage für die Erlangung des päpstlichen Amtes.

In ganz ähnlicher Form wie der Mitwirkungsanspruch der Römer bei der Papstwahl wurde damit auch das Konsensrecht des deutschen Königs einem mit der Primatsidee begründeten hierarchischen Ordnungsprinzip unterstellt. Petrus Damiani verstand die römische Kirche ganz offensichtlich als eine Einheit, die wesentlich vom Papst und den Kardinalbischöfen getragen werde. Nur vor diesem Hintergrund ist einzusehen, wieso er die Wahl Alexanders II. mit einer Anspielung auf den im Papstwahldekret zitierten Rechtssatz Leos des Großen verteidigen konnte.[125] Und nur von hierher findet sich eine Erklärung dafür, aus welchem Grund er sich im Jahre 1063 bereit fand, als päpstlicher Legat die exemte Abtei Cluny gegen die Übergriffe des Bischofs Drogo von Mâcon zu schützen.[126]

Daß er diese Absicht ohne größere Schwierigkeiten realisieren konnte, daß sich alle für den 17. August 1063 nach Chalon-sur-Saône geladenen Bischöfe dem Spruch des *ex apostolicae sedis auctoritate* handelnden Legaten unterwarfen,[127] dieser Umstand ist freilich auch in anderer Hinsicht sehr aufschlußreich. Er kann nämlich als Beleg dafür dienen, daß sich das Ansehen der päpstlichen Gesandten gegenüber dem frühen 11. Jahrhundert ganz beträchtlich gesteigert hatte. Diese Entwicklung läßt sich natürlich nicht nur an der Frankreichreise Petrus Damianis veranschaulichen. Schon ein kurzer Blick auf die Verhältnisse in England und Spanien dokumentiert,[128] daß die Legaten Alexanders II. ihre Autorität nicht nur in Einzelfällen durchsetzen konnten; er verdeutlicht zugleich, daß das Papsttum überall dort seine innerkirchliche Wirksamkeit am besten entfalten konnte, wo es mit den Königen (als den wichtigsten weltlichen Herrschaftsträgern) eng zusammenarbeitete.

Die verschiedenen Bestrebungen, die Papst Alexander II. zur Befestigung der Sonderstellung des Apostolischen Stuhls verfolgte, erschöpften sich jedoch nicht darin, das Legatenwesen und die Beziehungen zu hohen weltlichen Würdenträgern auszugestalten. Daneben spielten vor allem jene Maßnahmen eine bedeutende Rolle, die darauf abzielten, die hierarchische Struktur der Kirche schärfer zu akzentuieren. Eine der wichtigsten Neuerungen betraf die Pallienvergabe. Seit langem schon hatte die Übertragung dieser Würdenzeichen dazu gedient, die Erzbischöfe in einer besonderen – vom übrigen Episkopat abgehobenen – Weise nach Rom hin zu orientieren. Nun führte Alexander II. zwei neue Vorschriften ein, die ihm besonders geeignet erschienen, die Bindung der Metropoliten an das Papsttum zu verstärken. Er verlangte erstens, daß künftig jeder Erzbischof das Pallium persönlich in Rom einholen müsse; und zweitens stellte er die Forderung auf, daß alle Empfänger dieses Würdenzeichens dem Papst einen Treueid schwören sollten, der unter anderem die Verpflichtung zu einer periodischen *visitatio liminum* enthielt.[129] Von der ersten der beiden Richtlinien mußte freilich so häufig dispensiert werden, daß sie nicht zur festen Regel werden konnte. Die in der zweiten Vorschrift geforderte Leistung eines Treueides wurde jedoch bald zu einer allgemein befolgten Praxis. Man darf hierin eines der wichtigsten Indizien dafür erkennen, daß die Autorität des Papsttums inzwischen enorm gewachsen war.

5. Der Pontifikat Papst Gregors VII. († 1085)

Bedeutete der Pontifikat Alexanders II. somit in mehr als einer Hinsicht eine ganz beträchtliche Steigerung der päpstlichen Primatialgewalt, so trat die Ausgestaltung der Vorrangstellung des Papsttums und der römischen Kirche mit der wechselvollen Amtszeit Gregors VII., der im April des Jahres 1073 den Apostolischen Stuhl bestieg, in ein entscheidendes Stadium ein. Kennzeichnend für diese Entwicklung war vor allem die Haltung, die der neue Papst gegenüber dem Kirchenrecht einnahm. Zwar sind die über 400 erhalten gebliebenen Briefe Gregors[130] kaum als Zeugnisse für eine umfassende kanonische Bildung zu bewerten; und man wird ihren Aussteller deshalb kaum als ausgebildeten Juristen bezeichnen können.[131] Dieser Umstand darf aber nicht darüber hinwegtäuschen, daß der Nachfolger Alexanders II. über die Durchschlagskraft kanonistischer Prinzipien niemals irgendwelche Zweifel hegte. Schon im Jahre 1059 hatte er – wie oben erwähnt – an Petrus Damiani die Bitte gerichtet, dieser möge die Dekrete und Taten der römischen Bischöfe *(Romanorum pontificum decreta vel gesta)* auf all das hin durchsehen, was speziell der Autorität des Apostolischen Sitzes zukomme.[132] Und nichts berechtigt zu der Annahme, daß er als Papst weniger von der Notwendigkeit einer juristischen Formulierung der römischen Primatsidee überzeugt war.

Es kann daher wenig verwundern, wenn Gregor VII. im sogenannten ›Dictatus papae‹[133] die Gelegenheit ergriff, seine wesentlich aus theologischen Vorstellungen erwachsenen Gedanken über die Suprematie des römischen Bischofs und der von ihm geleiteten Ortskirche in einer Form niederzulegen, die bei vielen (modernen) Historikern den Eindruck erweckte, es müsse sich bei diesen (wohl im Jahre 1075 verfaßten) 27 Leitsätzen um den Index, um die *capitulatio,* einer (möglicherweise in dieser Gestalt verlorengegangenen) Kirchenrechtssammlung, handeln.[134] Diese wissenschaftliche Hypothese ist inzwischen ernsthaft erschüttert worden.[135] Dennoch hat das ihr zugrundeliegende methodische Prinzip, nach den kanonistischen Grundlagen des ›Dictatus papae‹ zu fragen, die Forschung zu wichtigen Einsichten geführt. Zwei dieser Erkenntnisse müssen an dieser Stelle ausdrücklich erwähnt werden: erstens, daß offensichtlich nicht alle Formulierungen, mit denen Gregor die Sonderstellung des Papstes und der römischen Kirche zu umschreiben versuchte, durch die kanonistische Tradition hinreichend gedeckt waren,[136] und zweitens, daß schon die formale Grundstruktur des aus insgesamt 27 *Quod*-Sätzen bestehenden Textes darauf hinweist, daß sein Autor ihm ein hohes Maß an Rechtsverbindlichkeit zuerkennen wollte.[137]

Das Verhältnis Gregors VII. zum zeitgenössischen Kirchenrecht kann also durchaus als ambivalent bezeichnet werden: Einerseits war sich der Papst offenkundig bewußt, daß seine Ordnungsvorstellungen auf die Dauer nur dann Bestand haben konnten, wenn sie juristisch formuliert worden waren. Andererseits scheute er sich nicht, auch solche Leitsätze aufzustellen, die zwar seinen ekklesiologischen Anschauungen entsprachen, durch das überlieferte Kirchenrecht aber nicht hinreichend abgestützt werden konnten. Man muß diese beiden (einander ergänzenden) Aspekte in Gregors Einstellung zum Kirchenrecht sehen, um seine im ›Dictatus papae‹ zum Ausdruck kommende Denkweise zu verstehen. Er betrachtete die in den kirchlichen Rechtsbüchern gesammelten Grundsätze eben nicht einfach als normative Richtschnur, sondern machte deren Verbindlichkeit von der päpstlichen *auctoritas* abhängig. Darüber hinaus nahm er für den Papst das Exklusivrecht in Anspruch, entsprechend den Erfordernissen der Zeit notfalls auch neue Gesetze zu begründen.[138]

Daß man vor diesem Verständnishorizont Abstand von der (vor allem in der älteren Forschung vertretenen) Ansicht nehmen muß, der Primatsgedanke Gregors VII. sei hauptsächlich (wenn nicht gar ausschließlich) das Ergebnis einer Rückbesinnung auf bereits vorher ausgeprägte kanonistische Normen gewesen,[139] scheint nach dem bisher Gesagten fast selbstverständlich. Gleichwohl wäre es falsch, aus diesem Tatbestand den Schluß zu ziehen, daß die kirchenrechtlichen Sammlungen für den Reformpapst ohne Belang gewesen seien. Auch wenn der ›Dictatus papae‹ zu einem guten Teil eine ekklesiologische Vision verkörperte, die in erster Linie von theologischen und weniger von streng juristischen Maximen bestimmt war, so ist doch kaum daran zu zweifeln, daß Gregors Reformanliegen darauf abzielte, „einen für die Gesamtkirche vorbildlichen oder gar verpflichtenden Codex decretalium ac canonum zu schaffen".[140] Es ist freilich auch nicht zu übersehen, daß diese Absicht während des 11. Jahrhunderts noch nicht realisiert werden konnte. Denn die Einarbeitung der Beschlüsse des Reformpapsttums erlangte bis in die Zeit des Magisters Gratian († nach 1140) hinein nur marginale Bedeutung[141]; der Vorrang der päpstlichen Gesetzgebung vor allem übrigen Kirchenrecht konnte erst durch die Kanonistik des 12. und 13. Jahrhunderts allmählich festgeschrieben werden.[142] Gregors Formulierung, daß kein Rechtssatz und kein Buch ohne die *auctoritas* des Papstes für kanonisch gehalten werden dürfe,[143] stieß bei den gelehrten kirchlichen Juristen offensichtlich auf wenig Gegenliebe. Es ist daher nur mit beträchtlichen Einschränkungen zulässig, den ›Dictatus papae‹ als ein repräsentatives Zeugnis für die kanonistischen Anschauungen des 11. Jahrhunderts zu bewerten.

Beschäftigen wir uns nun mit dem Inhalt dieses berühmten Schriftstücks des päpstlichen Registers, so begegnet uns bereits im ersten der 27 Leitsätze der Gedanke, daß die römische Kirche vom Herrn allein begründet worden sei.[144] Diese Aussage ist für das Kirchenverständnis Gregors VII. von fundamentaler Bedeutung, knüpft sie doch an die schon von Petrus Damiani aus Mt 16, 18f. entwickelte Vorstellung an, daß nur die römische Kirche direkt auf eine Stiftung Christi zurückgehe.[145] Von diesem Gedanken ist es nur noch ein Schritt zu der in Register VI, 35 ausformulierten These, daß alle Bischöfe, Erzbischöfe und Primaten ihre Stellung einer Einsetzung durch den Apostolischen Stuhl verdanken würden.[146] Und es versteht sich gewissermaßen von selbst, daß der ›Dictatus papae‹ die Ausnahmeposition der römischen Kirche vor allem mit deren Ursprung in der Person des heiligen Petrus begründet.[147] Ihm, dem Apostelfürsten, „werden Vollmachten zugeschrieben, die sonst nur Gott zukommen“[148]; und der Papst als Inhaber seiner *cathedra,* als sein Stellvertreter auf Erden, ist berechtigt, eine Binde- und Lösegewalt auszuüben, die sich auf die gesamte *christianitas* bezieht.[149] Petrus als Herr der ganzen Christenheit, das heißt in Gregors Sicht der Dinge eben zugleich, daß der Papst allein zu Recht als ein Bischof mit universalem Wirkungsbereich betrachtet werden darf.[150] Und von hierher ist es zu verstehen, daß im ›Dictatus papae‹ auch solche Privilegien für den Apostolischen Sitz reklamiert werden, die nicht durch das überlieferte Kirchenrecht abgestützt werden können.

Der römischen Kirche als *mater omnium ecclesiarum,*[151] insbesondere aber dem Papst als ihrem in der Nachfolge Petri stehenden Leiter, kommt nach dieser Auffassung eine für alle Christen verbindliche – gewissermaßen absolute – Autorität zu.[152] Sie allein hat niemals geirrt und wird niemals irren,[153] und deshalb darf niemand als katholisch bezeichnet werden, der nicht mit ihr übereinstimmt.[154] Deshalb darf kein Rechtssatz und kein Buch ohne die *auctoritas* des Papstes als kanonisch gelten,[155] und keine Synode darf ohne seinen Befehl *(absque praecepto eius)* als allgemein bezeichnet werden.[156]

Der Papst ist aber nicht nur der vornehmste Hüter der römischen Lehrtradition, er besitzt zugleich die oberste Jurisdiktionsgewalt in der Kirche.[157] Alle wichtigeren Fälle *(maiores causę)* – so z.B. die der Bischöfe – müssen aus diesem Grund vor den Apostolischen Stuhl gebracht werden.[158] Der Papst allein kann Bischöfe absetzen oder wiedereinsetzen[159]; er allein kann *necessitate cogente* die Translation von Bischöfen anordnen[160]; die in seinem Auftrag handelnden Legaten sind allen Bischöfen auf den Konzilien vorangestellt und können gegen jene Absetzungsurteile verhängen.[161] Der Urteilsspruch des Papstes darf von niemandem aufgehoben werden, er selbst kann als einziger alle Urteile widerrufen.[162] Er besitzt allein das an den römischen Sitz gebundene Recht auf prinzipielle Nichtjudizierbarkeit.[163]

Die rechtliche Sonderstellung des Papstes erstreckt sich jedoch nicht nur auf die priesterliche Hierarchie. Es ist ihm auch erlaubt, Kaiser abzusetzen,[164] seine Binde- und Lösegewalt geht so weit, daß er Untergebene vom Treueid gegenüber Sündern lösen kann.[165] Schließlich steht es dem Papst nach dem siebten der 27 Leitsätze als einzigem zu, neues Recht zu schaffen *(novas leges condere)*, neue Gemeinden zu bilden, aus einem Kanonikerstift eine Abtei zu machen und umgekehrt sowie ein reiches Bistum zu teilen und arme Diözesen zu vereinigen.[166]

Auch in anderen Bereichen als dem disziplinarischen gebührt dem römischen Bischof eine Ausnahmeposition. Er allein besitzt das absolute Weiherecht. Jemand, der von ihm geweiht worden ist, kann einer anderen Kirche als der römischen zwar vorstehen, aber nicht dienen. Er darf außerdem von keinem anderen Bischof als dem römischen in einen höheren Weihegrad befördert werden.[167] Der Papst allein kann sich kaiserlicher Insignien bedienen, alle Fürsten sollen seine Füße küssen, sein Name allein soll in allen Kirchen verlesen werden, dieser Name ist einzigartig in der Welt.[168] Der römische Bischof wird – falls er auf kanonische Weise ins Amt gelangt ist – durch die Verdienste des heiligen Petrus unzweifelhaft heilig.[169] Er allein darf zu Recht mit dem Adjektiv *universalis* bezeichnet werden.[170]

Versucht man, die generelle Linie zu skizzieren, die all diesen Aussagen zugrunde liegt, so wird man kaum bestreiten können, daß die Lehre vom Primat im ›Dictatus papae‹ zum „Angelpunkt der gesamten Ekklesiologie"[171] erhoben wurde. Gregor VII. kann zwar nicht als kanonistisch versierter Theoretiker bezeichnet werden, es ist aber auch nicht zu bezweifeln, daß den 27 Leitsätzen über den Vorrang des Papstes und der römischen Kirche ein ausgesprochen juridischer Grundzug zu eigen war.[172] Gregor war offenkundig der Überzeugung, daß die aus Mt 16, 18f. abzuleitende besondere Autorität des heiligen Petrus eine Fülle von rechtlichen Konsequenzen für die hierarchische Kirchenverfassung nach sich ziehe. Die im ›Dictatus papae‹ festgeschriebene Idee, daß die Schlüsselgewalt des Apostelfürsten die beiden auf *concordia* angelegten Bereiche *imperium* und *sacerdotium* transzendiere,[173] daß der Papst somit nicht nur den kirchlichen Amtsträgern vorangesetzt sei, sondern auch den weltlichen Herrschern,[174] spielte dabei eine besondere Rolle. Sie bildete (nach Ausweis von Register IV, 2)[175] die Rechtsbasis dafür, daß Gregor auf der Fastensynode des Jahres 1076 über König Heinrich IV. den Bann verhängen konnte.[176]

Es würde indessen zu weit führen, all jene Konsequenzen aufzuzeigen, die sich aus der Primatsidee für das praktische Verhalten des Papstes ergaben. Hingewiesen sei aber darauf, daß Gregor VII. seine Primatialvorstellungen in einem wichtigen Punkt noch etwas ausgestaltete: dem sogenannten Devolutionsrecht.[177] Nach dem am 7. März promulgierten Beschlußtext der Fastensynode von 1080[178] sollte im Falle einer unkanonischen Bischofserhebung die an sich dem Klerus und dem Volk der betroffenen Diözese zustehende Wahlvollmacht *(electionis potestas)* auf den Apostolischen Stuhl oder seinen Metropoliten übergehen. Gregor hatte damit eine rechtliche Handhabe gefunden, die es ihm ermöglichte, die gegen das Kirchenrecht verstoßende Praxis von Simonie und Laieninvestitur bei der Übertragung von Bistümern mittels der überdiözesanen Hierarchie zu bekämpfen. Dabei ging es ihm in erster Linie darum, das Prinzip der *electio canonica* gegenüber Mißbräuchen zu schützen.[179] Es lag nicht in seiner Absicht, die römischen Suprematieansprüche ins Maßlose zu steigern. Nur von hierher findet sich eine Erklärung dafür, daß die Synode von 1080 die Entscheidung über die Neubesetzung von Bischofsstühlen, die unkanonisch übertragen worden waren, nicht prinzipiell für das Papsttum reklamierte, sondern auch die Metropoliten als hierfür kompetent bezeichnete.

Man sieht: Nichts spricht bei näherer Betrachtung für die Annahme, daß Papst Gregor VII. im Jahre 1080 das Prinzip der kanonischen Wahl (durch Klerus und Volk der von der Sedisvakanz betroffenen Ortskirche) oder die Rechte der Metropoliten zugunsten der Primatialgewalt des römischen Bischofs beschneiden wollte. Dies gilt übrigens auch für die restliche Zeit seines Pontifikates. Wie ein Blick auf die Forschungsergebnisse von Leo Meulenberg belegt,[180] sah Gregor es „als seine Aufgabe an, das Recht jeder anderen Kirche zu achten".[181] Nur in dem Augenblick, wo ihm eine befriedigende Lösung der anstehenden Probleme durch die regionalen kirchlichen Instanzen unmöglich erschien, bestand er darauf, die Angelegenheit durch den Apostolischen Stuhl regeln zu lassen. Allerdings interpretierte er das Metropolitenamt mittels der häufig persönlich erfolgenden Pallienvergabe als Ausfluß der päpstlichen Primatialgewalt. Es gibt aber keinerlei Indizien dafür, daß er die überdiözesane Ämterhierarchie zu einem ausschließlich papalistischen System umgestalten wollte.

6. Die Reformtendenzen der nachgregorianischen Zeit

Verglichen mit dem reichhaltigen und hier nur in kurzen Auszügen vorgestellten Quellenmaterial, das uns über die Ausgestaltung des römischen Primats unter Gregor VII. informiert, muten die Zeugnisse, die sich auf den kurzen Pontifikat Papst Viktors III. († 1087) beziehen, naturgemäß sehr dürftig an. Zwar wird man kaum bezweifeln können, daß auch der neue Pontifex einen Ausbau der römischen Suprematie befürwortete.[182] Die nur etwas mehr als ein Jahr währende Zeitspanne zwischen der im Mai des Jahres 1086 erfolgenden Wahl des ehemaligen Abtes von Montecassino und seinem Tod am 16. September 1087 verhinderte jedoch, daß Viktor seine Ansichten wirksam in die Tat umsetzen konnte. Es scheint aus diesem Grund angebracht, sich im folgenden unmittelbar der Amtszeit Urbans II. (1088–1099), des zweiten Nachfolgers Gregors VII., zuzuwenden.

Das wissenschaftliche Geschichtsbild, das die moderne Forschung von diesem Papst entworfen hat, ist lange Zeit von jener Beurteilung verdunkelt worden, die Johannes Haller im zweiten Band seiner Papstgeschichte zum Ausdruck gebracht hatte. Über mehrere Jahrzehnte hinweg war man mit Haller der Meinung, daß erst „die Talente der Epigonen" – und dazu rechnete man auch Urban II. – das erreicht hätten, was das „Genie"[183] Gregor VII. zuvor prophetisch verkündet habe, und daß es dabei insofern zu einer Verkürzung des gregorianischen Primatsgedankens gekommen sei, als Urban „den Glauben Gregors an das Recht Sankt Peters auf Verfügung über alle Länder und Reiche der Erde"[184] nicht bekannt habe und „im Grunde doch mehr Cluniazenser als Gregorianer"[185] gewesen sei. Erst durch die eingehenden Untersuchungen von Alfons Becker[186] ist es zu einer gewissen Relativierung dieser Sichtweise gekommen. Vor allem die schon von Theodor Schieffer aufgestellte Maxime, Urban II. müsse „als eine Gestalt eigenen Gepräges gesehen werden"[187] (und nicht als bloßer Epigone Gregors VII.), wurde von Becker eindrucksvoll bestätigt. Deutlicher als in der älteren Forschung trat damit zutage, in welch hohem Maß es Papst Urban II. zu verdanken war, daß der römische Primat sich auch im kirchlichen Alltag mehr und mehr behaupten konnte.

Es würde freilich zu weit führen, wollte man alle Komponenten, die in der Amtszeit Urbans II. zu einer Konsolidierung und einem Ausbau der von seinen Vorgängern angebahnten Reformmaßnahmen beitrugen, hier im einzelnen besprechen. Denn dabei müßten die Synodalgesetzgebung und Privilegierungspraxis des Papstes ebenso ausführlich behandelt werden wie die Entwicklungen im Kardinalkollegium und in der päpstlichen Verwaltung. Es wäre notwendig, auf den Beitrag Urbans zur Festigung der weltlichen Herrschaft des Apostolischen Stuhls einzugehen, und schließlich müßten seine Verwirklichung des Kreuzzugsgedankens und sein Versuch einer lateinisch-griechischen Kirchenunion erörtert werden.

Alle diese Dinge können also im folgenden nur summarisch ausgewertet werden. Gleich vorweg ist dabei aber zu betonen, daß sich Urbans Primatsidee in einem wesentlichen Punkt von derjenigen Gregors VII. unterschied. Hatte Gregor in maßloser Überschätzung der tatsächlichen Möglichkeiten des Papsttums gleich mehrmals den Gedanken geäußert, daß Christus den heiligen Petrus als Herrscher über die Reiche der Welt eingesetzt habe und daß dem Papst deshalb ein aus der Binde- und Lösegewalt des Apostelfürsten resultierendes Kontrollrecht über alle irdischen Gewalten zustehe,[188] so reduzierte Urban diese Idee auf das, was ihren ursprünglichen Kern ausmachte: die von Papst Gelasius I. entwickelte Vorstellung, daß die Welt in der Hauptsache durch zwei Gewalten – die *sacerdotalis dignitas* und die *regalis potestas* – regiert werde und daß dem Priesteramt dabei insofern ein Vorrang gebühre, als auch die Könige in die pastorale Verantwortung des Klerus eingebunden seien.[189] *Quod minimus clericulus de ecclesia Dei major est quolibet regi mortali,*[190] hieß es hierzu in einer päpstlichen Ansprache aus dem Jahre 1096. Und es kann vor diesem Hintergrund wohl kaum überraschen, daß der römische Bischof sich vor allem als *summus sacerdos* der Gesamtkirche betrachtete[191] und den universalpastoralen Aspekt seines Amtes besonders betonte.[192]

Es wäre indessen verfehlt, aus dieser Akzentverschiebung zugunsten des Gesichtspunktes der Seelsorge mehr als eine gewisse Nuancierung der gregorianischen Gedanken abzuleiten. Insgesamt wurde die von Urban schon am Tage nach seiner Wahl bekundete Absicht, den Spuren Gregors VII. zu folgen,[193] in bezug auf die Ausgestaltung des römischen Primates auch tatsächlich verwirklicht. Bezeichnend für diese Grundhaltung ist vor allem die Tatsache, daß der Papst die römische Kirche immer wieder als *mater et princeps omnium ecclesiarum* charakterisierte.[194] Wie sein Vorgänger Gregor VII. war auch Urban fest davon überzeugt, daß all diejenigen als Häretiker zu betrachten seien, die nicht mit der römischen Kirche übereinstimmten.[195] Genau wie im ›Dictatus papae‹ begegnet uns auch in seinen Zeugnissen die Anschauung, daß der Papst über dem Kirchenrecht stehe und daß ihm ein universales Richteramt zukomme.[196]

Höchst bemerkenswert ist darüber hinaus der Umstand, daß Papst Urban es niemals versäumte, seine Primatialvorstellungen auch in die Praxis umzusetzen. Vor allem seine Urkunden für jene Kirchen und Personen, *quae specialius ac familiarius Romanae adhaerent ecclesiae,*[197] seine großen Bischofs- und Palliumsprivilegien sowie seine Exemtionsurkunden für Bistümer[198] sind sprechende Zeugnisse dafür, daß es ihm gelang, die Vorrangstellung des Papstes auch im kirchlichen Rechtsalltag zu behaupten. Doch nicht nur hierin spiegelte sich eine eigentümliche Verbindung von Primatialtheologie und Pragmatismus. Auch anhand der schon von der älteren Forschung herausgearbeiteten Veränderungen im Bereich von Kurie und Kardinalkollegium läßt sich leicht veranschaulichen, daß der Papst in hohem Maße befähigt war, die Sonderstellung des römischen Stuhls durch praktische Maßnahmen zu festigen. Insbesondere die Tatsache, daß es ihm gelang, nach cluniazensischem Vorbild eine gut funktionierende Finanzverwaltung (die sogenannte *camera apostolica*) aufzubauen,[199] und daß er es zugleich verstand, in Kanzlei, Richterkolleg und Kapelle umfassende Reformen durchzusetzen,[200] berechtigt uns dazu, in Urban den eigentlichen Schöpfer der römischen Kurie zu sehen.[201] Zieht man darüber hinaus in Betracht, daß der Papst den schon von Leo IX. eingeleiteten Strukturwandel des Kardinalkollegiums in einer Weise beschleunigte, die die Kardinalpriester fast gleichrangig neben die Kardinalbischöfe treten ließ und die Kardinaldiakone zu einem eigenen kardinalizischen Ordo erhob,[202] dann ist es hiermit rasch veranschaulicht, daß es zu einem guten Teil praktische Maßnahmen Urbans II. waren, die die hochmittelalterliche Form der Kirchenregierung ermöglichten.

Eng verknüpft mit dem Primatsgedanken, wenn auch keineswegs allein aus diesem erwachsen, war natürlich auch die von den meisten Historikern in den Mittelpunkt der Amtszeit Urbans gestellte Kreuzzugsproblematik. Hier präsentierte sich der Papst als Oberhaupt der gesamten *christianitas,*[203] und es ist wiederum ganz unverkennbar, daß sich Urban bemühte, in die Fußstapfen Gregors VII. zu treten. Bereits im Jahre 1074 hatte Gregor nämlich einen Plan entwickelt, dessen wesentliche Konturen sich dank seines Registers genau bestimmen lassen. Der Papst wollte den von den Sarazenen bedrängten christlichen Brüdern im Orient zu Hilfe kommen,[204] und er hoffte dabei, gleich zwei Fliegen mit einer Klappe schlagen zu können: Auf der einen Seite sollte sich ein von ihm persönlich geführtes Heer „mit bewaffneter Hand gegen die Feinde Gottes“[205] bzw. die *ferocitas paganorum*[206] zur Wehr setzen und mit dem Beistand Christi bis zum hl. Grab gelangen[207]; auf der anderen Seite war beabsichtigt, die östlichen Kirchen wieder stärker an Rom zu binden und die Einheit des katholischen Glaubens wiederherzustellen.[208]

Diesen Orientplan Gregors VII. bewußt aufgegriffen,[209] aber zugleich erheblich ausgestaltet und verändert zu haben war nun eine der folgenschwersten Entscheidungen Urbans II. Hatte es in den siebziger Jahren noch völlig an Überlegungen gefehlt, die auf eine dauerhafte Eroberung des hl. Landes abzielten, hatte es sich damals um eine Konzeption gehandelt, die mehr als eine „bewaffnete Pilgerfahrt“, aber weniger als einen „permanenten Heidenkrieg“ ins Auge faßte, so erfuhr der Kreuzzugsgedanke am Ende des 11. Jahrhunderts eine entscheidende Umprägung und inhaltliche Weiterentwicklung. Allen Orientfahrern, die sich allein aus Frömmigkeit – und nicht etwa *pro honoris vel pecuniae adeptione* – zur Befreiung der Kirche Gottes nach Jerusalem aufmachen wollten, wurde auf dem Konzil von Clermont ein vollkommener Nachlaß ihrer zeitlichen Bußleistungen versprochen.[210] Als wesentliches Ziel des geplanten Kriegszuges *(procinctum)*[211] empfand der Papst die Befreiung der Kirchen im Orient und die Wiederherstellung der christlichen Herrschaft in Palästina. Es ist nicht zu übersehen, daß Urban dabei von Vorstellungen geleitet wurde, die sich im Kontext der spanischen Reconquista herausgebildet hatten.[212] Und es liegt genauso auf der Hand, daß das eigentliche Motiv seiner Unternehmungen nicht im Gedanken der Jerusalem-Wallfahrt, sondern in der Idee einer gottgefälligen Rückeroberung ehemals christlicher Gebiete zu suchen ist.[213] Lediglich in bezug auf ihren Bußwert stellte der Papst die *peregrinatio* und den Heidenkampf auf eine Stufe; es wäre jedoch falsch, allein aufgrund der in beiden Fällen gewährten päpstlichen Indulgenzen mit Hans Eberhard Mayer davon auszugehen, daß der Kreuzzugsgedanke Urbans II. im wesentlichen „von der Vorstellung der Pilgerfahrt getragen war“.[214]

Der Pontifikat Paschalis' II. bedeutete die nächste Etappe in diesem immer geradliniger werdenden Prozeß. Zwar sind wir über seine Primatsidee und Primatspolitik längst nicht so genau informiert wie über die seiner Amtsvorgänger, aber so viel ist sicher: Paschalis war entschlossen, den einmal angesteuerten Kurs fortzusetzen. Wie alle früheren Reformpäpste stützte er sich immer wieder auf die schon von Leo dem Großen († 461) entwickelte Auslegung von Mt 16, 18f.,[215] wie Gregor VII. erklärte er jede Abweichung von der römischen Kirche für häretisch,[216] und wie Urban II. betonte auch er den pastoralen Charakter des höchsten kirchlichen Amtes und berief sich dabei immer wieder auf den Hirtenauftrag, den der heilige Petrus nach dem Zeugnis des Johannes-Evangeliums (21, 15–17) von Christus empfangen habe.[217]

Die Übereinstimmung bezog sich indessen nicht nur auf die biblischen Grundlagen der päpstlichen Primatialgewalt. Auch in zahlreichen Einzelfragen fühlte sich Paschalis der Tradition seiner Amtsvorgänger verpflichtet. Zwei Beispiele mögen an dieser Stelle genügen: Hatte Gregor VII. im ›Dictatus papae‹ die Forderung aufgestellt, daß alle *maiores causę* an den Apostolischen Stuhl überwiesen werden müßten, so bestätigte Paschalis diese Rechtsposition, indem er (durch die Zitation eines pseudoisidorischen Grundsatzes) darauf hinwies, daß alle Verfahren gegen Bischöfe und alle größeren Rechtsfälle nur vom Apostolischen Stuhl beendigt werden dürften.[218] Und hatte Urban II. in seinem Arengatypus *Potestatem ligandi atque solvendi* aus Lk 22, 32 die Schlußfolgerung gezogen, daß der Papst als Nachfolger des heiligen Petrus die Aufgabe habe, das Schlechte zu korrigieren, das Richtige zu bekräftigen und damit nach dem Wohlgefallen des Ewigen Richters in der gesamten Kirche das Anordnenswerte anzuordnen, so unterstützte Paschalis diesen Gedanken, indem er die Formulierung einfach in seine eigenen Urkunden übernahm.[219]

Man sieht: Auf den ersten Blick bedeutete der Pontifikat Paschalis' II. nicht mehr und nicht weniger als ein Beharren auf den von seinen Vorgängern vorgezeichneten Bahnen. Schaut man jedoch etwas genauer hin, dann lassen sich durchaus auch Auffassungen ausmachen, die ein eigenständiges Profil erkennen lassen. Eines der Musterbeispiele hierfür ist die Bewertung, die der Reformpapst dem Königtum zuteil werden ließ. Weit davon entfernt, das Wesen des irdischen Herrscheramtes ähnlich wie Gregor VII. einzuschätzen, war er überzeugt, das das *regnum* eine eigene Rechtssphäre besitze. Er versicherte deshalb in einem Brief an Erzbischof Rothard von Mainz, daß er all das unbeschadet bewahren wolle, was den Königen kraft ihres Rechtes zustehe, und erklärte dabei in Abwandlung eines Bibelwortes (Mt 22, 21; Mk 12, 17; Lk 20, 25): *Habeant reges quod regum est; quod sacerdotum est, habeant sacerdotes.*[220]

Schon in dieser Passage klingt an, daß Paschalis am Zusammenwirken von *regnum* und *sacerdotium* sehr interessiert war; aber eindringlicher noch formulierte er dieses Anliegen an einer anderen Stelle. Die Welt werde nur dann gut regiert, wenn sich die *potestas regia* der *sacerdotalis auctoritas* zugeselle, und schon beim Apostel Paulus (Röm 13, 1) stehe geschrieben, daß es keine Gewalt gebe außer von Gott, lesen wir dort.[221] Und es kann angesichts dieser Äußerung wenig verwundern, daß sich in der gesamten Korrespondenz Paschalis' II. und in den Konzilsbeschlüssen dieses Papstes keinerlei negative Formulierungen über das irdische Königtum finden lassen.[222]

Die Position, die Paschalis II. gegenüber der irdischen Königsgewalt vertrat, bedeutete zweifellos eine mehr oder minder stillschweigende Zurücknahme der von Gregor VII. für die *cathedra beati Petri* reklamierten universalen Herrschaftsansprüche. In einer anderen Hinsicht bemühte sich der im Jahre 1099 erhobene Reformpapst jedoch, die Primatialrechte des Apostolischen Stuhl sogar noch auszugestalten. Gedacht ist an die schon von Alexander II. reformierte Praxis der Palliumsverleihung. Paschalis begnügte sich nicht damit, den nun schon seit mehr als dreißig Jahren beim Empfang dieses erzbischöflichen Würdenzeichens vorgeschriebenen Treueid zu verteidigen. Er nahm darüber hinaus Stellung zu der Frage, was eigentlich mit dem Pallium übertragen werde. Im Pallium werde die Vollgewalt des bischöflichen Amtes *(plenitudo pontificalis officii)* symbolisch übergeben, kein Metropolit dürfe vor dem Empfang dieses Insigne Bischöfe weihen oder Synoden abhalten,[223] lautet der entscheidende Gedanke eines über diesen Gegenstand handelnden päpstlichen Briefes. Es kann mithin keinen Zweifel geben: Paschalis wollte die Ausübung metropolitaner Funktionen rechtlich an die Zustimmung des Papstes gebunden wissen, es sollte fortan keine überdiözesane Gewalt mehr geben, die nicht im päpstlichen Auftrag handelte.

Daß Paschalis II. sich damit vorbehaltlos für eine primatiale Struktur der Gesamtkirche aussprach, bedarf keiner langen Erklärung. Mindestens genauso folgenschwer war jedoch die Tatsache, daß er auch in bezug auf das Kardinalkollegium Entwicklungen Vorschub leistete, die in der Konsequenz der Politik seiner Amtsvorgänger lagen. Vor allem der Umstand, daß gerade in seinem Pontifikat „erste Ansätze zu einer autonomen Tätigkeit des Kardinalskollegiums als Ganzem zu fassen sind"[224] und daß er sich auf dem Laterankonzil von 1112 bereit fand, dem Druck einer starken Gruppe von oppositionellen Kardinälen nachzugeben und das „Pravileg" von 1111 zu widerrufen,[225] zeigt mit unmißverständlicher Klarheit, daß die Entfaltung des römischen Primats nicht mit der Errichtung einer päpstlichen Alleinherrschaft gleichzusetzen war. Die Mitwirkung der Kardinäle an der päpstlichen Regierung entwickelte sich seit der Zeit Paschalis' II. mehr und mehr zu einer an festen Gewohnheiten orientierten Rechtspraxis. Im Rat der Kardinäle besprach der Papst alle wichtigen Entscheidungen, die zu treffen waren, und auch wenn sich inzwischen klar herausgestellt hat, daß dieses *consilium fratrum* im 12. Jahrhundert keineswegs mit dem *consistorium*, der öffentlichen und feierlichen Gerichtssitzung des Papstes, zu identifizieren ist, bleibt festzuhalten, daß der Einfluß der Kardinäle schon unter Paschalis II. dermaßen gestiegen war, daß man von einem kollegialen Regierungsstil, einer Art „Kabinettregierung", sprechen kann.[226]

Insgesamt war die lateinische Kirche damit an einem Punkt angelangt, der geeignet war, die Relikte des vorgregorianischen Episkopalismus Zug um Zug aus den Angeln zu heben. Das hierarchische, auf den Papst zentrierte Ordnungsprinzip war zu einer praktikablen Größe geworden, und die theologische und rechtliche Ausdeutung der Primatsidee hatte ein solides Fundament geschaffen, die Ansprüche des Papstes wirksam zu artikulieren. Man würde sicherlich zu weit gehen, wollte man behaupten, daß damit auch schon das Problem des Verhältnisses von Papsttum und Kaisertum im Ansatz gelöst war. Aber innerkirchlich gesehen, d. h. auf das Verhältnis des Papsttums zu den Ortskirchen und zur überdiözesanen Ämterhierarchie bezogen, war ein entscheidender Schritt getan. Das Papalsystem hatte einen wichtigen Sieg davongetragen, der Papst und seine Kardinäle waren zum obersten Leitungsgremium der Gesamtkirche aufgestiegen.

IV. DIE ENTWICKLUNGEN IM BEREICH DES ORDENSWESENS

1. Das benediktinische Mönchtum

Die weitausgreifenden monastischen Reformbestrebungen des 10. bis 12. Jahrhunderts haben schon seit langem das Interesse der Historiker geweckt, aber niemand wird behaupten wollen, die Forschung habe dieses vielschichtige Phänomen wirklich geklärt und er könne die Frage nach dem Beitrag des Mönchtums zur allgemeinen Kirchenreform der späten Salierzeit bündig beantworten. Das Bild, das die moderne Geschichtswissenschaft von den klösterlichen Erneuerungsversuchen entworfen hat, ist vielgestaltig, aber auch verwirrend, und es steht keineswegs fest, daß wir es mit einer einheitlichen Bewegung zu tun haben. Neben Cluny, das uns schon seit Generationen als Brennpunkt monastischer Reformbestrebungen bekannt ist, gab es noch eine ganze Reihe von anderen bedeutenden Reformzentren. Und wenn etwas die nur schwer durchschaubare Gesamtsituation charakterisiert, dann ist es der Umstand, daß man zwar eine Fülle von Verbindungslinien zwischen den Maximen der klösterlichen Erneuerung und den Leitbildern der sog. „gregorianischen" Kirchenreform aufzeigen kann, daß aber alle diese Verbindungslinien keine Gleichheitszeichen bedeuten, sondern allenfalls auf einen kurz- oder mittelfristigen Wirkverbund rückschließen lassen.

Damit ist bereits der ungeklärte Aspekt des ganzen Problems berührt: Nur bedingt richtig scheint die Vorstellung zu sein, daß die Gregorianische Reform eine ihrer Hauptwurzeln auf dem Boden des benediktinischen Mönchtums besessen habe, und einfach falsch wird diese Behauptung in der Zuspitzung, daß die ganze innerkirchliche Erneuerung ihre wesentlichen Anregungen von Cluny empfangen habe, jener bei Mâcon gelegenen Abtei, die bereits bei ihrer Gründung mit den Prinzipien des Eigenkirchenrechts gebrochen hatte und sich in besonderer Weise nach Rom hin orientierte.[1] Um das Ausmaß der Schwierigkeiten zu verdeutlichen, braucht man sich bloß ins Gedächtnis zu rufen, daß es aufgrund des fortschreitenden Zerfalls des Karolingerreiches schon im 10. Jahrhundert nicht mehr möglich war, an eine einheitliche Reform nach dem Muster Benedikts von Aniane († 821)[2] zu denken. Sowohl die Verpflichtung auf eine allen Klöstern gemeinsame *consuetudo* als auch die Einbindung in eine übergreifende Herrschaftsordnung gehörten damit der Vergangenheit an. Die monastischen Kräfte bildeten schon deshalb keinen monolithischen Block, weil es keine einheitliche Reichskirche mehr gab und sich die Verfassungsverhältnisse der karolingischen „Nachfolgestaaten" erheblich voneinander unterschieden. Sie konnten jedoch auch deswegen nicht zusammenfinden, weil man noch keine Ordensbildung im strengeren Sinne des Wortes kannte, sondern nur bestimmte Klöstergruppen, die durch besondere historische Bedingungen (wie das hohe Ansehen einzelner Äbte, gemeinsame spirituelle Schwerpunkte oder die Förderung durch außermonastische Instanzen) zusammengehalten wurden.

Trotz dieser ziemlich unübersichtlichen Gesamtlage wäre es falsch, mit einem Teil der älteren Forschung davon auszugehen, daß das zönobitische Mönchtum des 10. und 11. Jahrhunderts im wesentlichen von Gegensätzen geprägt war.[3] Unterschiede, nicht Gegensätze bestimmten den Gang der klösterlichen Reformbestrebungen. Und auch wenn es prinzipiell richtig sein dürfte, die Existenzbedingungen und Wesensmerkmale des Cluniazensertums klar von denjenigen des sog. „Reichsmönchtums" oberlothringischer Prägung abzuheben, führt es mit Sicherheit in die Irre, wenn man diese beiden „Hauptstränge" der monastischen Erneuerung als unversöhnliche Rivalen mit divergierenden Absichten kennzeichnet. Gemeinsam war allen „Reformklöstern" der Ottonen- und frühen Salierzeit der bewußte (oder unbewußte) Rückgriff auf das Erbe Benedikts von Aniane.[4] Und obwohl das Vermächtnis des „zweiten Benedikt" keineswegs eindeutig war, stellte es doch eine gemeinsame Plattform dar, die keiner zu verlassen wagte. Die spirituelle Grundkonzeption des benediktinischen Mönchtums war also nach wie vor auf die alten Ideale der *stabilitas loci,* des Gebetes, der Arbeit, der brüderlichen Liebe und des Gehorsams ausgerichtet.[5] Es bedeutete daher immer nur eine Nuancierung des Gesamtbildes, wenn sich einzelne Klöstergruppen entschlossen, einen Teil dieser Leitbilder besonders zu betonen.

Schon vor diesem Hintergrund erscheint es nicht besonders einfach, die verschiedenen Reformkreise klar voneinander abzugrenzen. Aber zusätzlich behindert wird dieses berechtigte Anliegen durch eine ungewöhnlich schwierige Quellenlage. Die reichhaltige Forschung zu den monastischen Consuetudines, Nekrologien und Verbrüderungsbüchern hat nämlich nach anfänglichem Optimismus zu der resignierenden Erkenntnis geführt, daß weder die Brauchtexte noch die Zeugnisse des Gebetsgedenkens das zu leisten vermögen, was man sich von ihnen vor allem versprochen hatte: „Leitfaden und Grundlage zu sein für die Ermittlung von Reformzusammenhängen, Reformabhängigkeiten, Reformgruppen, Filiationen oder gar Reformgegensätzen.“[6] Zwar läßt sich im Bereich der cluniazensischen Totenmemoria schon in der Zeit Abt Odilos (994–1048) ein Prozeß der „Selbstabkapselung“, der Beschränkung auf die Mitglieder der eigenen Klostergemeinschaft, ausmachen.[7] Doch man darf hieraus nicht die Schlußfolgerung ziehen, daß die Nekrologien und Verbrüderungsbücher eine Art Passepartout für die Bestimmung der verschiedenen Observanzen abgeben könnten. Im Gegenteil: Jeder klösterliche Nekrolog und jedes Verbrüderungsbuch spiegelte ein eigenes, unverwechselbares und überaus kompliziertes Beziehungsgeflecht wider, und bei den meisten Konventen entschied nicht die Zugehörigkeit zu einer bestimmten Reformrichtung über die Zusammensetzung der Nameneinträge, sondern es waren durchaus lokale Faktoren (wie die Bindung an eine Adelsfamilie der Umgebung oder die Nachbarschaft zu einem anderen Kloster) ausschlaggebend.[8]

Auch die Brauchtexte können kaum als Seismographen für festgefügte Klöstergruppen angesehen werden. Maßgeblich für die Wirklichkeit des monastischen Lebens war nämlich keineswegs nur die Befolgung einer schriftlich fixierten *consuetudo,* sondern auch die Summe aller anderen Texte und mündlich tradierten Gewohnheiten, die den Tages- und Kalenderablauf des Klosters bestimmten.[9] Es erscheint daher methodisch ziemlich bedenklich, allein auf der Grundlage der Consuetudines bestimmte „Observanzen“ zu rekonstruieren. Erst durch die Heranziehung zusätzlicher Quellengruppen (wie der zeitgenössischen Briefe, Urkunden, Viten und Geschichtswerke) kann es gelingen, in etwa abzuschätzen, wie die „Reformwirklichkeit“ aussah. Das Ergebnis wird dabei freilich nur zu einer näheren Beschreibung bestimmter „Observanz-Mittelpunkte“, nicht aber zu genau definierten „Reformkreisen“ führen.

Hütet sich die moderne Forschung somit zunehmend vor Pauschalurteilen, die die verschiedenen Erneuerungsbestrebungen unter festen Rubriken subsumieren, so hat sie es doch andererseits nie versäumt, auf die unterschiedlichen Rahmenbedingungen hinzuweisen, unter denen das Leben im Kloster vollzogen werden mußte. Vor allem die divergierende Verfassungsentwicklung in den verschiedenen karolingischen Nachfolgereichen ist dabei als Erklärungsmoment in Betracht gezogen worden. Das von Benedikt von Aniane befürwortete und mit großer Zielstrebigkeit ins Werk gesetzte Modell, alle Klöster des fränkischen Großreichs durch Schutz- und Immunitätsprivilegien an das Königtum zu binden, konnte nämlich während des 10. und 11. Jahrhunderts nur noch teilweise beibehalten werden: am ungebrochensten auf dem Gebiet des Deutschen Reiches, wo die meisten Mönchsgemeinschaften entweder als Reichsabteien unmittelbar vom König gesichert wurden oder als bischöfliche Eigenklöster mittelbar dem königlichen Schutz unterstanden; weit weniger schon in den viel kleineren Herrschaftsgebilden der westfränkisch-französischen Lehnsaristokratie, wo die Herzöge und Grafen anstelle des Königs die Kirchenherrschaft ausübten; und fast gar nicht mehr in Italien und Burgund, wo die Herrschaftsverhältnisse so unübersichtlich geworden waren, daß an eine dauerhafte Sicherung sämtlicher Klöster gar nicht mehr gedacht werden konnte.

In Cluny, jener bedeutenden Mönchsmetropole, die im September 910 durch eine Schenkung Herzog Wilhelms III. von Aquitanien gegründet worden war, verzichtete man daher von vornherein auf jede eigenkirchenrechtliche Bindung und unterstellte das Kloster dem Schutz des Papstes.[10] Neu war an diesem Modell, daß aus der Gewährung des Schutzes keinerlei Herrschaftsrechte abgeleitet werden konnten. Der Abt von Cluny und die von ihm geleitete Gemeinschaft sollten nach dem Willen des Stifters niemals dem Joch irgendeiner weltlichen Gewalt unterstehen, und dieses ausdrücklich auch auf das Papsttum bezogene Verbot der Herrschaftsausübung wirkte sich im 11. Jahrhundert dahingehend aus, daß sowohl das Mutterkloster als auch die von ihm juristisch abhängigen Abteien, Priorate und Zellen ein Leben in monastischer Selbstbestimmung führen konnten und auch nach außen hin ganz auf sich selbst angewiesen waren.[11] Der Papstschutz war für diesen straff organisierten engeren Klosterverband im wesentlichen eine ideelle Größe. Nichts wäre also falscher als die Vorstellung, daß sich unter den Äbten Odilo († 1048) und Hugo († 1109) eine von Rom aus geleitete Mönchsorganisation gebildet hätte.

Es liegt auf der Hand, daß bereits das bisher Gesagte gegenüber einer vorschnellen Identifizierung von cluniazensischen und gregorianischen Reformprinzipien zu äußerster Vorsicht mahnt. Aber deutlicher noch tritt die Wesensverschiedenheit der beiden großen Erneuerungsbewegungen zutage, wenn man in Betracht zieht, daß die der burgundischen Abtei und ihren Dependancen seit dem ausgehenden 10. Jahrhundert gewährten Exemtionsprivilegien ursprünglich keineswegs auf eine Zersetzung der Diözesanverbände und eine Stärkung der päpstlichen Autorität abzielten, sondern vor allen Dingen von dem Wunsch motiviert waren, die Klöster vor den materiellen Forderungen des Episkopats zu schützen.[12] Sowohl die Jurisdiktion des Bischofs als auch seine Weihegewalt waren kostspielige Angelegenheiten. Es bedeutete daher in erster Linie eine finanzielle Vergünstigung, wenn ein Kloster in Streitfällen unmittelbar an den Papst appellieren und selbst bestimmen konnte, wer die notwendigen sakramentalen Dienste leisten sollte.

Die päpstlichen Exemtionen hatten freilich den nicht ganz unbeabsichtigten Nebeneffekt, die von ihr erfaßten Gemeinschaften stärker nach Rom hin zu orientieren. Aber man sollte hieraus nicht die Schlußfolgerung ziehen, daß die von Cluny ausgehende Bewegung von einer „antiepiskopalistischen“ Tendenz getragen worden sei. Jüngere Forschungen haben ergeben, daß die berühmten Spannungen zwischen den Bischöfen von Mâcon und den Äbten von Cluny[13] aufs Ganze gesehen eher die Ausnahme darstellten. Die weitaus meisten Vertreter des französischen Episkopats standen dem Cluniazensertum durchaus aufgeschlossen gegenüber: So fand Cluny immer hilfsbereite Bischöfe, wenn es anstelle des „zuständigen“ Diözesanbischofs für bestimmte Weihen einen anderen Konsekrator suchte, es kam ausgesprochen selten zu Konflikten, die sich nur mit Hilfe des Papstes beilegen ließen, und zahlreiche Metropoliten und Bischöfe waren selbst einmal Cluniazenser gewesen.[14]

Vollends abgerundet wird dieses typisch „vorgregorianische“ Bild einer ungetrübten Harmonie von Papsttum, Ortsbischöfen und monastischen Gemeinschaften durch die Tatsache, daß es neben den direkt dem Abt von Cluny unterstellten Klöstern, Prioraten und Zellen eine große Anzahl von Konventen gab, die nur spirituell, nicht aber juristisch zu den Cluniazensern gehörten. Im Unterschied zum engeren Klosterverband, der sogenannten *Cluniacensis ecclesia,*[15] waren diese Mönchsgemeinschaften meist voll in die normale Diözesanstruktur und das adelige bzw. bischöfliche Eigenkirchenwesen integriert.[16] Es ist deshalb völlig verfehlt, von einem ungebrochenen „Romzentralismus“ oder gar einem generellen „Antifeudalismus“ des Cluniazensertums zu sprechen. Der *ordo Cluniacensis* oder besser gesagt: „die cluniacensische Art und Weise, mönchisch zu leben“,[17] war elastisch genug, auch solchen Kräften Einlaß zu gewähren, die sich nur partiell dem Mutterkloster anschließen wollten. Und die hohe spirituelle Ausstrahlungskraft der burgundischen Mönchsmetropole sorgte dabei fast automatisch dafür, daß eine Art „monastischer Weltmacht“ entstand. Ende des 11. Jahrhunderts soll die Zahl der cluniazensischen Konvente weit über 1000 betragen haben.[18] Nimmt man hierzu die kaum zu beziffernde Gruppe der nur lose mit Cluny verbundenen Gemeinschaften, so ist rasch veranschaulicht, daß es praktisch keine Frage von universalkirchlicher Bedeutung gab, die ohne Beteiligung cluniazensisch geprägter Gruppen entschieden werden konnte.

Betrachten wir nun einige der nur spirituell von Cluny beeinflußten Klöster etwas genauer, so ist auch hier wieder hervorzuheben, daß sich keinerlei Anzeichen für eine generelle Frontstellung gegen das Eigenkirchenwesen ausmachen lassen. So blieb eines der größten Reformzentren, die Abtei Saint-Bénigne vor Dijon, während des gesamten 11. Jahrhunderts Eigenkloster des Bischofs von Langres[19]; das um die Jahrtausendwende von Wilhelm von Volpiano († 1031) gegründete Kloster Fruttuaria wurde zwar selbst niemandem tradiert, störte sich aber keineswegs daran, wenn ihm befreundete Konvente in einem anderen Rechtsstatus lebten[20]; und sowohl im normannischen Fécamp[21] als auch im rheinischen Siegburg[22] bildete der adelige bzw. bischöfliche Eigenkirchenherr das entscheidende Rückgrat, wenn nicht gar die treibende Kraft der Reform. Man sieht: Wenn man schon mit Theodor Schieffer,[23] Hartmut Hoffmann[24] und Herbert Edward John Cowdrey[25] nach Verbindungslinien zwischen den Cluniazensern und den Anhängern der Gregorianischen Kirchenreform sucht, so sind diese nur zum geringeren Teil auf dem Felde der Rechtsbindungen an die nicht-monastische Außenwelt zu finden. Zwar lassen sich sowohl in Fruttuaria als auch in Saint-Bénigne Tendenzen beobachten, die klösterliche Autonomie nach dem Vorbild Clunys zu verstärken. Aber alle diese Bestrebungen blieben durchaus „vorgregorianisch", und es war keineswegs ein Zeichen von „Antifeudalismus", wenn die Äbte der beiden Klöster von ihren Vorgängern eingesetzt wurden, statt ihre Würde von irgendwelchen Eigenkirchenherren zu empfangen.[26]

Auch die Geschichte der Abtei Hirsau[27] und anderer süddeutscher Reformklöster, die sich die Rechtsstellung und Gebräuche Clunys zum Vorbild nahmen, wurzelte keineswegs in der Auffassung, daß man den Einfluß nichtmonastischer Kräfte soweit wie möglich zurückdrängen müsse. Im Gegenteil: Zahlreiche Reformmaßnahmen können nur mit der Annahme eines engen Wirkverbundes von Adel und monastischen Gemeinschaften erklärt werden, und es blieb keine Seltenheit, daß die adeligen „Gönner" dabei zunächst als Eigenklosterherren alten Stils auftraten. Dennoch vollzog sich gerade im Bereich des süddeutschen „Cluniazensertums" eine ganze Reihe von Veränderungen, die auf eine besondere Affinität zu den Zielen der gregorianischen Reformbewegung hinweisen und dem Ideal der klösterlichen „Freiheit" *(libertas)* eine völlig neue Färbung gaben. So verzichtete Graf Adalbert II. von Calw schon im Jahre 1075 auf seine Rechte als Eigenklosterherr von Hirsau und erwirkte von König Heinrich IV. ein Diplom, in welchem der Schwarzwaldabtei ganz ungewöhnliche Privilegien zugestanden wurden: Der Konvent wurde nicht dem König tradiert, sondern allein dem Schutz der römischen Kirche anvertraut; als Rechtsnachfolger des bisherigen Eigenkirchenherrn firmierten fiktiv die Schutzheiligen des Klosters, während die tatsächliche Verfügungsgewalt voll und ganz in die Hände des Abtes gelegt wurde; die Mönche sollten selbst entscheiden, wen sie sich nach dem Tode ihres Abtes als neuen Hirten wählen wollten; die anschließende Investitur sollte nicht mehr von einem Laien, sondern vom Dekan oder Prior der Gemeinschaft vollzogen werden; und die Vogteigewalt sollte zwar im Besitz des Grafen von Calw verbleiben, wurde aber durch königliche Bannleihe zu einer Art „Hoheitsrecht" umgestaltet und sollte nach dem Ableben Adalberts an denjenigen aus seiner Familie fallen, den der Abt und die Mönche für den besten Kandidaten hielten.[28]

Hinter diesen Reformmaßnahmen, die in etwas veränderter Form schon bald auf andere Klöster übertragen wurden und am Schluß etwa 120 monastische Gemeinschaften betrafen, stand ohne Zweifel die Absicht des Hirsauer Abtes und seines adeligen Bundesgenossen, die traditionellen Bahnen des Eigenkirchenwesens zu verlassen und zu einer stärkeren Entflechtung der geistlichen und weltlichen Komponente in der Herrschaft beizutragen. Was es mit den ungewöhnlichen Bestimmungen aber außerdem auf sich hat, wird erst in dem Augenblick erkennbar, wo man die Rolle der Klostervogtei etwas genauer unter die Lupe nimmt. Die als objektive Größe verstandene, mit königlicher Bannleihe zum Hoheitsrecht aufgewertete und in Individualsukzession übertragbare Erbvogtei eröffnete dem Calwer Grafenhaus die einmalige Möglichkeit, die Basis des germanischen Sachenrechts zu verlassen und dennoch der eigenen, „autogenen" Adelsherrschaft ein solides Fundament zu verschaffen. Und daß man damit auf das richtige Pferd gesetzt hatte, geht bereits daraus hervor, daß sich auch viele andere Adelsgeschlechter ähnlicher Rechtskonstruktionen bedienten.[29]

Am Ende dieses tiefgreifenden Reformprozesses konnte freilich schon deshalb keine geschlossene Verbandsbildung nach dem Muster der *Cluniacensis ecclesia* stehen, weil sich kaum einer der ehemaligen Klosterherren bereit fand, auf seine Vogteirechte zu verzichten oder gar einer besitzrechtlichen Unterstellung „seines" Konventes unter die Verfügungsgewalt Hirsaus zuzustimmen.[30] Stellt man darüber hinaus in Rechnung, daß das „Hirsauer Modell" keine Exemtion von der Jurisdiktion und Weihegewalt der Ortsbischöfe kannte[31] und daß sich neben den Adelsstiftungen auch Bischofsklöster und Reichsabteien der neuen Bewegung anschlossen,[32] dann ist rasch veranschaulicht, daß die „Hirsauer Observanz" alles andere als eine einheitliche Struktur aufwies. Die Rechtsstellung der einzelnen Konvente konnte sehr verschieden sein; und auch wenn juristische Konstruktionen wie die in vielen Fällen zu beobachtende *traditio Romana*[33] oder die exklusive Stabinvestitur während des Vorgangs der Abtsweihe[34] auf eine enge Verbundenheit mit dem Reformpapsttum rückschließen lassen, stellt es doch eine unzulässige Vereinfachung dar, wenn man die Hirsauer generell als „gregorianisch gesinnte Jungcluniazenser" charakterisiert.

Einmal mehr erweist sich somit am Beispiel Hirsaus und der übrigen Reformklöster Süddeutschlands, daß die Geschichte Clunys und der Cluniazenser eine gewisse Ambivalenz erkennen läßt: Auf der einen Seite arbeitete die burgundische Mönchsmetropole der Gregorianischen Reform insofern vor, als sie die Bildung von romverbundenen Klöstergruppen begünstigte, die sich in ihrer Zusammensetzung nicht mehr nach weltlichen Herrschaftsstrukturen richteten. Auf der anderen Seite waren die Cluniazenser keine grundsätzlichen Gegner des Eigenkirchenwesens und unterschieden sich schon dadurch von der gregorianischen Erneuerungsbewegung, daß sie kein fest umrissenes Programm besaßen. Allein die Tatsache, daß die von Cluny beeinflußten Gemeinschaften keinen Orden im strengeren Sinn des Wortes verkörperten, sondern größtenteils nur durch eine ideelle Klammer zusammengehalten wurden, ist ein schlagender Beweis dafür, daß man sich jedes Pauschalurteils tunlichst enthalten sollte. „Cluniazenser und Gregorianer lassen sich weder in eins setzen noch völlig scheiden"[35] – dieser Satz Theodor Schieffers behält auch dann seine Gültigkeit, wenn man mit H. E. J. Cowdrey davon ausgeht, daß sich die spirituellen Ziele Clunys und Gregors VII. in vielen Punkten deckten.[36] Das Reformpapsttum fand im Cluniazensertum einen wichtigen Bundesgenossen. Aber Bundesgenossen sind keine blinden Gefolgsleute, sondern eigenständige Größen; und es ist daher überaus bezeichnend, daß der Stern Clunys genau in dem Augenblick zu sinken begann, als sich mehr und mehr herausstellte, daß der Konflikt zwischen Papsttum und Kaisertum nicht auf herkömmliche Weise zu lösen war, sondern nur durch einen grundlegenden Wandel der bestehenden Verhältnisse.

Können wir somit mit Fug und Recht die Feststellung treffen, daß die Cluniazenser die Geschichte der Gregorianischen Reform zwar nachhaltig beeinflußten, daß sie aber kaum als deren eigentlicher Motor bewertet werden dürfen, so gilt Vergleichbares offenkundig auch von den übrigen monastischen Reformkreisen. Namentlich die Abteien Saint-Victor in Marseille,[37] Saint-Benoît in Fleury,[38] La Cava dei Tirreni (bei Salerno),[39] Montecassino[40] und Vallombrosa (am Westhang des Pratomagno)[41] sorgten durch ihre große Außenwirkung dafür, daß das nachkarolingische Mönchtum auch außerhalb des cluniazensischen Bereichs einer umfassenden Erneuerung entgegenging. Doch keines dieser Klöster stand im Investiturstreit in vorderster Kampflinie, und es ist deshalb äußerst problematisch, sie als „geistige Rüstkammern" und „politischen Rückhalt" des Reformpapsttums zu bezeichnen. Die entscheidenden Impulse zur Veränderung der Kirchenverfassung gingen nicht vom benediktinischen Mönchtum aus; und auch wenn es insgesamt drei Reformpäpste gab, die zuvor das Habit eines Abtes oder Mönches von Montecassino getragen hatten (nämlich Stephan IX., Viktor III. und Gelasius II.), war die Erneuerung der Gesamtkirche keineswegs eine spezifisch monastische Erfindung. Sowohl die Entfaltung des römischen Primats als auch der Kampf gegen Simonie, Laieninvestitur und Priesterehe waren Reformziele, die in erster Linie den Weltklerus und den Episkopat betrafen. Nichts berechtigt uns also bei näherem Hinsehen zu der Annahme, daß die wichtigsten Maximen des Reformpapsttums von rein monastischen Kräften aufgestellt worden seien.

Um zu einem ausgewogenen Gesamtbild zu gelangen, darf man freilich auch nicht so tun, als ob die von Cluny unabhängigen monastischen Gemeinschaften während des Investiturstreits überhaupt keine Rolle gespielt hätten. Denn sowohl die italienischen Klöster Vallombrosa, Montecassino und La Cava als auch die provenzalische Abtei Saint-Victor in Marseille standen mit dem Papsttum in engstem Kontakt und leisteten einen wichtigen Beitrag zur Durchsetzung und Ausbreitung der gregorianischen Reformvorstellungen. So gelang es Saint-Victor schon in der Zeit Alexanders II. und Gregors VII., einen hierarchisch aufgebauten und durch päpstliche Privilegien bestens abgesicherten Klosterverband zu konstituieren, der als „Marseiller Kirchenstaat" (Paul Schmid) in die Geschichte eingegangen ist und bis nach Spanien ausgriff.[42] In der Toskana bildete sich zur selben Zeit von Vallombrosa aus eine benediktinische Observanz heraus, die den Kampf gegen die Simonie auf ihre Fahnen geschrieben hatte und durch Papstschutz und Exemtion in besonderer Weise vor dem Zugriff der Ortsbischöfe gesichert war.[43] Und in La Cava und Montecassino, den Mutterabteien der beiden größten Klosterverbände Mittel- und Unteritaliens, waren seit Beginn der Kirchenreform Tendenzen zu beobachten, nicht nur die Frömmigkeit und Bildung der Mönche zu heben, sondern auch eine große Anzahl von laikalen Eigenkirchen und Eigenklöstern in Besitz zu nehmen.[44] Von ihrer ursprünglichen Intention her gesehen, muß man diese Bestrebungen freilich eher als Maßnahmen zur Erweiterung der Wirtschaftsgrundlagen der Mutterabteien denn als prinzipiellen Protest gegen den Kirchenbesitz in Laienhand deuten. Ende des 11. Jahrhunderts aber änderten sich diese Motive, und zumal aus Montecassino waren Stimmen zu hören, die sich eindeutig zu den Grundsätzen des Reformpapsttums bekannten.[45]

Von solchen, die bestehenden Herrschaftsstrukturen radikal in Frage stellenden Reformabsichten war man in den meisten Teilen des Deutschen Reiches noch weit entfernt. Hier bestimmte nach wie vor eine benediktinische Frömmigkeit das Bild, die sich im 10. Jahrhundert in enger Anlehnung an Königtum und Reichsepiskopat gebildet hatte und in den Abteien Sankt Maximin (bei Trier), Sankt Emmeram (in Regensburg), Gorze (bei Metz), Lorsch, Niederaltaich, Stablo und Saint-Vannes (in Verdun) ihre wichtigsten Zentren besaß.[46] Kennzeichnend für diese in ihren Glanzzeiten etwa 160–170 Konvente umfassende Klöstergruppe war ein ungewöhnlich starres Festhalten am Vermächtnis Benedikts von Aniane; zum Programm gehörte aber auch ganz wesentlich eine enge Anbindung an das Königtum. Immunität, Königsschutz, freie Abtswahl und Reichsunmittelbarkeit bildeten die Hauptkomponenten der klösterlichen *libertas*,[47] und überall dort, wo die Abteien nicht direkt dem König unterstanden, waren sie als bischöfliche Eigenklöster zumindest indirekt vom König gesichert.[48]

Erst als es unter Heinrich IV. zu einer wahren Verschleuderung von Reichsklöstern zu politischen Zwecken kam[49] und das Gedankengut der Cluniazenser und Gregorianer auch auf deutschem Boden Fuß fassen konnte, wurde das sogenannte „Reichsmönchtum“ in seinen Fundamenten erschüttert. Die Degradierung der Reichsabteien zu frei verfügbaren Vermögensobjekten und ihre gleichzeitige Instrumentalisierung als Mittel der Herrschaftssicherung sorgten mit atemberaubender Geschwindigkeit dafür, daß die königliche *libertas* als Rechtsgarantie entwertet wurde. Und es war daher kein Wunder, daß sich zahlreiche Klöster in ihrer Not an das Reformpapsttum, den Episkopat oder den Laienadel wandten. Die Hirsauer und andere Reformkreise verdankten ihren raschen Aufstieg zu einem guten Teil der verfehlten Klosterpolitik Heinrichs IV., und in der Zeit seines Sohns und Nachfolgers hatte sich die Gesamtsituation bereits dermaßen verändert, daß der König nur noch über den Weg der Vogtei an die monastischen Zentren herankommen konnte.[50] Nicht mehr die Gewährung der reichsrechtlichen *libertas*, sondern die Bannleihe für die adeligen Klostervögte bildete nun das wichtigste Vehikel der königlichen Klosterpolitik. Die Geschichte des Reichsmönchtums trat damit in eine völlig neue Phase ein.

Von ganz anderen Momenten als dem juristischen Verhältnis zur nichtklösterlichen Außenwelt war die Entstehung und Ausbreitung der letzten benediktinischen Reformbewegung geprägt, der wir unsere Aufmerksamkeit schenken wollen. Gemeint ist das sogenannte Zisterziensertum, das seinen Aufstieg ganz wesentlich dem eremitischen Ideal der Selbstheiligung verdankte.[51] Den ersten Anstoß zur Gründung lieferte dabei der Benediktinerabt Robert von Molesme, der sich im Jahre 1098 mit 21 Mönchen in Cîteaux (bei Langres) niederließ. Schon bei ihm und seinen Mitstreitern war das Bestreben erkennbar, ein weltabgeschiedenes Mönchsleben auf der Grundlage der Benediktregel zu führen; doch erst unter seinem zweiten Nachfolger Stephan Harding (1109–1133) entwikkelte sich Cîteaux zum Mutterkloster eines bedeutenden Klosterverbandes. Der neue Orden stand dabei gewissermaßen nur noch mit einem Bein im Investiturstreit, da er sich erst unter dem Einfluß Abt Bernhards von Clairvaux (1115–1153) über ganz Europa ausbreitete. Aber seine entscheidende Prägung erfolgte doch schon etwas früher.

Der rasch aufblühende Klosterverband sollte nach dem Willen Stephan Hardings aus selbständigen Abteien bestehen, die sich allesamt auf Cîteaux oder einen seiner „Ableger“ zurückführen ließen. Grundlage für die organisatorische Einheit der Zisterzienserklöster war also in erster Linie ein überaus strenges Filiationssystem. Die fünf Primarabteien Cîteaux, La Ferté, Pontigny, Clairvaux und Morimond bildeten eine Art monastischer Pentarchie; dem Abt von Cîteaux wurde ein Visitationsrecht über alle Tochterklöster zugesprochen; und als weiteres Element der Ordenseinheit wurde festgelegt, daß sich alle Äbte der Kongregation einmal im Jahr in Cîteaux zu einem Generalkapitel treffen sollten.[52]

Auch die Gestaltung des klösterlichen Alltags wurde bereits unter Stephan Harding weitgehend normiert. Einfache Kleidung, anspruchslose Ernährung, schmucklose Klosterbauten und Kirchen, Betonung der Handarbeit unter Einbeziehung von Laienbrüdern und eine möglichst schlichte Liturgie waren wesentliche Grundvorstellungen der im Jahre 1114 entworfenen *carta caritatis primitiva,* und in deutlicher Abgrenzung von Cluny wurde damit eine monastische Lebensweise befürwortet, die ihre Hauptwurzel im Eremitentum besaß. Das Reformerische bestand vor allem darin, die Benediktregel wieder wörtlicher zu nehmen „und sich durch ideellen Rückgriff auf das Vorbild der Wüstenväter Leitgedanken aus dem Frühstadium des Mönchtums anzueignen“.[53] Die sich hieraus ergebende, betont schlichte Lebensführung der Mönche sowie das Bestreben, sich einerseits aus der Welt in den Eremos zurückzuziehen, andererseits aber durch eine homogene, auf Filiation, Visitation und Generalkapitel beruhende Ordensverfassung einen straffen Klosterverband auszubilden, erwiesen sich dabei als äußerst attraktive und zukunftsträchtige Kombination.

Kann man somit Stephan Harding als den eigentlichen Gründer des Zisterzienserordens betrachten, so ist der weitere Aufstieg des Ordens vor allen Dingen mit dem Namen Bernhards von Clairvaux verknüpft. Die im eremitischen Leitbild angelegte Spannung zwischen *vita contemplativa* und *vita activa,* klaustraler Zurückgezogenheit und geräuschvollem Kampf gegen das Böse in der Welt, wurde erst durch das Wirken dieses genialen Abtes und Kirchenführers zum entscheidenden Erkennungszeichen des Zisterziensertums. Die „Chimäre des Jahrhunderts", wie sich Bernhard einmal selbst bezeichnete, sorgte dabei durch ihre überragende Bildung, tiefe Frömmigkeit und rastlose Predigttätigkeit dafür, daß sich die Zahl der Zisterzienserklöster gewissermaßen explosionsartig vermehrte. Allein die Filiation von Clairvaux umfaßte im Todesjahr des Heiligen nicht weniger als 164 Gemeinschaften. Vergleicht man hiermit die zu dieser Zeit erreichte Gesamtzahl von 344 Zisterzienserklöstern und stellt man ergänzend in Rechnung, daß der Konvent von Clairvaux etwa 700 Mitglieder besaß, dann ist rasch veranschaulicht, daß die Weltgeltung des neuen Ordens in der Tat zu einem Gutteil auf das Konto eines einzigen Mannes ging.[54]

2. Die Eremitenbewegung

Historisch bedeutsam für den inneren Wandel, den das abendländische Mönchtum im Zeitalter der Kirchenreform zu verzeichnen hatte, waren neben der benediktinischen Erneuerung vor allen Dingen die in Italien schon seit dem 10. Jahrhundert zu beobachtenden Tendenzen, durch den Rückgriff auf das Vorbild der ägyptischen Wüstenväter eine Wiederbelebung des Eremiten- und Anachoretentums herbeizuführen.[55] Süditalien bot hierzu die besten Ansatzpunkte; denn in diesem Raum bestanden seit langem viele Mönchsgemeinschaften, die sich dem griechischen Einfluß geöffnet hatten und zumeist als Anachoreten nach der Regel Basilius' des Großen († 379) lebten.[56] Es kann somit kaum überraschen, daß der wohl bekannteste Einsiedler der Ottonenzeit – der im Jahre 1004 in Grottaferrata verstorbene Asket Nilus von Rossano – seine ganz auf das Gebet, die Buße und das Studium der Heiligen Schrift und der Kirchenväter ausgerichtete Frömmigkeit wesentlich dem Kontakt mit dem byzantinisch-italienischen Mönchtum verdankte, das sein bedeutendstes Zentrum in der monastischen Heptarchie Mercurion besaß.[57]

Der entscheidende, direkt in die allgemeine Kirchenreform des 11. Jahrhunderts einmündende Impuls kam jedoch nicht aus Süditalien, sondern aus dem Florentiner und Ravennater Raum. Hier wirkte der von eremitischem Geist erfüllte Mönch und Asket Romuald, der neben zahlreichen anderen geistlichen Niederlassungen zwischen 1023 und 1026 die Einsiedelei Camaldoli gründete.[58] Diese in der Nähe von Arezzo angesiedelte Gemeinschaft bestand anfangs nur aus einer Reihe von verstreuten Klausen, deren Gebiet von einer großen Mauer umgeben war. Die Mönche lebten dabei in Zellen und versammelten sich nur zu bestimmten Tageszeiten zum gemeinsamen Gebet und zur gemeinsamen Mensa.[59] Schon wenig später wurde aber auf Betreiben Romualds unterhalb des auf einem Hügel gelegenen Eremos ein zönobitisches Kloster errichtet, dessen Insassen anfangs nur aus einem Mönch und drei Konversen bestanden.[60] Diese zweite Kongregation war für die meisten Eremiten des ummauerten Gebietes aus zwei Gründen eine willkommene Ergänzung: einmal bot sie Mönchen, die sich nicht direkt auf die strengere Lebensform in den Hütten der Einöde einlassen wollten, die Chance, sich zunächst im Zönobitentum zu erproben; zum anderen eröffnete das unterhalb des Eremos erbaute Kloster die Möglichkeit, wirtschaftliche und verwaltungstechnische Funktionen von den auf dem Hügel lebenden Einsiedlern fernzuhalten, so daß diese sich besser vor der Welt zurückziehen konnten.[61]

Es liegt auf der Hand, daß eine solche zukunftsweisende Verbindung von Eremiten, die sich streng am Vorbild des frühchristlichen Mönchtums – vor allem an der von Athanasius († 373) verfaßten Antoniusvita – orientierten, und Benediktinern, die die wörtliche Befolgung ihrer *regula* zum Lebensprinzip erhoben, auf Dauer nur dann Bestand haben konnte, wenn sie nicht nur in der Gestalt des beiden Personenkreisen übergeordneten Priors eine einigende Klammer besaß, sondern auch durch eine kodifizierte Lebensordnung zusammengehalten wurde. Daß diese Verschriftlichung dann zwei Generationen nach dem Tode Romualds († 1027) in der Zeit des Priors Rudolf († 1087/89) tatsächlich vorgenommen wurde, bedeutete vor diesem Hintergrund eine längst überfällig gewordene Notwendigkeit, kann aber kaum als Erklärung dafür herangezogen werden, daß das Eremitentum romualdinischer Prägung schon seit den vierziger und fünfziger Jahren des 11. Jahrhunderts an Boden gewann.[62]

Der eigentliche Grund hierfür lag wohl eher in der herausragenden Persönlichkeit des Petrus Damiani († 1072), der vom Jahre 1043 an bis zu seinem Tode die ebenfalls von Romuald gegründete Eremitenkongregation von Fonte Avellana leitete. Sein geschichtliches Verdienst lag vor allem darin, daß er mit der um 1042 verfaßten ›Vita Romualdi‹[63] seinen Mitmönchen ein hagiographisches Leitbild vorlegte und wenig später schriftlich fixierte Lebensregeln ausarbeitete.[64] Es ist deshalb von großem Interesse, in Erfahrung zu bringen, worin denn eigentlich der wesentliche Inhalt dieser Schriften bestand.

Wenden wir uns zunächst der Lebensbeschreibung Romualds zu, dann ist vor allem bemerkenswert, daß Petrus den Eremitenmönch Romuald als einen Menschen zeichnete, der bei allem Bemühen um Selbstheiligung und Askese sich auch stets um die Seelsorge gekümmert habe. Denn mit diesem Gedanken wurde der Spannungsbogen zwischen pastoraler *cura animarum* und eremitischer Weltflucht zum Grundprinzip der geistlichen Lebensführung erhoben; neben das die Selbstheiligung fördernde Ideal der *vita contemplativa* trat gleichzeitig das der Seelsorge zugute kommende Leitbild der *vita activa*.[65] Im einzelnen zählte Petrus drei Auswirkungen der von Romuald verkörperten Spiritualität auf: 1. die Bereitschaft zur Buße, 2. die Mildtätigkeit gegenüber den Armen und 3. die Abkehr von der Welt zu heiligmäßigem Leben.[66] Außerdem verglich er den von ihm beschriebenen Eremiten mit einem Seraph, der – selbst durch die Flamme der göttlichen Liebe entzündet – auch andere durch seine Predigt in Brand gesteckt habe,[67] und stellte schließlich heraus, daß Romuald sich durch seine Lebensführung stets gegen die Angriffe des Teufels zur Wehr gesetzt habe.[68]

Waren diese in der ›Vita Romualdi‹ festzustellenden Anschauungen vorzüglich dazu geeignet, dem Eremitentum eine feste theologische Grundlage zu geben, so vergaß der Prior von Fonte Avellana doch nie, daß die von ihm geleitete Gemeinschaft auch einen soliden organisatorischen Rahmen benötigte. Bereits in den Jahren 1045 bis 1050 fertigte er deshalb eine erste Skizze an, in der die Lebensregeln seiner Kongregation festgehalten wurden[69]; und ungefähr im Jahre 1057 entstand eine zweite – wesentlich ausführlichere – Fassung der Lebensordnung.[70] Petrus Damiani bekannte sich dabei zu einer *vita communis* nach dem Muster Camaldolis und grenzte sich deutlich vom „Anachoretentum“ allein umherschweifender Mönche ab.[71] Als Idealbild fungierte eine zur *stabilitas loci* verpflichtete Gemeinschaft, deren Mitglieder in der Regel in Zweiergemeinschaften wohnen sollten und die sich nur dann zusammenfinde, wenn ein Glockenschlag die Brüder zusammenrufe. Persönliche Besitzlosigkeit und Armutsgelöbnis, klösterlicher Gehorsam, Keuschheit, Fasten, dürftige Kleidung, regelmäßiger Gottesdienst und körperliche Zucht waren die Hauptbedingungen, die Petrus den Eremiten stellte, damit sie für den Kampf mit dem Teufel gerüstet seien.[72]

Wie zukunftsträchtig solche Gedanken waren, zeigt ein Blick auf die zahlreichen Neugründungen, die die folgenden Jahrzehnte zu verzeichnen hatten. Ob es sich um das um 1036 errichtete Benediktinerkloster Vallombrosa[73] handelte oder um die 1083 gegründete Eremitage Afflighem (bei Brabant),[74] ob man sich an die 1080/81 entstandene Gemeinschaft von Muret (bei Limoges) erinnert, die sich später zum Orden von Grandmont ausweitete,[75] oder ob man an die um die Wende vom 11. zum 12. Jahrhundert begründeten Kongregationen von Fontevrault,[76] Pulsano[77] und Montevergine[78] denkt, stets waren es ganz ähnliche Motive wie in Fonte Avellana, die die Spiritualität bestimmten. Auch die wichtigste Neubildung, die um 1084 von dem Kölner Weltpriester Bruno gegründete Grande Chartreuse, nach welcher der Kartäuserorden benannt worden ist,[79] fußte letztlich auf der schon bei Romuald und Petrus Damiani greifbaren Verbindung von eremitischer und zönobitischer Lebensform. Die historische Bedeutung dieser beiden Reformer darf deshalb nicht zu gering veranschlagt werden.

3. Die Kanonikerreform

Neben den Benediktinern und der Eremitenbewegung gab es noch eine dritte Kraft, die den inneren Wandel der Frömmigkeitsformen auf das nachhaltigste beeinflußte. Gemeint sind die Kanoniker, also jene Klerikergemeinschaften, die sich zunächst vor allem an den Bestimmungen der Aachener Regel von 816[80] orientierten, aber im Verlauf der Kirchenreform mehr und mehr auf ein neues Leitbild, das Gemeinschaftsleben in persönlicher Besitzlosigkeit nach dem Vorbild der Urkirche, umschwenkten. Dabei kam es schon auf der Lateransynode von 1059 zu einer programmatischen Fixierung des neuen Frömmigkeitsideals. Es ist deshalb von besonderem Interesse, die einzelnen Stufen des Bewußtseinswandels klar herauszuarbeiten und zugleich den inneren Differenzierungsprozeß verständlich zu machen.

Kennzeichnend für die etwa um die Jahrtausendwende einsetzende Wiederbelebung der kanonikalen Lebensform war in Deutschland, daß die wesentlich den Traditionen der Karolingerzeit verpflichtete Kanonikerbewegung der deutschen Reichskirche sich eng an das Königtum anschloß. Dieser Tatbestand fand einen sichtbaren Ausdruck darin, daß die dem sächsischen Herrscherhaus eng verbundenen Domstifte von Hildesheim und Bamberg geradezu zu Prototypen der reformierten Lebensweise wurden.[81] Hierin entsprachen die reguliert lebenden Kanonikergemeinschaften vollkommen den monastischen Kongregationen der Reichsklöster, und auch in bezug auf die geistlichen Ideale waren auffallende Analogien zu beobachten.[82] Das Kanonikerwesen zur Zeit der Ottonen und frühen Salier trug somit die Merkmale einer fast monastisch anmutenden Observanz; die Vorschriften der Aachener Regel gaben hierzu die allgemeine Richtung an.

Zwar ist das Ausmaß dieser Erneuerung des gemeinsamen Lebens auf der Grundlage der ›Institutio canonicorum‹ von 816 nur schwer zu bestimmen, aber die große Häufung von Quellenzeugnissen für ein Leben nach den karolingischen Bestimmungen ist andererseits so auffällig, daß man wohl von einer weit verbreiteten Reform ausgehen kann, die nicht nur den Umkreis der Hochstifte erfaßte.[83] Ihren unbestrittenen Höhepunkt erreichte die Wiederbelebung der kanonikalen Lebensform sicherlich unter Heinrich II., der das neu gegründete Domstift Bamberg neben Hildesheim zum bedeutendsten Reformzentrum des deutschen Reiches ausbaute.[84] Die unter anderem durch die ›Fundatio ecclesiae Hildensemensis‹[85] bezeugte klösterliche Zucht *(districtio monachica)*, der sich die Hildesheimer Kanoniker zu unterwerfen hatten, wurde dabei zum Idealtyp für die von Bamberg ausgehende kanonikale Erneuerung.

Die Beantwortung der Frage, inwieweit diese Gedanken richtungweisend für die allgemeine Kirchenreform des 11. und 12. Jahrhunderts wurden, bedarf freilich noch genauerer Detailstudien, doch zeigt sich insbesondere bei einer Untersuchung der dem Kanonikertum gewidmeten Passagen der ›Vita Bernwardi‹, daß die Angleichung an monastische Leitbilder recht weit ging.[86] Dort liest man nämlich, daß strenges Fasten und häufiges Gebet für das Hildesheimer Domkapitel ebenso selbstverständlich gewesen seien wie die Feier der heiligen Messe oder die Mildtätigkeit gegenüber den Armen.[87] Zusammen mit Bischof Bernward habe sich die Kanonikergemeinschaft unter eine strenge Zucht gestellt und gewissermaßen reguliert gelebt.[88] Ein Charakteristikum dieser *vita communis* sei das gemeinsame Essen aller und die damit verbundene Schriftlesung gewesen,[89] ein anderes das von allen Brüdern besuchte Stundengebet.[90] Als Hauptanliegen der Kanoniker lasse sich die Verwirklichung der in der Heiligen Schrift beschriebenen Lebensform der Urkirche bestimmen; Bernward habe dabei nach der Anweisung des Apostels Paulus (1 Kor 9, 22) darauf geachtet, allen alles zu sein, um alle in Christus zu erleuchten.[91]

Etwas anders als in Deutschland vollzog sich die kanonikale Erneuerung in Frankreich und Italien. Zwar gab es auch in diesen Ländern eine große Anzahl von Stiften, die sich auf ein Leben nach den Bestimmungen der Aachener Regel von 816 verpflichtet hatten; aber die einheitstiftende Kongruenz von politischer und religiöser Ordnung war hier viel weniger ausgeprägt als im Deutschen Reich.[92] Es war deshalb gewiß kein Zufall, daß die Reform in diesen Gebieten ohne eine nennenswerte Förderung durch das Königtum auskommen mußte, daß sie in erster Linie von der Unterstützung des Episkopats oder eremitischen Leitbildern begünstigt wurde. Daß der entscheidende Anstoß in Richtung auf die Ziele des Reformpapsttums trotz dieser erheblich ungünstigeren Rahmenbedingungen ähnlich wie im eremitischen Bereich von Mittelitalien ausging, ist wiederum zu einem guten Teil dem Reformer Petrus Damiani zuzuschreiben, der sich besonders energisch für eine Neuordnung des Kanonikerwesens einsetzte. Genau wie in bezug auf sein Engagement in Fonte Avellana läßt sich dabei genau bestimmen, woher der spätere Kardinalbischof von Ostia seine spirituellen Impulse empfing. Es sei deshalb gestattet, sich im folgenden kurz mit der um das Jahr 1042 vollzogenen Klerusreform des Ravennater Suffraganbischofs Johannes von Cesena zu beschäftigen, die ohne die geistige Vermittlungstätigkeit Petrus Damianis wohl nur lokalhistorische Bedeutung erlangt hätte, so aber zu einem der wichtigsten Ausgangspunkte für die vom Reformpapsttum unterstützte Neuordnung des priesterlichen Lebens wurde.[93]

Die einzige Quelle, mit der wir uns in diesem Zusammenhang eingehend auseinandersetzen müssen, ist eine im Original erhaltene Bischofsurkunde des Johannes von Cesena[94]; denn dieser Text besitzt den großen Vorteil, das eigentliche Anliegen der Erneuerung gewissermaßen aus dem Blickwinkel des Hauptbeteiligten zu erfassen. Was nun den Inhalt des Schreibens angeht, so ist zunächst einmal bemerkenswert, daß Johannes an die paulinische Lehre von den verschiedenen Gliedern des einen Leibes Christi anknüpfte, indem er die Mönche, Kleriker und Laien als Repräsentanten verschiedener christlicher Lebensformen voneinander abhob: Während den Mönchen die Kreuzesnachfolge in weltflüchtiger *vita propria* aufgetragen sei und die Laien sich schon aufgrund ihrer ehelichen Verpflichtungen weltlichen Geschäften und Begierden verschrieben hätten, bilde die *vita clericorum* den Mittelweg zwischen diesen beiden Arten des Lebenswandels, der höher einzustufen sei als die beiden anderen, weil er dem Wirken Christi am meisten gleiche.[95] Die Kleriker würden gewissermaßen die allen übergeordneten Augen der Kirche verkörpern, weil sie das Leben aller beobachten würden und den pastoralen Auftrag empfangen hätten, alle zu weiden. Gerade sie würden damit dem Vorbild der Apostel am nächsten stehen, weil sie von Christus zu Hirten der Kirche bestellt und in die Welt gesandt worden seien, um alle zu den Freuden des ewigen Königreiches zu führen. Deshalb sei ihnen, denen die pastorale Binde- und Lösegewalt anvertraut worden sei, auch aufgetragen, nach dem Beispiel der Apostel alles gemeinsam zu besitzen. Denn wenn die

Kleriker den Stand der Apostel imitieren wollten, müßten sie sich auch deren Lebensform aneignen, um nicht nur dem Namen nach, sondern auch in der Handlungsweise mit diesen übereinzustimmen.[96]

Mit diesen Formulierungen war die Kanonikerreform gedanklich einen entscheidenden Schritt weitergekommen. Dabei begründete nicht so sehr die Verwendung des paulinischen Corpus-Bildes die historische Bedeutung des Neuansatzes, wesentlich war vielmehr vor allem die Tatsache, daß man sich bei dem Bemühen um Reform nicht an der Aachener Regel von 816 orientierte, die den Privatbesitz der Kanoniker ausdrücklich gestattet hatte, sondern durch den Rückgriff auf die Apostelgeschichte (4, 32) die Forderung aufstellte, daß alle Kleriker zu einem Gemeinschaftsleben bei persönlicher Besitzlosigkeit verpflichtet seien. Wie folgenschwer dieses Eindringen des Armutsideals in den priesterlichen Bereich war, läßt sich in erster Linie an zwei Dingen ablesen: einmal daran, daß Petrus Damiani in mehreren Briefen den in Cesena formulierten Leitbildern eine feste theologische Grundlage gab und sie energisch unterstützte,[97] und dann an dem Umstand, daß mit Kanon 4 der Enzyklika Papst Nikolaus' II. über die Lateransynode von 1059 das Prinzip der kanonikalen *vita communis* bei gleichzeitigem Verzicht auf Privateigentum in die Rechtstradition der römischen Kirche einging.[98]

Richten wir unser Interesse zunächst auf das Schrifttum Petrus Damianis,[99] dann ist schnell veranschaulicht, wie stark die Übereinstimmungen mit der Bischofsurkunde von Cesena waren. Denn der Prior von Fonte Avellana übernahm sowohl den Rückgriff auf die apostolische Norm des urkirchlichen Lebens als auch die prinzipielle Verbindlichkeit dieser *vita communis* für den gesamten Klerikerstand (und nicht nur für die Kanoniker). Er betonte den Wunsch nach Durchdrungensein des Klerus vom monastisch-eremitischen Geist der Askese ebenso wie die pastorale Seite des kirchlichen Amtes.[100] Man sieht: Wenn Petrus Damiani forderte, man dürfe bei der Erneuerung des priesterlichen Lebens nicht mehr an die Gedanken der Aachener Regel von 816 anknüpfen, sondern müsse zum Ursprung des Flusses – nämlich zur Richtschnur des apostolischen Lebens und zu den Aussagen der Kirchenväter – zurückkehren,[101] so war dies nichts anderes als eine ganz konkret gemeinte Stellungnahme zugunsten des im Lukas-Evangelium (14, 33) und in der Apostelgeschichte (2, 44 und 4, 32–37) ausformulierten Ideals der persönlichen Besitzlosigkeit. Neu war gegenüber dem in Cesena vorgefundenen Reformansatz lediglich, daß Petrus die Priester nicht nur zur Weitergabe des Wortes Christi, sondern auch zum Kampf gegen die Laster und Sünden aufrief, also den Versuch unternahm, den aus dem Eremitentum stammenden Gedanken des Kampfes gegen die Mächte der Finsternis auf den priesterlichen Bereich zu übertragen.[102]

Schon diese Stellen dokumentieren, daß die Reform des Kanonikerwesens zumindest in Italien bereits in der Mitte des 11. Jahrhunderts auf die Realisierung von fast monastisch anmutenden Leitbildern abzielte. Die volle Tragweite dieser Bemühungen wird jedoch erst in dem Augenblick erkennbar, wo man sich die Quellenzeugnisse für die Beratungsthemen und Entscheidungen der von insgesamt 113 Bischöfen besuchten Lateransynode von 1059 ansieht. Der von dieser Versammlung gefaßte Beschluß, die am Vorbild der Apostel orientierte *vita communis* zum normativen Prinzip zu erheben, wurde schon erwähnt. Aber darüber hinaus ist noch ein Fragment überliefert, das den Wortlaut zweier Reden protokolliert, die Kardinal Hildebrand und Papst Nikolaus II. in diesem Zusammenhang gehalten haben.[103] Es ist also möglich, die Ziele und die Eigenart der 1059 in Angriff genommenen Reforminitiative etwas genauer zu erfassen.

Unterzieht man nun dieses Dokument einer kurzen Analyse, so fällt schon bei der Lektüre der Ansprache Hildebrands ins Auge, daß es in Rom und in den Provinzen und Sprengeln seiner Umgebung offenkundig schon seit längerem ganz ähnliche Reformtendenzen gab, wie sie auch im Ravennater Raum bestanden.[104] Hier wie dort sind Bestrebungen greifbar, den Privatbesitz der Kanoniker zugunsten einer *vita apostolica* – einem Gemeinschaftsleben in persönlicher Besitzlosigkeit nach dem Beispiel der Apostel – abzuschaffen; es ergab sich also mit einer gewissen Zwangsläufigkeit, daß man sich mit den Eigentumsbestimmungen der Aachener Regel beschäftigte. Dabei war von großer Bedeutung, daß sich sowohl Hildebrand als auch Nikolaus II. ohne jede Einschränkung für den Verzicht auf persönlichen Besitz aussprachen und daß sie den Rückgriff auf die Urkirche *(ecclesia primitiva)*, auf die Weisungen der Apostel und die Aussagen der Kirchenväter, zum methodischen Grundprinzip für die Erstellung einer neuen kanonikalen Lebensordnung erhoben.[105] Wenn Papst Nikolaus II. auf die inneren Widersprüche der Aachener ›Institutio canonicorum‹ aufmerksam machte, die sowohl Bestimmungen für als auch gegen den Privatbesitz enthalte,[106] und darüber hinaus alle Kanonissen aufforderte, zur Benediktregel zurückzukehren,[107] dann war dies ebenso als Ausdruck eines vom Gedanken der persönlichen Armut bestimmten Reformideals anzusprechen wie das Begehren Hildebrands, eine in Rom üblich gewordene Profeßformel zu bestätigen, durch die man auf jegliches Eigengut verzichtete.[108] Es ist mithin nicht daran zu zweifeln, daß das Leitbild der *vita apostolica* schon im Jahre 1059 vom Papsttum energisch gefördert wurde.

Diese Einsicht darf freilich nicht darüber hinwegtäuschen, daß die praktische Durchführung der auf der Lateransynode formulierten Maximen in den folgenden Jahrzehnten auf erhebliche Schwierigkeiten stieß. Zwar war in Italien bereits in den sechziger und siebziger Jahren des 11. Jahrhunderts eine recht ansehnliche Zahl von reformierten Chorherrenstiften zu verzeichnen, aber jede einzelne dieser Kanonikergemeinschaften verkörperte – gesamteuropäisch gesehen – bloß einen Ausnahmefall.[109] Es bedeutete vor diesem Hintergrund nicht mehr als nur einen allmählichen Ausbau der Reformbestrebungen, wenn die Päpste Alexander II. († 1073) und Gregor VII. († 1085) mit eiserner Konsequenz darangingen, die am Gemeinschaftsleben der Apostel ausgerichteten Ideale sowohl im Lateran als auch an anderen Orten in die Tat umzusetzen.[110]

Insgesamt behinderte die starke Politisierung, der die Kirchenreform in Deutschland und – weniger ausgeprägt – auch in den anderen christlichen Reichen ausgesetzt war, die Ausbildung von romverbundenen Kanonikerstiften mit größerer Ausstrahlung noch ganz beträchtlich. Auch wenn die Anfänge einiger dieser Reformzentren – etwa die Gründungsdaten der Stifte Rottenbuch (bei Weilheim in Oberbayern) und Saint-Ruf (bei Avignon)[111] – relativ früh anzusetzen sind, so liegt es doch auf der Hand, daß es in der Zeit Urbans II. († 1099) einer erneuten Initiative des Papsttums bedurfte, um der Kanonikerbewegung zu größerer Verbreitung zu verhelfen.

In der Tat läßt sich ein solcher Reformversuch unschwer feststellen. Urban II. begnügte sich nämlich nicht damit, die an ihn herantretenden Gemeinschaften in besonderer Weise dem Schutz des Apostolischen Stuhls zu unterstellen; er arbeitete auch ein regelgerechtes Reformprogramm aus, das den Kanonikergemeinschaften einen festen Platz in der Kirche anwies. Inspiriert wurde er dabei höchstwahrscheinlich durch den Umstand, daß er selbst eine Zeitlang Kanoniker in Reims gewesen war.[112] Zwar war er später selbst in den Mönchsstand übergetreten,[113] weil er die Klöster als Orte einer *maior religio* einstufte,[114] aber dies hinderte ihn nicht, die kanonikale *vita communis* als durchaus eigenständige Verwirklichung der Normen der Urkirche zu betrachten.

Überaus aussagekräftig ist in diesem Zusammenhang ein Urkundentypus, den er bereits in den ersten Jahren seines Pontifikats entwikkelte und der uns mustergültig durch ein Privileg für das Stift Rottenbuch aus dem Jahre 1092 bezeugt ist.[115] Da heißt es, daß das Befolgen der Augustinusregel zu einer Erneuerung der *vita sanctorum patrum* führe; da wird zum Ausdruck gebracht, daß die Kanoniker die Vorschriften der apostolischen Lehre zu neuem Leben erwecken würden; und schließlich wird darauf hingewiesen, daß es seit den Anfängen der Kirche im Grunde nur zwei Gruppen von Menschen gebe, die die irdischen Güter verachten und nach den ewigen Verdiensten streben würden: die Kanoniker und die Mönche. Die zweite dieser beiden Gruppen, so fährt Urban II. fort, sei bekanntlich schon stark angewachsen, sie leuchte in der ganzen Welt. Die Kanoniker aber seien wegen der erkaltenden Glut der Gläubigen fast völlig vom Erdboden verschwunden. Es sei daher nicht als geringerer Verdienst zu bewerten, diese durchaus ursprüngliche Lebensform der Kirche mit dem Beistand des Heiligen Geistes aufrechtzuerhalten, als die blühende Frömmigkeit der Mönchen mit der Beharrlichkeit desselben Geistes zu bewahren. Schon der Märtyrerpapst Urban I. (222–230) habe sich hierfür eingesetzt, Augustinus habe die *vita canonicorum* durch seine Regeln geordnet. Hieronymus und Gregor der Große hätten sich ebenfalls für die Kanoniker engagiert.[116]

In diesen Kontext scheint es vorzüglich zu passen, daß die Rottenbucher Chorherren von Papst Urban II. auch rechtlich abgesichert wurden. Der römische Bischof nahm sie in den Schutz des Apostolischen Stuhls auf; er gewährte ihnen das Recht, beim Tod ihres Propstes nach eigenem Ermessen einen Nachfolger zu wählen; er bestimmte, daß die Vogtei über Rottenbuch zwar dem adeligen Stifter und seinen Erben übertragen, doch bei Mißbrauch an einen vom Konvent gewählten neuen Protektor fallen solle; er verfügte, daß alle Weihebefugnisse und sonstigen episkopalen Aufgaben nur so lange vom zuständigen Ortsbischof wahrgenommen werden sollten, wie dieser *in communio* mit dem Apostolischen Stuhl stehe und auf unkanonische Aktivitäten verzichte, daß die Kanoniker aber ansonsten das Recht hätten, sich an einen beliebigen anderen katholischen Bischof zu wenden oder an den Apostolischen Stuhl zu appellieren; er garantierte den Rottenbuchern ihren mit der Profeß gelobten *ordo vitae canonicae;* und schließlich gebot Urban, daß kein Chorherr es wagen solle, das Stift unter dem Anreiz irgendeiner Erleichterung oder unter dem Deckmantel einer strengeren Lebensform zu verlassen, den Weggehenden aber dürfe kein Abt, Bischof oder Mönch ohne briefliche Sicherung bei sich aufnehmen.[117]

Schon der Wortlaut dieses wichtigen Privilegs läßt erkennen, daß es Urban um eine prinzipielle „Weichenstellung" ging. Aber zusätzlich bekräftigt wird dieser Befund durch die Tatsache, daß der Papst auf einem seiner Reformkonzilien (wahrscheinlich dem von Piacenza im Jahre 1095) ein Dekret erließ, in welchem er die allgemeine Marschroute festlegte. Wenn es im Text dieses Synodalbeschlusses heißt, daß man über die *vita communis* der Kleriker nichts Neues sage, sondern lediglich den Eigentumsverzicht nach dem Vorbild der Urkirche, nach den Bestimmungen Papst Urbans I. und den Vorschriften Prospers und des heiligen Augustinus zur allgemeinverbindlichen Norm erhebe,[118] dann klingt dies wie ein Echo des Rottenbuch-Privilegs. Das in der Apostelgeschichte (4, 32–37) beschriebene Gemeinschaftsleben der Urkirche und die *instituta sanctorum patrum* lieferten Urban offensichtlich ein genau umrissenes Idealbild; es liegt auf der Hand, daß die regionalen Reforminitiativen damit ein festes Rückgrat besaßen, wenn sie ihre Ziele verwirklichen wollten.

Versucht man nun zu umreißen, welche Auswirkungen die Reformpolitik Urbans II. hatte und wie die weitere Entwicklung verlief, so ist zunächst auf drei Dinge hinzuweisen: erstens darauf, daß die Auseinandersetzung um das Investiturproblem die Entfaltung der Kanonikerreform zumindest in Deutschland erheblich behinderte, zweitens darauf, daß die drei ersten Nachfolger Urbans II. an dessen Zielen und Privilegierungspraxis unbeirrt festhielten, und drittens auf den Umstand, daß sich nur dort dauerhafte Lösungen abzeichneten, wo es zu einem echten „Wirkverbund" zwischen dem Papsttum und den regionalen Erneuerungsbestrebungen kam.[119] Verzögert wurde die erst nach dem Wormser Konkordat einsetzende „Blütezeit" der Kanonikerreform darüber hinaus durch die Tatsache, daß die Wiederentdeckung der geschriebenen Augustinusregel zu einem Streit über den „authentischen" Text führte. Die eine Gruppe der Kanoniker, der sogenannte *ordo antiquus*, sprach sich dafür aus, nur das von Augustinus verfaßte ›Praeceptum‹ als verbindlich anzusehen; die andere, der *ordo novus*, orientierte sich zugleich an einer wesentlich strengeren Lebensregel, dem ebenfalls dem heiligen Augustinus zugeschriebenen ›Ordo monasterii‹; diese Richtung trat unter anderem für eine Verschärfung der Fastengebote, intensive Handarbeit, langes Schweigen und ausgedehnte Nachtoffizien ein.[120]

Es ist schwer zu sagen, welche dieser beiden Regelobservanzen auf die Dauer die Oberhand erlangte. Im Deutschen Reich war es zweifellos der *ordo novus*. Von den insgesamt über 200 Reformstiften, die hier um die Mitte des 12. Jahrhunderts bestanden, waren sowohl die rund 50 Prämonstratensergemeinschaften als auch die Mehrzahl der übrigen Reformzentren – nämlich Springiersbach, Klosterrath, Salzburg und Hamersleben – der strengeren Lebensweise zuzuordnen, unter den bedeutenderen Stiften blieben lediglich Rottenbuch und Marbach dem *ordo antiquus* verpflichtet.[121] In Frankreich, Spanien und Italien sah die

Lage jedoch etwas anders aus: Dort waren im nichtprämonstratensischen Bereich eher Stifte wie Saint-Ruf bei Avignon, Santa Maria in Porto (bei Ravenna) und Saint-Quentin maßgeblich; und diese befolgten alle nur das ›Praeceptum‹, hingen also dem *ordo antiquus* an.[122]

Ermöglicht wurde die innere Differenzierung durch die kluge Zurückhaltung, die sich das Papsttum in dieser Frage auferlegte. Schon Urban II. hatte in seinen Kanonikerprivilegien zu erkennen gegeben, daß er sowohl das ›Praeceptum‹ als auch den ›Ordo monasterii‹ für echte Schriften des heiligen Augustinus hielt[123] – und diese Leitlinie wurde auch von seinen Nachfolgern beibehalten. Wenn man im Text eines Papstbriefes vom 11. August 1118 den Gedanken findet, daß die Vorschriften des ›Ordo monasterii‹ zwar nicht den in Italien üblichen Praktiken entsprächen, aber bei maßvoller Anwendung und Anpassung an die liturgischen Bestimmungen der römischen Kirche durchaus befolgt werden dürften,[124] dann ist hiermit die päpstliche Grundhaltung ziemlich genau umschrieben: Beide Regelobservanzen fanden die Billigung des Papsttums, aber die Vorliebe gehörte zunächst jenen Stiften, die die Handarbeit noch nicht in den Vordergrund rückten und auch in bezug auf das Stundengebet, das Fasten und das Stillschweigen etwas moderater verfuhren. Erst unter Calixt II. († 1124) und Honorius II. († 1130) gewannen die rigoroseren Vorschriften des ›Ordo monasterii‹ auch am päpstlichen Hof an Autorität. Denn Calixt II. stellte am 4. November 1119 ein Privileg aus, in welchem er die Vorschriften der (erweiterten) Augustinusregel *de opere manuum cum silentio* ausdrücklich billigte,[125] und Honorius II. gab Gerhoh von Reichersberg, einem der führenden Reformkanoniker, im Februar 1126 ein sogenanntes ›Praeceptum longius‹ (eine Kombination aus ›Praeceptum‹ und ›Ordo monasterii‹) mit auf den Weg und erhob damit beide Regeltexte zur verbindlichen Lebensgrundlage.[126]

SCHLUSS: WEGE, ZIELE UND ERGEBNISSE DER KIRCHENREFORM

Überblickt man Wege, Ziele und Ergebnisse der allgemeinen Kirchenreform des 11. und frühen 12. Jahrhunderts, so wird man feststellen müssen, daß es sich um eine Gesamtentwicklung handelte, deren wesentliche Komponenten nicht allein vom Papsttum geprägt, doch von diesem in eine einheitliche Richtung gelenkt wurde. Ein „Wildwuchs" der regionalen Erneuerungsbestrebungen konnte also weitgehend verhindert werden, und man wird hierin eine der fundamentalen Voraussetzungen dafür erkennen dürfen, daß die lateinische Kirche im Laufe des Reformprozesses zu einer Größe wurde, die ihr wichtigstes Gestaltungszentrum im Papsttum fand.

Dieser allgemeinen Tendenz zur Verfestigung der hierarchischen Struktur entsprach es, daß die wesentlichen Ziele und Ergebnisse der Kirchenreform vom Papsttum formuliert wurden. Gleichgültig, ob man an die Veränderungen im Bereich des kirchlichen Rechtsalltags oder an den Wandel in den Frömmigkeitsformen denkt, ob man den theologischen Klärungsprozeß ins Auge faßt oder sich eher auf die praktischen Reformmaßnahmen und deren Auswirkungen konzentriert – stets gewinnt man den Eindruck, daß man es mit einem säkularen Umbruch zu tun hat, der im wesentlichen von einem tiefgreifenden Wandel in den Vorstellungen über das Wesen der Kirche getragen wurde und dessen Erscheinungsformen sich in den Äußerungen und Handlungen der Reformpäpste am leichtesten fassen lassen. Zwar wäre es falsch, davon auszugehen, daß die römischen Bischöfe ihre Reformideen ohne Anregungen von „außen" entwickelt hätten. Aber es ist unverkennbar, daß die sogenannte „Gregorianische Reform" von Anfang an eine vom Papsttum geförderte Erneuerungsbewegung darstellte und daß der Kampf um die *libertas ecclesiae* zu einem guten Teil von päpstlichen Rechts- und Ordnungsvorstellungen bestimmt wurde. Die Wiederentdeckung des Kirchenrechts als Mittel zur Durchsetzung und Definition der Reformziele, die Entfaltung einer auf Rom und den Apostel Petrus konzentrierten Ekklesiologie, das Aufkommen eines reformerischen Priesterbildes, der Rückgriff auf die Normen der Urkirche, die Veränderungen im Bereich des Ordenswesens, das Zurückdrängen des Laieneinflusses in kirchlichen Angelegenheiten und die theologischen

Auseinandersetzungen um die Lebensführung des Klerus und dessen sakramentale Funktionen: all dies waren Zeittendenzen, die von den römischen Bischöfen energisch unterstützt wurden. Man ist deshalb durchaus berechtigt, im Reformpapsttum den wichtigsten Repräsentanten der Erneuerung zu erkennen.

Dieser Befund darf uns freilich nicht veranlassen, das Reformkonzept des Papsttums und seiner Bundesgenossen als statische Größe zu betrachten. Denn bereits ein kurzer Blick auf die Geschichte des Investiturproblems belehrt uns eines Besseren. Die reformerische Kritik richtete sich nicht von vornherein gegen das Zeremoniell der Laieninvestitur, sondern nahm ihren Ausgang von der Erkenntnis, daß man sich bei der Vergabe kirchlicher Ämter zuwenig an den Normen des Kirchenrechts orientierte. *Ut per laicos quilibet clericus aut presbiter nullo modo optineat ecclesiam nec gratis nec precio* – diese Forderung der Lateransynode von 1059 war im engeren Sinn des Wortes kein Investiturverbot, sondern lediglich eine Mahnung, die eigentliche Personalentscheidung den vom Kirchenrecht umschriebenen geistlichen Instanzen zu überlassen. Lediglich die flagrante Mißachtung des Mitwirkungs- und Entscheidungsrechts der Ortsgemeinden, der monastischen Kongregationen und des Episkopats, nicht aber die dabei benutzten symbolischen Ausdrucksformen bildeten den Stein des Anstoßes. Es war daher kein Zufall, daß die Praxis der Laieninvestitur erst in dem Augenblick auf breiter Front angegriffen wurde, als sich abzeichnete, daß allein mit dem Ruf nach kanonischer Wahl keine wirksame Abhilfe zu schaffen war.

Forscht man nach den Ursachen für diese Entwicklung, so ist zunächst einmal hervorzuheben, daß die ersten Reformer in der Regel daran glaubten, die bestehenden Verhältnisse nur in Zusammenarbeit mit den weltlichen Herrschaftsträgern ändern zu können. Lange Zeit wurde der Widerspruch zwischen den im germanischen Sachenrecht wurzelnden Einweisungspraktiken der weltlichen Machthaber und den in Spätantike und Frühmittelalter aufgestellten Geboten des Kirchenrechts keineswegs als unversöhnlich empfunden. Es entsprach daher einem weitverbreiteten Denken, wenn sich die ersten Reformpäpste keineswegs prinzipiell gegen jede Form der Laieninvestitur wehrten, sondern nur darauf beharrten, die Ring- und Stabübergabe an den Schluß eines mehrstufigen Entscheidungsprozesses zu setzen. Noch Papst Gregor VII. hielt es zu Beginn seines Pontifikates für möglich, den Investituranspruch des deutschen und des französischen Königs zu tolerieren. Der einzige Punkt, an dem er und seine unmittelbaren Amtsvorgänger keine Konzessionen machten, war die Forderung nach Beachtung des Kirchenrechts. In all jenen Fällen, wo es zu Differenzen zwischen der Personalentscheidung des Königs und dem Votum der vom Kirchenrecht bestimmten Instanzen kam, entschieden sich die römischen Bischöfe seit Leo IX. zugunsten der geistlichen Gremien.

Aber nicht nur der ausgeprägte Wille zur Zusammenarbeit mit den weltlichen Herrschaftsträgern, auch die sich nur langsam verbreiternde Bewußtseinsänderung in bezug auf das Wesen der kanonischen Wahl liefert eine Erklärung dafür, daß das Investiturproblem keineswegs abrupt, sondern erst allmählich zu einer wirklich virulenten Frage wurde. Bis in die zweite Hälfte des 11. Jahrhunderts hinein war mit *electio canonica* häufig nichts anderes als eine besondere Form der Konsenserklärung mit einer schon vorher getroffenen Personalentscheidung gemeint. Nur dort, wo der Versuch unternommen wurde, ohne jede Beteiligung der kanonischen Instanzen auszukommen und die Stellenbesetzung allein nach den Grundsätzen des Eigenkirchenrechts vorzunehmen, regte sich von Anfang an Widerstand. Aber selbst in diesen Fällen traten die protestierenden Kräfte keineswegs immer mit derselben Parole und Grundüberzeugung auf.

Ähnlich unübersichtlich gestaltete sich auch der weitere Gang der Entwicklung. Zwar wird man kaum bestreiten können, daß Papst Gregor VII. seit der Mitte der siebziger Jahre des 11. Jahrhunderts darauf hinarbeitete, das Problem der Laieninvestitur einer prinzipiellen Lösung zuzuführen. Aber seine generalisierend formulierten Investiturverbote gaben nur die allgemeine Richtung an, sind aber nicht als abschließende Entscheidungen zu interpretieren. Erst der Pontifikat Urbans II. brachte eine endgültige Weichenstellung: Die Huldigungsverbote der Synoden von Clermont und Rom entzogen allen weltlichen Machthabern die juristische Möglichkeit, das Kirchengut nach Lehnrecht zu vergeben – und die Konsequenz hieraus war der Umstand, daß der Streit um die Temporalien- oder Regalienleihe zum alles beherrschenden Verhandlungsgegenstand wurde. Der Verzicht auf die Vollinvestitur mit Ring und Stab fiel den Königen und Fürsten dabei im Endeffekt viel leichter als die Preisgabe ihres Verfügungsanspruchs über die weltlichen Güter und Rechte der Kirchen. Es liegt auf der Hand, daß die Auseinandersetzung in der Schlußphase des Investiturstreits fast ausschließlich um lehnrechtliche Fragen kreiste.

Auch die Entfaltung des römischen Primats vollzog sich keineswegs so komplikationslos, wie man es angesichts des eindeutigen Ergebnisses erwarten mag. Zwar ist es richtig, daß die Primatsidee des Reformpapsttums lediglich durch die übersteigerten (und letztlich wirklichkeitsfremden) Forderungen Gregors VII. ein Moment der Diskontinuität aufwies. Aber man würde sich die Sache zu einfach machen, wollte man übersehen, daß die von Leo IX. eingeleiteten und von seinen Nachfolgern konsequent fortgeführten Reformmaßnahmen nur deshalb von Erfolg gekrönt waren, weil sie je nach Bedarf an die Gegebenheiten des Augenblicks angepaßt wurden. Als besonders folgenschwer erwiesen sich dabei die Veränderungen im Bereich des Synodalwesens, der päpstlichen Verwaltung, des Kardinalkollegiums, der Rombindung der Metropoliten und der Privilegierung geistlicher Gemeinschaften. Sie führten mehr als die gelehrten Diskussionen der Theologen und Kanonisten dazu, daß sich die Sonderstellung der römischen Kirche auch im Rechtsalltag behaupten und entfalten konnte. Ermöglicht wurde dieser Wandel der Kirchenstruktur allerdings erst dadurch, daß er von einer genuin petrinischen Ekklesiologie getragen wurde und auf relativ große Akzeptanz stieß. Wenn es hierbei zu einer intensiven Erörterung der Funktion und Autorität der verschiedenen Kirchenrechtsnormen kam, so brachte dies weniger zum Ausdruck, daß man der päpstlichen Gesetzgebung ihre Sonderstellung innerhalb des Kirchenrechts bestritt; es war vor allem ein Indiz für die Tatsache, daß man sich schwer damit tat, die Synodaltätigkeit und Privilegierungspraxis der Reformpäpste mit der älteren Kirchenrechtstradition zu vereinbaren.

Verglichen mit der Entfaltung des römischen Primats und der Auseinandersetzung um Investitur und Lehnshuldigung waren die Bemühungen, die Lebensführung des Weltklerus zu verbessern, das Simonieproblem in den Griff zu bekommen und die strittigen Fragen in der Sakramentenlehre zu klären, sehr viel stärker von theologischen Erwägungen als von praxisbezogenen Maßnahmen bestimmt. Zwar gab es auch in diesem Bereich immer wieder Synodalentscheidungen und päpstliche Mandate, aber diese bildeten gewissermaßen nur den Ausfluß eines umfassenderen geistigen Diskussionsprozesses. Insbesondere am Beispiel der päpstlichen Definition der Eucharistieauffassung läßt sich dies leicht verdeutlichen: Die auf der Lateransynode von 1059 vorgelegte Eidesformel, mit der man die Realpräsenz Christi in der Eucharistie zu sichern und den symbolistischen Interpretationen Berengars von Tours zu begegnen suchte, war – bei Licht betrachtet – nichts anderes als ein Versuch, unter Rückgriff auf Argumente der Karolingerzeit zu einer dogmatisch unanfechtbaren Entscheidung zu kommen. Und die 1079 von einer römischen Fastensynode verkündete Auslegung des Eucharistiegeheimnisses nahm in ihrer Begrifflichkeit und Gedankenführung Vorstellungen auf, die zuvor von scholastisch denkenden Theologen entwickelt worden waren.

Gewissermaßen als parallele Vorgänge sind die Auseinandersetzungen um Simonie, Nikolaitismus und deren sakramentale Konsequenzen zu bewerten. Auch hier waren die Synodalentscheidungen des Reformpapsttums in eine breite theologische Diskussion eingebettet, und auch hier wurde es erst nach einem längeren Klärungsprozeß möglich, die Marschroute in allen Einzelheiten festzulegen. Früher als bei anderen Themen stellte sich dabei unter den Reformern ein genereller Konsens ein. Schon während der Amtszeit Urbans II. setzte sich die Einsicht durch, daß man Simonie und Klerikerkonbubinat zwar als Mißstände bekämpfen, aber keineswegs von einer prinzipiellen Unwirksamkeit der von Simonisten und Nikolaiten vermittelten Sakramente ausgehen dürfe.

Theologisch wesentlich unproblematischer, aber in den Erscheinungsformen heterogener waren die Reformen im Bereich der geistlichen Lebensgemeinschaften. Sowohl im Benediktinertum als auch bei den Eremiten und Kanonikern kam es dabei zu grundlegenden Veränderungen, was die religiösen Leitbilder und das Verhältnis zur laikalen Außenwelt betraf. Immer häufiger spielten sich Rechtskonstruktionen ein, die die traditionellen Strukturen des Eigenkirchenwesens zumindest auflockerten, wenn nicht gar völlig auflösten, und am Ende des Prozesses hatte die Idee der Selbstheiligung nach dem Vorbild der Urkirche nicht nur im Eremitentum, sondern auch in den Klöstern und Stiften einen ungeheuren Aufschwung genommen. Sowohl die Zisterzienser als auch die Bewegung der Regularkanoniker und Prämonstratenser hingen dem Reformideal der *vita apostolica* an. Auch wenn sich an dieser Stelle beträchtliche Nuancen zwischen und innerhalb der verschiedenen Richtungen beobachten lassen, kann man feststellen, daß der Rückgriff auf die *ecclesia primitiva*, auf das Beispiel der frühen Kirche, ein gemeinsames Grundanliegen war.

ANMERKUNGEN

Einleitung

[1] Vgl. Briefsammlungen Nr. 20, S. 46–50; dazu vor allem J. Fleckenstein, Heinrich IV. und der deutsche Episkopat in den Anfängen des Investiturstreites. Ein Beitrag zur Problematik von Worms, Tribur und Canossa, in: Adel und Kirche, S. 221–236; H. Zimmermann, Wurde Gregor VII. 1076 in Worms abgesetzt?, in: MIÖG 78 (1970), S. 121–131; C. Schneider, Prophetisches Sacerdotium und heilsgeschichtliches Regnum im Dialog 1073–1077, München 1972, S. 146–153.

[2] Vgl. die Editionen in: MGH Const. 1, Nr. 107, S. 159f. und bei: A. Hofmeister, Das Wormser Konkordat. Zum Streit um seine Bedeutung, in: Forschungen zur Geschichte des Mittelalters und der Neuzeit, FS D. Schäfer, Jena 1915, S. 147 A; dazu P. Classen, Das Wormser Konkordat in der deutschen Verfassungsgeschichte, in: Investiturstreit und Reichsverf., S. 411–460; M. Minninger, Von Clermont zum Wormser Konkordat. Die Auseinandersetzungen um den Lehnsnexus zwischen König und Episkopat, Köln/Wien 1978, S. 189–209.

[3] Vgl. etwa A. Haverkamp, Aufbruch und Gestaltung. Deutschland 1056–1273, München 1984; E. Boshof, Die Salier, Stuttgart/Berlin/Köln/Mainz 1987; S. Weinfurter, Herrschaft und Reich der Salier, Sigmaringen 1991.

[4] Sächsische Weltchronik, ed. L. Weiland, in: MGH Dt. Chron. 2, 1, Hannover 1876, c. 179, S. 175, Z. 28f.

[5] Ebd., S. 175, Z. 30.

[6] Vgl. G. Tellenbach, Libertas. Kirche und Weltordnung im Zeitalter des Investiturstreits, Stuttgart 1936; B. Szabó-Bechstein, Libertas Ecclesiae. Ein Schlüsselbegriff des Investiturstreits und seine Vorgeschichte, Rom 1985; R. Schieffer, Freiheit der Kirche: Vom 9. zum 11. Jahrhundert, in: Die abendländische Freiheit vom 10. zum 14. Jahrhundert, hrsg. v. J. Fried, Sigmaringen 1991, S. 49–66.

[7] Vgl. zu diesem Schlagwort grundlegend E. Amann/A. Dumas, L'Église au pouvoir des laïques, Paris 1942.

[8] Vgl. etwa O. Capitani, Esiste un età Gregoriana?, in: Rivista di storia e letteratura religiosa 1 (1965), S. 454–481; J. Gilchrist, Was there a Gregorian Reform Movement in the 11th Century?, in: Canadian Historical Association, English Section, Study Session 37, Ottawa 1970, S. 1–10; R. Schieffer, Die Entstehung des päpstlichen Investiturverbots für den deutschen König, Stuttgart 1981, S. 1–6; G. Tellenbach, „Gregorianische Reform". Kritische Besinnungen, in: Reich u. Kirche, S. 99–113.

[9] Vgl. etwa F. Kempf, Gregorianische Reform, in: LThK 4 (^{2}1960), Sp. 1196–1201; ders., in: Handbuch der Kirchengesch. III/1, S. 401–461, 485–539; G. Tel-

lenbach, Die westliche Kirche vom 10. bis zum frühen 12. Jahrhundert, Göttingen 1988, S. 116–272, bes. 133 ff., 268 ff.

[10] A. Fliche, La réforme grégorienne 1–3, Louvain/Paris 1924/26/37, ND Genf 1978.

[11] So etwa Fliche, Réforme 1, S. 1–38; P. Schmitz, Geschichte des Benediktinerordens 1, Einsiedeln/Zürich 1947, S. 127 ff.; J. Haller, Das Papsttum. Idee und Wirklichkeit 2, Basel ²1951, S. 262–272; C. G. Mor, L'età feudale 2, Mailand 1952, S. 277 ff.; zum Schlagwort vom *saeculum obscurum* siehe H. Zimmermann, Das dunkle Jahrhundert, Graz/Wien/Köln 1971.

[12] Vgl. etwa O. Capitani, Immunità vescovili ed ecclesiologia in età „pregregoriana" e „gregoriana", Spoleto 1966; F. Kempf, Primatiale und episkopal-synodale Struktur der Kirche vor der gregorianischen Reform, in: AHP 16 (1978), S. 27–66; U.-R. Blumenthal, Der Investiturstreit, Stuttgart/Berlin/Köln/Mainz 1982, S. 9–79 und oben, Anm. 9.

[13] Vgl. Ottonis Chronica Prol. lib. VII, S. 309 f.; dazu zuletzt H.-W. Goetz, Das Geschichtsbild Ottos von Freising, Köln/Wien 1984, S. 243–264, bes. 247; J. Laudage, Priesterbild und Reformpapsttum im 11. Jahrhundert, Köln/Wien 1984, S. 1; siehe auch Tellenbach, Kirche, S. 263 f., 270 f.

[14] JL 5710/Migne PL 151, Sp. 510; dazu A. Becker, Papst Urban II. (1088–1099) 2, Stuttgart 1988, S. 349–358.

[15] Vgl. resümierend Goetz, Geschichtsbild, S. 1–16, 315–327. Siehe auch allgemein A.-D. von den Brincken, Studien zur lateinischen Weltchronistik bis in das Zeitalter Ottos von Freising, Düsseldorf 1957; Geschichtsdenken und Geschichtsbild im Mittelalter, hrsg. v. W. Lammers, Darmstadt 1965; O. Engels, Geschichte/Geschichtsschreibung/Geschichtsphilosophie VI, in: TRE 12 (1983), S. 608–630.

[16] Es wird dabei stets auf bestimmte Einzelkirchen bezogen, doch klingt der Gedanke an eine generelle Erneuerung der Gesamtkirche schon an. Vgl. Reg. IV, 4, S. 300 f.; IV, 5, S. 301–303; VIII, 12, S. 531 f.; IX, 6, S. 581–583; dazu G. B. Ladner, Gregory the Great and Gregory VII. A Comparison of their Concept of Renewal, in: Viator 4 (1973), S. 1–27, ND in: ders., Images and Ideas in the Middle Ages 2, Rom 1983, S. 629–664.

[17] Vgl. Petrus Damiani, Briefe 3, Nr. 96, S. 57, Z. 1 f.

[18] Vgl. ebd. 2, Nr. 86, S. 460, Z. 18–20.

[19] Vgl. ebd. 1, Nr. 11, S. 138 f.

[20] Vgl. ebd., S. 139, Z. 1–3.

[21] Vgl. etwa Reg. III, 10, S. 265 f.; Humbert von Silva Candida, Adversus Simoniacos III, 7, S. 206; III, 11, S. 211 f.; siehe auch oben, Anm. 17 und 18.

[22] Vgl. grundlegend G. Miccoli, „Ecclesiae primitivae forma", in: Studi Medievali, Serie terza 1 (1960), S. 470–498, ND in: ders., Chiesa gregoriana. Ricerche sulla riforma del secolo XI, Florenz 1966, S. 255–303.

[23] Vgl. Petrus Damiani, Briefe 3, Nr. 146, S. 533, Z. 9–12; siehe auch ebd. Nr. 98, S. 91, Z. 12–33 und Nr. 120, S. 391, Z. 3–8; dazu H.-P. Laqua, „Refloreat disciplina": ein Erneuerungsmotiv bei Petrus Damiani, in: Pier Damiano 2,

S. 279–290; ders., Traditionen und Leitbilder bei dem Ravennater Reformer Petrus Damiani. 1042–1052, München 1976, S. 90–103.

[24] Vgl. Bruchstück aus den Verhandlungen der Lateransynode im Jahre 1059, ed. A. Werminghoff, Die Beschlüsse des Aachener Concils im Jahre 816, in: NA 27 (1902), S. 669–675; dazu Laudage, Priesterbild, S. 236–242.

[25] Vgl. etwa Reg. III, 10, S. 266, Z. 4–8; II, 68, S. 226, Z. 4–6; IV, 6, S. 303 f.; V, 5, S. 353, Z. 5–13; dazu G. Fornasari, „Iuxta patrum decreta et auctoritatem canonum". Alla ricerca delle fonti della dottrina teologica e canonistica di Gregorio VII, in: Chiesa, S. 401–452.

[26] Divi Ivonis Carnotensis episcopi Ep. 222, in: Migne PL 162, Sp. 227 B.

[27] Vgl. W. Hartmann, Autoritäten im Kirchenrecht und Autorität des Kirchenrechts in der Salierzeit, in: Salier 3, S. 425–446.

[28] Vgl. etwa Petrus Damiani, Briefe 1, Nr. 31, S. 304, Z. 3–12; Anselmi Gesta c. 62, S. 228, Z. 37–40; Deusdedit, Kanonessammlung Prol., S. 1–5, Ivo, Correspondance 1, Nr. 8, S. 28, u. v. a.; siehe auch unten, Anm. 33.

[29] Vgl. Bonizo von Sutri, Liber de vita christiana, ed. E. Perels, Berlin 1930, IX, 25, S. 286.

[30] Zu ihm vgl. etwa E. Hirsch, Leben und Werke des Kardinals Deusdedit, in: AKathKR 85 (1905), S. 706–718; H. Fuhrmann, Einfluß und Verbreitung der pseudoisidorischen Fälschungen 2, Stuttgart 1973, S. 522–524.

[31] Vgl. MGH LdL 2, c. 11, S. 310, Z. 11–21.

[32] Vgl. Reg. II, 55a, c. 17, S. 205; dazu S. Kuttner, Liber canonicus. A Note on "Dictatus papae" c. 17, in: StudGreg 2 (1947), S. 387–401; H. Fuhrmann, Papst Gregor VII. und das Kirchenrecht. Zum Problem des Dictatus Papae, in: StudGreg 13 (1989), S. 123–149.

[33] Trotzdem entfernte man sich mehr und mehr von dem von H. Mordek, Kirchenrechtliche Autoritäten im Frühmittelalter, in: Recht und Schrift im Mittelalter, hrsg. v. P. Classen, Sigmaringen 1977, S. 237–255, konstatierten „Rechtspluralismus" der vorgregorianischen Zeit; vgl. dazu P. Fournier, Un tournant de l'histoire du droit 1060–1140, in: Nouvelle Revue historique du droit français et étranger 41 (1917), S. 129–180, ND in: ders., Mélanges de droit canonique 2, Aalen 1983, S. 679–748; H. Fuhrmann, Das Reformpapsttum und die Rechtswissenschaft, in: Investiturstreit u. Reichsverf., S. 175–203; ders., Einfluß 2, S. 339–353, 486–585; Hartmann, Autoritäten, S. 425–446.

[34] Vgl. MGH Ldl 2, S. 140 f., bes. 141, Z. 25 f.

[35] Vgl. JL 5277/Epistolae Vagantes Nr. 67, S. 151; dazu G. B. Ladner, Two Gregorian Letters. On the Sources and Nature of Gregory VII' Reform Ideology, in: StudGreg 5 (1956), S. 221–242, ND in: ders., Images 2, S. 665–686; A. Gouron, „Non dixit: Ego sum consuetudo", in: ZRG KA 74 (1988), S. 133–140.

[36] Vgl. W. Berschin, Bonizo von Sutri. Leben und Werk, Berlin/New York 1972, S. 76, mit Verweis auf Clm 16085.

[37] JL 6290/MGH Const. 1, Nr. 96, S. 144 f.

[38] Vgl. Migne PL 163, Sp. 463 f., bes. 463 C.

[39] Reg. II, 55a, c. 7, S. 203; dazu G. Fornasari, Del nuovo su Gregorio VII? Ri-

flessioni su un problemo storiografico «non esaurito», in: Studi Medievali, Serie terza 24 (1983), S. 335–340.

[40] Man argumentierte dabei mit dem Hinweis, daß auch die Dekrete der römischen Bischöfe in Übereinklang mit der älteren Kirchenrechtstradition stehen müßten. Vgl. etwa MGH Ldl 2 S. 393, Z. 31 f.; ebd., S. 411, Z. 18–24; Bonizo, Liber de vita I, 44, S. 33; Bonizonis Lib. ad amicum, S. 615, Z. 19 f.

[41] Vgl. J. Gilchrist, The Reception of Pope Gregory VII into the Canon Law (1073–1141), in: ZRG KA 59 (1973), S. 35–82, und ebd. 66 (1980), S. 192–229.

[42] Vgl. H. Mordek, Kanonistik und gregorianische Reform. Marginalien zu einem nicht-marginalen Thema, in: Reich u. Kirche, S. 65–82; R. Schieffer, Rechtstexte des Reformpapsttums und ihre zeitgenössische Resonanz, in: Überlieferung und Geltung normativer Texte des frühen und hohen Mittelalters, hrsg. v. H. Mordek, Sigmaringen 1986, S. 51–69.

[43] So der Titel eines in Anm. 33 erstmals zitierten Aufsatzes von H. Fuhrmann.

[44] Reg. II, 55a, c. 26, S. 207; dazu H. Fuhrmann, „Quod catholicus non habeatur, qui non concordat Romanae ecclesiae“. Randnotizen zum Dictatus papae, in: FS für H. Beumann zum 65. Geb., hrsg. v. K.-U. Jäschke/R. Wenskus, Sigmaringen 1977, S. 263–287.

[45] Vgl. ebd., S. 274–283.

[46] So z. B. K. J. Leyser, The Polemics of the Papal Revolution, in: Trends in Medieval Political Thought, hrsg. v. B. Smalley, Oxford 1965, S. 42–64.

[47] Vgl. Y. Congar, Der Platz des Papsttums in der Kirchenfrömmigkeit der Reformer des 11. Jahrhunderts, in: Sentire ecclesiam. FS für H. Rahner, hrsg. v. J. Daniélou/H. Vorgrimler, Freiburg i. Br. 1961, S. 196–217.

[48] So Papst Gregor VII., in: Reg. IV, 13, S. 316, Z. 27, über die Praxis der Laieninvestitur; vgl. dazu Schieffer, Investiturverbot, S. 159–162.

[49] Vgl. Magistri Adam Bremensis Gesta Hammaburgensis ecclesiae pontificum, ed. B. Schmeidler (MGH SS rer. Germ. in us. schol. 2, Hannover/Leipzig 1917) III, 30, schol. 76, S. 172 f.; siehe auch ebd. II, 63, schol. 42, S. 123.

Kapitel I

[1] Ottonis Chronica lib. VII, c. 16, S. 332*.

[2] Petrus Damiani, Briefe 3, Nr. 140, S. 482, Z. 21.

[3] Vgl. Adversus Simoniacos III, 1, S. 198 f.; III, 6 f., S. 205 f.

[4] Vgl. Petrus Damiani, Briefe 3, Nr. 10, S. 482 f.

[5] So etwa A. Hauck, Kirchengeschichte Deutschlands 3, Leipzig [3.4]1906, S. 28–32; A. Scharnagl, Der Begriff der Investitur in den Quellen und der Literatur des Investiturstreites, Stuttgart 1908, S. 6; P. Schmid, Der Begriff der kanonischen Wahl in den Anfängen des Investiturstreits, Stuttgart 1926, S. 16; L. Santifaller, Zur Geschichte des ottonisch-salischen Reichskirchensystems, Graz/Wien/Köln [2]1964, S. 32. Differenzierter: E. Laehns, Die Bischofswahlen in Deutschland von 936–1056 unter besonderer Berücksichtigung der königlichen

Wahlprivilegien und der Teilnahme des Laienelementes, Diss. phil. Greifswald 1909, S. 9–93; G. Weise, Königtum und Bischofswahl im fränkischen und deutschen Reich vor dem Investiturstreit, Berlin 1912, S. 57–131, bes. 57–63.

6 Vgl. dazu die Klarstellungen von H. Zielinski, Der Reichsepiskopat in spätottonischer und salischer Zeit (1002–1125) 1, Wiesbaden 1984, S. 19–73; O. Engels, Der Reichsbischof (10. und 11. Jahrhundert), in: Der Bischof in seiner Zeit, hrsg. v. P. Berglar/O. Engels, Köln 1986, S. 54–57; ders., Der Reichsbischof in ottonischer und frühsalischer Zeit, in: Beiträge zu Geschichte und Struktur der mittelalterlichen Germania Sacra, hrsg. v. I. Crusius, Göttingen 1989, S. 167–173; R. Schieffer, Der ottonische Reichsepiskopat zwischen Königtum und Adel, in: FMST 23 (1989), S. 291–301; A. Graf Finck von Finckenstein, Bischof und Reich. Untersuchungen zum Integrationsprozeß des ottonisch-frühsalischen Reiches (911–1056), Sigmaringen 1989, S. 34–47, 79–105, 171–175. Im Hinblick auf die Reichsklöster ist der Forschungsstand noch unbefriedigend; vgl. vorläufig J. Polzin, Die Abtswahlen in den Reichsabteien 1024–1056, Greifswald 1908; L. Herkommer, Untersuchungen zur Abtsnachfolge unter den Ottonen im südwestdeutschen Raum, Stuttgart 1973; demnächst: T. Vogtherr, Die Reichsabteien der Benediktiner und das Königtum im hohen Mittelalter (919–1220).

7 Zu dieser erst seit der zweiten Hälfte des 11. Jahrhunderts regelmäßig als *investitura* bezeichneten Rechtsgepflogenheit und ihrer Entstehung siehe u. a. Hauck, Kirchengeschichte 3, S. 52–56; Scharnagl, Investitur, S. 1–8; A. Becker, Studien zum Investiturproblem in Frankreich, Saarbrücken 1955, S. 9 ff.; V. Labhardt, Zur Rechtssymbolik des Bischofsrings, Köln/Graz 1963; R. L. Benson, The Bishop-Elect. A Study in Medieval Ecclesiastical Office, Princeton 1968, S. 203 ff.; Minninger, Clermont, S. 23–41, 55–59; Schieffer, Investiturverbot, S. 7–26. Bemerkenswert ist die Tatsache, daß bis in die frühsalische Zeit hinein nur mit dem Stab investiert wurde und sich erst ab der Zeit Heinrichs III. eindeutige Belege für die Ringübergabe finden lassen; vgl. Hauck, Kirchengeschichte 3, S. 52, Anm. 4; Schieffer, Investiturverbot, S. 11 f.

8 Vgl. grundlegend P. E. Schramm, Kaiser, Rom und Renovatio 1, Darmstadt ^{4}1984, S. 87–187.

9 Vgl. S. Weinfurter, Die Zentralisierung der Herrschaftsgewalt im Reich unter Kaiser Heinrich II., in: HJb 106 (1986), S. 241–297; siehe auch Weise, Königtum, S. 117 ff.; H. L. Mikoletzky, Kaiser Heinrich II. und die Kirche, Wien 1946; T. Schieffer, Heinrich II. und Konrad II. Die Umprägung des Geschichtsbildes durch die Kirchenreform des 11. Jahrhunderts, in: DA 8 (1951), S. 384–439; T. Reuter, The "Imperial Church System" of the Ottonian and Salian Rulers: a Reconsideration, in: JEH 33 (1982), S. 350 f.; Zielinski, Reichsepiskopat 1, S. 165 f.

10 Vgl. Schieffer, Investiturverbot, S. 13, Anm. 26. Das Substantiv *investitura* wurde damals noch anders verstanden; vgl. MGH DO III. Nr. 235, S. 651, Z. 7.

11 Vgl. Zielinski, Reichsepiskopat 1, S. 20–22.

12 Vgl. Anm. 7.

13 Vgl. Zielinski, Reichsepiskopat 1, S. 69.

[14] Vgl. H.-W. Klewitz, Königtum, Hofkapelle und Domkapitel im 10. und 11. Jahrhundert, in: AUF 16 (1939), S. 102–156; J. Fleckenstein, Die Hofkapelle der deutschen Könige 2, Stuttgart 1966; Finck von Finckenstein, Bischof, S. 65–73.

[15] Vgl. Anm. 5 und 7.

[16] Vgl. Hauck, Kirchengeschichte 3, S. 52, Anm. 4; Laehns, Bischofswahlen, S. 9–93; Weise, Königtum, S. 63 ff.

[17] Vgl. G. Schwartz, Die Besetzung der Bistümer Reichsitaliens unter den sächsischen und salischen Kaisern mit den Listen der Bischöfe 951–1122, Leipzig/Berlin 1913, bes. S. 2 ff.; R. Pauler, Das Regnum Italiae in ottonischer Zeit, Tübingen 1982, S. 165 ff.

[18] Vgl. ebd., S. 165–168.

[19] Vgl. Schwartz, Besetzung, S. 4.

[20] Vgl. Becker, Studien, S. 21–27.

[21] Vgl. P. Imbart de la Tour, Les élections épiscopales dans l'église de France du IXe au XIIe siècle, Paris 1891, S. 222 f.; Becker, Studien, S. 28; E. Magnou-Nortier, La societé laïque et l'église dans la province écclesiastique de Narbonne de la fin du VIIIe à la fin du XIe siècle, Toulouse 1974, S. 330 ff.

[22] Vgl. J.-P. Poly, La Provence et la société féodale (879–1166), Paris 1976, S. 250 ff., bes. 256.

[23] Vgl. R. Poupardin, Le royaume de Bourgogne (888–1038), Paris 1907, S. 298–340.

[24] Vgl. D. Whitelock, The Appointment of Dunstan as Archbishop of Canterbury, in: Otium and Negotium, Stockholm 1973, S. 232–247; M. Deanesley, The Pre-Conquest Church in England, London ²1963, S. 312–319.

[25] Vgl. E. Barlow, Edward the Confessor, London 1970, S. 104 ff.; ders., The English Church 1000–1066, London/New York ²1979, S. 42–52, 103–109.

[26] Vgl. ebd., S. 101–108, 156–158.

[27] Vgl. H. Böhmer, Kirche und Staat in England und in der Normandie im XI. und XII. Jahrhundert, Leipzig 1899, S. 49 f.; N. F. Cantor, Church, Kingship and Lay Investiture in England 1089–1135, Princeton 1958, S. 129 f.; Minninger, Clermont, S. 212 f.; Barlow, Church, S. 110 f.

[28] Vgl. zuletzt Schieffer, Investiturverbot, S. 14–16.

[29] Vgl. ebd., S. 15 f. und U. Stutz, Ausgewählte Kapitel aus der Geschichte der Eigenkirche und ihres Rechts, in: ZRG KA 26 (1937), S. 61–72.

[30] Vgl. dazu aus jüngerer Zeit u. a. L. Bornscheuer, Miseriae regum. Untersuchungen zum Krisen- und Todesgedanken in den herrschaftstheologischen Vorstellungen der ottonisch-salischen Zeit, Berlin 1968; K. J. Leyser, Herrschaft und Konflikt. König und Adel im ottonischen Sachsen, Berlin 1984, S. 124 ff.; E. Karpf, Herrscherlegitimation und Reichsbegriff in der ottonischen Geschichtsschreibung des 10. Jahrhunderts, Stuttgart 1985; H. Hoffmann, Buchkunst und Königtum im ottonischen und frühsalischen Reich 1, Stuttgart 1986, S. 7–41.

[31] Vgl. R. Staats, Theologie der Reichskrone, Stuttgart 1976.

[32] Vgl. Thietmari Merseburgensis episcopi Chronicon, ed. R. Holtzmann (MGH SS rer. Germ. N.S. 9, Berlin 1935) I, 26, S. 32, 34.

[33] Vgl. Migne PL 139, c. 4, Sp. 478 f.

[34] Zu dieser ab der Mitte des 9. Jahrhunderts bezeugten „Investitur" im Rahmen der Bischofsweihe siehe P. Salmon, Mitra und Stab. Die Pontifikalinsignien im römischen Ritus, Mainz 1960, S. 61 f.; Labhardt, Rechtssymbolik, S. 33 f.; M. Andrieu, Le sacre épiscopal d'après Hincmar de Reims, in: RHE 48 (1953), S. 22–73, bes. 54 ff.; vgl. auch Migne PL 126, Sp. 186–188, bes. 188 AB.

[35] Burchardi Decretorum libri viginti, Sp. 537–1058.

[36] Fuhrmann, Einfluß 2, S. 442.

[37] Vgl. ebd., S. 442–444 und Fleckenstein, Hofkapelle 2, S. 88 f., 114 ff., 131.

[38] Vgl. Burchardi Decretorum lib. XV, 10, Sp. 896 D.

[39] Vgl. M. Kerner, Studien zum Dekret des Bischofs Burchard von Worms, Diss. phil. Aachen 1969, 1, S. 105–144; 2, S. 77–112.

[40] Vgl. Burchardi Decretorum lib. XV, Sp. 895–908. In einem gewissen Kontrast hierzu scheint ebd. lib. III, 21, Sp. 880 f. zu stehen; vgl. dazu aber Kerner, Studien 2, S. 146 f.

[41] Vgl. Burchardi Decretorum lib. III, 109, Sp. 695 A; dazu Kerner, Studien 1, S. 160; 2, S. 136, Anm. 64.

[42] Schieffer, Investiturverbot, S. 36.

[43] Einen ähnlichen Schluß zieht auch Kerner, Studien 1, S. 145–175; 2, S. 113–150. Zur kanonistischen Arbeitsweise Burchards siehe auch allgemein ebd. 1, S. 27–30; 2, S. 21 f.; Fuhrmann, Einfluß 2, S. 479–484.

[44] Vgl. Vita Bernwardi c. 4, S. 759; ähnlich Thietmari Chronicon IV, 9, S. 142. Zu den übrigen Quellen über den Vorgang siehe R. Drögereit, Die Vita Bernwardi und Thangmar, in: Unsere Diözese in Vergangenheit und Gegenwart 28/2, Hildesheim 1959, S. 14, Anm. 36a.

[45] Vgl. zuletzt Laudage, Priesterbild, S. 94–104; K. Görich/H.-H. Kortüm, Otto III., Thangmar und die Vita Bernwardi, in: MIÖG 98 (1990), S. 1–57.

[46] Vgl. Vita s. Oudalrici episcopi Augustani auctore Gerhardo, ed. G. Waitz, in: MGH SS 4, c. 1, S. 387.

[47] Vgl. Vita s. Udalrici auctore Gebhardo episcopo, ed. M. Velserus, Opera Historica et Philologica, Sacra et Profana, Nürnberg 1682, S. 592.

[48] Vgl. Vita sancti Udalrici episcopi Augustensis auctore Bernone abbate Augiensi, in: Migne PL 142, c. 4, Sp. 1188 A.

[49] Hiermit zog Berno freilich nur die letzte Konsequenz aus Gerhards Vita Oudalrici, c. 28, S. 415 f., wo dem Votum des Domkapitels besondere Bedeutung zugemessen worden war. Vgl. dazu Weise, Königtum, S. 72–75.

[50] Dazu zuletzt Laudage, Priesterbild, S. 124–130.

[51] Vgl. T. Schieffer, Ein deutscher Bischof des 11. Jahrhunderts: Gerhard I. von Cambrai (1012–1051), in: DA 1 (1937), S. 323–360; H. Sproemberg, Gerhard I., Bischof von Cambrai, in: Mittelalter und demokratische Geschichtsschreibung, Berlin 1971, S. 103–118.

[52] Vgl. Gesta episcoporum Cameracensium, ed. L. C. Bethmann, in: MGH SS 7, lib. III, 27, S. 474; ebd. III, 52 f., S. 485–487; ebd. III, 60, S. 488 f.; dazu u. a. Schieffer, Gerhard, S. 344 f.; H. Hoffmann, Von Cluny zum Investiturstreit, in: AKG 45 (1963), S. 182, ND in: Cluny, S. 340 f.; ders., Gottesfriede und Treuga

Dei, Stuttgart 1964, S. 57 ff.; Sproemberg, Gerhard, S. 115 ff.; E. Boshof, Lothringen, Frankreich und das Reich in der Regierungszeit Heinrichs III., in: RhVjbl 42 (1978), S. 123 f.; M. Minninger, Heinrichs III. interne Friedensmaßnahmen und ihre etwaigen Gegner in Lothringen, in: Westdt. Jb. für Landesgesch. 5 (1979), S. 47 ff.

53 Vgl. Gesta epp. Camer. lib. III, 6, S. 468 und III, 21, S. 472; dazu Hoffmann, Cluny, S. 182, ND S. 341.

54 Vgl. Joannis monachi Chronicon Besuense, in: Migne PL 162, Sp. 909 f.; Chronicon s. Benigni Divionensis auctore anonymo, in: Migne PL 162, Sp. 838; dazu Hoffmann, Cluny, S. 177 f., ND S. 335 f.; N. Bulst, Untersuchungen zu den Klosterreformen Wilhelms von Dijon (962–1031), Bonn 1973, S. 205.

55 Vgl. Chronicon s. Benigni Divionensis, ed. G. Waitz, in: MGH SS 7, S. 236; dazu Bulst, Untersuchungen, S. 203 f.

56 So Hauck, Kirchengeschichte 3, S. 395; Tellenbach, Libertas, S. 121.

57 Hoffmann, Cluny, S. 179, ND S. 337.

58 Vgl. Anselmi Gesta cc. 39–74, S. 210–234; dazu zuletzt Laudage, Priesterbild, S. 3–5, 133–141.

59 Vgl. Anselmi Gesta c. 58, S. 224, bes. Z. 21–23; dazu Tellenbach, Libertas, S. 125; P. Funk, Pseudo-Isidor gegen Heinrichs III. Kirchenhoheit, in: HJb 56 (1936), S. 318 f.; E. Hoerschelmann, Bischof Wazo von Lüttich und seine Bedeutung für den Beginn des Investiturstreits, Düsseldorf 1955, S. 60 f.; Hoffmann, Cluny, S. 182 f., ND S. 341 f., 368; Benson, Bishop-Elect, S. 207–209.

60 Vgl. Anselmi Gesta c. 63, S. 227 f.

61 Vgl. ebd. c. 62, S. 226 f.

62 Vgl. ebd. c. 63, S. 228, Z. 7–10.

63 Vgl. ebd. c. 66, S. 212 f., bes. S. 230, Z. 4–7.

64 Gemeint ist: De ordinando pontifice, ed. H. H. Anton, Der sogenannte Traktat ›De ordinando pontifice‹. Ein Rechtsgutachten in Zusammenhang mit der Synode von Sutri (1046), Bonn 1982, S. 73–83.

65 Vgl. Anton, Traktat, S. 20–56; Laudage, Priesterbild, S. 145–151.

66 Vgl. De ordinando, S. 80, Z. 183–185.

67 Vgl. Decretales Pseudo-Isidorianae, S. 186.

68 Vgl. Burchardi Decretorum lib. XV, 35, Sp. 904.

69 Vgl. De ordinando, S. 81, Z. 220–222.

70 Vgl. ebd., S. 81, Z. 222 f.

71 Vgl. ebd., S. 81 f., Z. 223–226.

72 Vgl. ebd., S. 82, Z. 226–229; siehe auch S. 83, Z. 279 f.

73 Vgl. Leonis IX vita lib. II, 2, S. 150; zur Datierung und Provenienz des Textes zuletzt H.-G. Krause, Über den Verfasser der Vita Leonis IX papae, in: DA 32 (1976), S. 49–85.

74 Vgl. Leonis IX vita lib. II, 2, S. 151; siehe auch ebd. lib. I, S. 135 f.

75 Vgl. Schmid, Wahl, S. 70–83, mit dem Hinweis, daß MGH Ldl 2, c. 2, S. 547 ohne selbständigen Quellenwert sei.

76 Hoffmann, Cluny, S. 188, ND S. 349.

77 Vgl. Schmid, Wahl, S. 73–75.

[78] Vgl. Concilium Remense, in: Mansi 19, c. 1, Sp. 741: *Ne quis sine electione cleri et populi ad regimen ecclesiasticum proveheretur.* Siehe auch die Parallelversion des Beschlusses bei U.-R. Blumenthal, Ein neuer Text für das Reimser Konzil Leos IX.?, in: DA 32 (1976), c. 25, S. 36: *Electio episcopalis sit in communi assensu cleri et populi viduate diocesi.*

[79] Schieffer, Investiturverbot, S. 33.

[80] Vgl. Gesta episcoporum Tullensium, ed. G. Waitz, in: MGH SS 8, c. 41, S. 645; Leonis IX vita lib. II, 8, S. 159; dazu Krause, Verfasser, S. 73 f.

[81] Vgl. Poupardin, Royaume, S. 129 f.; H. E. Mayer, Die Politik der Könige von Hochburgund im Doubsgebiet, in: DA 18 (1962), S. 537 f.; B. de Vregille, Hugues de Salins. Archevêque de Besançon 1031–1066, Besançon 1983, 1, S. 16–18; 2, S. 652–657.

[82] Vgl. J. Drehmann, Papst Leo IX. und die Simonie, Leipzig/Berlin 1908, S. 73 f.; Scharnagl, Investitur, S. 14; Schmid, Wahl, S. 86 f.; Hoffmann, Cluny, S. 191, ND, S. 352; de Vregille, Hugues 1, S. 177–182; 2, S. 828–830; 3, S. 82*–87*.

[83] Vgl. Becker, Studien, S. 41; Hoffmann, Cluny, S. 191, ND S. 352 f.; anders Schmid, Wahl, S. 88.

[84] Vgl. Chron. Montcass. lib. II, 94, S. 352 f.; Annales Altahenses maiores, zu 1057, rec. E. von Oefele (MGH SS rer. Germ. in us. schol. 4, Hannover 1891), S. 54; dazu H.-G. Krause, Das Papstwahldekret von 1059 und seine Rolle im Investiturstreit, Rom 1960, S. 58–62; N. Gussone, Thron und Inthronisation des Papstes von den Anfängen bis zum 12. Jahrhundert, Bonn 1978, S. 229 f.

[85] Vgl. T. Schmidt, Alexander II. (1061–1073) und die römische Reformgruppe seiner Zeit, Stuttgart 1977, S. 61–63.

[86] Vgl. dazu S. 88.

[87] Vgl. Adversus Simoniacos Praef., S. 100–102; dazu K.-H. Kandler, Die Abendmahlslehre des Kardinals Humbert und ihre Bedeutung für das gegenwärtige Abendmahlsgespräch, Berlin/Hamburg 1971, S. 38 f.; Laudage, Priesterbild, S. 177.

[88] Vgl. Schieffer, Investiturverbot, S. 38–41; Laudage, Priesterbild, S. 179–182; Szabó-Bechstein, Libertas, S. 131–137 u. v. a.

[89] Vgl. Adversus Simoniacos lib. III, 1 f., S. 198–201.

[90] Vgl. ebd. II, 17, S. 159.

[91] Vgl. ebd. III, 6, S. 206.

[92] Vgl. ebd. I, 2, S. 104, Z. 33–36; III, 5, S. 204, Z. 43–45; Vorlage ist JK 544/Migne PL 54, Sp. 1203 A, ein Responsum Leos I. an Rusticus von Narbonne aus den Jahren 458/59.

[93] Vgl. Adversus Simoniacos lib. III, 6, S. 205.

[94] Vgl. ebd. lib. III, 6, S. 205.

[95] So zuletzt Schieffer, Investiturverbot, S. 42 ff.

[96] Vgl. Petrus Damiani, Briefe 2, Nr. 60, S. 205, Z. 5 f.

[97] Vgl. Lanfranci De corpore c. 2, Sp. 410 A.

[98] Vgl. C. Mirbt, Die Publizistik im Zeitalter Gregors VII., Leipzig 1894, S. 468 ff.; Scharnagl, Investitur, S. 22 ff.; F. Dressler, Petrus Damiani. Leben und

Werk, Rom 1954, S. 138 ff.; Benson, Bishop-Elect, S. 215 f.; Schieffer, Investiturverbot, S. 45 f.; Szabó-Bechstein, Libertas, S. 129 f.

99 Petrus Damiani, Briefe 1, Nr. 20, S. 202.

100 Gemeint sind ebd. 2, Nr. 69, S. 305, Z. 3–6; ebd. 3, Nr. 147, S. 544, Z. 1–4. Die erste Passage stammt von 1059/60, die zweite von 1067.

101 Vgl. ebd. 1, Nr. 40, S. 417.

102 Vgl. ebd. 2, Nr. 87, S. 511, Z. 1–10.

103 Vgl. ebd. 3, Nr. 140, S. 486, Z. 6 f.; siehe auch ebd. 2, Nr. 57, S. 170, Z. 6–9 und ebd. 3, Nr. 72, S. 330, Z. 1–4.

104 Vgl. ebd. 1, Nr. 40, S. 462.

105 Vgl. ebd. 2, Nr. 69, S. 298–309 und ebd. 3, Nr. 140, S. 487, Z. 14–19.

106 Vgl. ebd., S. 482 f.

107 Vgl. F. Kempf, Rez. zu: Schieffer, Investiturverbot, in: AHP 20 (1982), S. 411 f.; Laudage, Priesterbild, S. 210–212.

108 Vigilantia universalis c. 6, S. 222, Z. 153–157.

109 Vgl. G. B. Borino, L'investitura laica dal decreto di Nicolò II al decreto di Gregorio VII, in: StudGreg 5 (1956), S. 345–359, bes. 346 ff.

110 Vgl. Schieffer, Investiturverbot, S. 48–84, bes. 79 ff.

111 Vgl. Imbart de la Tour, Elections, S. 392.

112 Vgl. W. Schwarz, Der Investiturstreit in Frankreich, in: ZKG 42 (1923), S. 269.

113 Vgl. Mansi 19, Sp. 926 B, 927 C.

114 Schieffer, Investiturverbot, S. 83.

115 Vgl. Vigilantia universalis cc. 9 f., S. 222, Z. 164–170.

116 Vich, Arxiu Capitular, Codex 46; vgl. Schieffer, Investiturverbot, S. 66–70.

117 Vgl. Papstwahldekret, S. 103 f., Z. 63–83, mit wörtlichen bzw. sinngemäßen Zitaten von JK 544/Migne PL 54, Sp. 1203 A und JK 369/Migne PL 50, Sp. 434 B.

118 Vgl. Laudage, Priesterbild, S. 219–234.

119 Vgl. Petrus Damiani, Briefe 2, Nr. 57, S. 163, Z. 1–3 und ebd. 2, Nr. 72, S. 326, Z. 29 f.

120 Vgl. ebd. 3, Nr. 140, S. 478, Z. 15 f.

121 Vgl. ebd. 2, Nr. 57, S. 170, Z. 6–9 und ebd. 3, Nr. 72, S. 330, Z. 1–4.

122 Vgl. ebd. 3, Nr. 140, S. 486, Z. 6 f.

123 Nämlich ebd. 2, Nr. 57, S. 162–190; vgl. D. Jasper, Das Papstwahldekret von 1059. Überlieferung und Textgestalt, Sigmaringen 1986, S. 42.

124 Und zwar in der Textgestalt von Ecclesiae Occidentalis Monumenta Iuris Antiquissima I/1, Oxford 1899, S. 20 f.; dazu J. J. Ryan, Saint Peter Damiani and his Canonical Sources, Toronto 1956, S. (115), Nr. (236); Schieffer, Investiturverbot, S. 34–36.

125 Vgl. Laudage, Priesterbild, S. 207–250.

126 Vgl. Krause, Papstwahldekret, S. 82 f.; F. Kempf, Pier Damiani und das Papstwahldekret von 1059, in: AHP 2 (1964), S. 78 f.; G. Alberigo, Cardinalato e collegialità. Studi sull'ecclesiologia tra l'XI el il XIV secolo, Florenz 1969, S. 34 f. u. v. a.

[127] Vgl. Tellenbach, Libertas, S. 144 ff.; Borino, Investitura, S. 348 ff.; Krause, Papstwahldekret, S. 52 f.; W. Goez, Rainald von Como. Ein Bischof des 11. Jahrhunderts zwischen Kurie und Krone, in: Forschungen Schlesinger, S. 462–494; Schmidt, Alexander II., S. 35 ff., 61 ff., 205; Schieffer, Investiturverbot, S. 98 ff.

[128] Vgl. Becker, Studien, S. 47 ff.; Schmidt, Alexander II., S. 204 ff.

[129] JL 4431 a/MGH Const. 1, Nr. 386, S. 549–551.

[130] Vgl. dazu den Text dieser Fassung von ›Vigilantia universalis‹, S. 208–225; dazu Laudage, Priesterbild, S. 252 ff.

[131] Wie Anm. 128.

[132] Vgl. Becker, Studien, S. 49.

[133] Vgl. Arnulfi Gesta lib. IV, 2, S. 26, bes. Z. 15 f.; dazu Schmid, Wahl, S. 145–151; Schieffer, Investiturverbot, S. 105 f.; Laudage, Priesterbild, S. 256 f.; zu den Hintergründen H. Keller, Pataria und Stadtverfassung, Stadtgemeinde und Reform: Mailand im „Investiturstreit", in: Investiturstreit u. Reichsverf., S. 347 ff.

[134] Vgl. Salzburger Urkundenbuch 2, Nr. 102, S. 169 f.; dazu W. Heinemeyer, Zur Gründung des Bistums Gurk in Kärnten, in: Forschungen Schlesinger, S. 495–513.

[135] Vgl. Salzburger Urkundenbuch 2, Nr. 102, S. 70.

[136] Vgl. Laudage, Priesterbild, S. 258 f. gegen O. Meltzer, Papst Gregor VII. und die Bischofswahlen, Dresden ²1876, S. 46; Hauck, Kirchengeschichte 3, S. 748; J. P. Whitney, Hildebrandine Essays, Cambridge 1932, S. 30; Schieffer, Investiturverbot, S. 100 f.

[137] Vgl. u. a. W. von Giesebrecht, Die Gesetzgebung der römischen Kirche zur Zeit Gregors VII., in: Münchner Historisches Jahrbuch für 1866, S. 91–193, bes. 123 ff.; Meltzer, Gregor VII., S. 52 ff.; E. Meyer, Zum Investiturgesetz Gregors VII., in: Festschrift zu der ... Einweihung der neuen Gebäude des Königlichen Friedrichs-Kollegiums zu Königsberg Pr., Königsberg 1892, S. 75–89; Mirbt, Publizistik, S. 491 ff.; Hauck, Kirchengeschichte 3, S. 753 ff.; Scharnagl, Investitur, S. 27 ff.; Fliche, Réforme 2; Schmid, Wahl, S. 171 ff.; A. Fliche, La querelle des investitures, Paris 1946; Becker, Studien, S. 51 ff.; G. B. Borino, Il decreto di Gregorio VII contro le investiture fu «promulgato» nel 1075, in: StudGreg 6 (1959/61), S. 329–348; Schneider, Sacerdotium; Schieffer, Investiturverbot, S. 108 ff.; Szabó-Bechstein, Libertas, S. 138 ff.; S. Beulertz, Das Verbot der Laieninvestitur im Investiturstreit, Hannover 1991; T. Struve, Gregor VII. und Heinrich IV. Stationen einer Auseinandersetzung, in: StudGreg 14 (1991), S. 29–60; J. Laudage, Gregor VII. und die *electio canonica,* in: StudGreg 14 (1991), S. 83–101.

[138] Vgl. Arnulfi Gesta lib. III, 25, S. 25.

[139] Vgl. Reg. I, 25, S. 41 f., bes. S. 42, Z. 17–22; ebd. I, 20, S. 32–34, bes. S. 34, Z. 2–4; ebd. I, 29a, S. 47–49, bes. S. 49, Z. 20–23; dazu Schneider, Sacerdotium, S. 58 ff.

[140] Vgl. Reg. I, 21 (vom 1. September 1073), S. 34 f., bes. S. 35, Z. 6–9.

[141] Vgl. Arnulfi Gesta lib. IV, S. 26.

[142] Vgl. Meltzer, Gregor VII., S. 58 f.; Imbart de la Tour, Elections, S. 393; Scharnagl, Investitur, S. 27 f.; Schwarz, Investiturstreit, S. 275 f.; Schmid, Wahl,

S. 174–177; Becker, Studien, S. 51 f.; Schieffer, Investiturverbot, S. 109; Laudage, Gregor VII., S. 95 f.

[143] Vgl. Reg. I, 36, S. 57 f., bes. S. 58, Z. 9–11 und ebd. I, 35, S. 56 f., bes. S. 57, Z. 2 ff.

[144] Vgl. Reg. I, 36, S. 58, Z. 11 f.; siehe auch ebd. I, 76, S. 107 f.; ebd. I, 85a, S. 123 und Epistolae Vagantes Nr. 4, S. 8–10.

[145] Vgl. Reg. I, 69, S. 99 f.

[146] Vgl. Reg. II, 41, S. 178.

[147] Vgl. Laudage, Gregor VII., S. 93–97.

[148] Arnulfi Gesta lib. IV, 7, S. 27, Z. 18–22. In jüngster Zeit hat H.-E. Hilpert, Zum ersten Investiturverbot nach Arnulf von Mailand, in: DA 43 (1987), S. 185–193 diese Nachricht auf die Fastensynode von 1076 zu beziehen versucht. Diese Interpretation scheitert aber an Reg. V, 18, S. 381, Z. 13–15, wo Gregor VII. dem im April/Mai 1075 investierten Bischof Huzmann von Speyer den Vorwurf macht, er habe sein Bischofsamt *contra decretum apostolicę sedis* aus der Hand des Königs empfangen, sowie an der Tatsache, daß Arnulf unmittelbar nach seinem Bericht über die Fastensynode den sicher datierten Mailänder Stadtbrand vom 30. März 1075 schildert. Vgl. dazu auch Schieffer, Investiturverbot, S. 114 f., 144 f.

[149] Ebd., S. 156 f.

[150] Ebd., S. 122.

[151] Ebd., S. 122; siehe auch ebd., S. 114–152.

[152] Vgl. H. Jakobs, Rez. zu: Schieffer, Investiturverbot, in: RhVjbl 46 (1982), S. 328.

[153] Vgl. F. Kempf, Rez. zu: Schieffer, Investiturverbot, in: AHP 20 (1982), S. 409–415, bes. 413 f.

[154] Vgl. Reg. V, 18, S. 381 f.; dazu J. E. Gugumus, Die Speyerer Bischöfe im Investiturstreit, in: Archiv für mittelrheinische Kirchengeschichte 3 (1951), S. 109 ff.; Schneider, Sacerdotium, S. 131; Schieffer, Investiturverbot, S. 144 f.; Kempf, Rez., S. 413; I. Heidrich, Bischöfe und Bischofskirche von Speyer, in: Salier 2, S. 193 f.

[155] Vgl. Bertholdi Annales, zu 1079, ed. G. H. Pertz, in: MGH SS 5, S. 317 f.; dazu Meltzer, Gregor VII., S. 152 f.; Meyer, Investiturgesetz, S. 82; Schieffer, Investiturverbot, S. 145; Kempf, Rez., S. 413.

[156] Vgl. Reg. III, 10, S. 263–267, bes. S. 265, Z. 27–267, Z. 4; dazu Kempf, Rez., S. 413 f.; Szabó-Bechstein, Libertas, S. 159. Als Belege dafür, daß das in Reg. III, 10 erwähnte Gleichnis vom guten Hirten (Jo 10, 1–18) von Gregor nicht nur gegen simonistische Mißstände ins Feld geführt wurde, sind Reg. V, 5, S. 352–354, Epistolae Vagantes Nr. 27, S. 70–72 und ebd. Nr. 30, S. 76–80 anzusehen. Der Interpretation von Schieffer, Investiturverbot, S. 139 f. wird damit eine wichtige Quellengrundlage entzogen. Vgl. dazu jetzt auch K. J. Benz, Joh. 10, 1–4 in der theologischen Argumentation Gregors VII. gegen Simonie und Laieninvestitur, in: Aus Archiven und Bibliotheken. FS R. Kottje, hrsg. v. H. Mordek, Frankfurt am Main/Bern/New York/Paris 1992, S. 239–269.

[157] Vgl. Landulfi Historia Mediolanensis, edd. L. C. Bethmann/W. Wattenbach, in: MGH SS 8, lib. III, 31, S. 98.

[158] Vgl. Hugonis monachi Virdunensis et Divionensis, abbatis Flaviniacensis Chronicon, ed. G. H. Pertz, in: MGH SS 8, lib. II, S. 412.

[159] Nämlich Reg. IV, 13, S. 316 f.; ebd. IV, 22, S. 330–334, bes. S. 330, Z. 32 f.

[160] Vgl. Kempf, Rez., S. 413.

[161] Vgl. Reg. II, 30, S. 163–165, bes. S. 164, Z. 13–17; dazu Laudage, Priesterbild, S. 260–262.

[162] Vgl. Arnulfi Gesta lib. IV, 2.4, S. 26; dazu Laudage, Gregor VII., S. 97.

[163] Vgl. Reg. III, 10, S. 263–267, bes. 266 f.; dazu Schneider, Sacerdotium, S. 139–145.

[164] Vgl. Arnulfi Gesta lib. IV, 4, S. 26.

[165] Repräsentativ hierfür sind Schneider, Sacerdotium, S. 123 ff. und Schieffer, Investiturverbot, S. 132–152.

[166] Schieffer, Investiturverbot, S. 141.

[167] Ebd., S. 141; ähnlich schon von Giesebrecht, Gesetzgebung, S. 134; Meyer, Investiturgesetz, S. 86; Mirbt, Publizistik, S. 174.

[168] Vgl. Reg. III, 2, S. 244 f.

[169] Vgl. Reg. III, 1, S. 242–244.

[170] Vgl. Reg. III, 3, S. 246 f., bes. S. 247, Z. 24–30; ebd. III, 7, S. 256–259, bes. S. 258, Z. 24–S. 259, Z. 2.

[171] So z. B. Schneider, Sacerdotium, S. 134; Schieffer, Investiturverbot, S. 125.

[172] Gemeint ist Reg. VII, 14a, c. 6, S. 482, Z. 20–25; ähnlich ebd. VIII, 20, S. 542 f., bes. S. 543, Z. 8 ff.; dazu Schmid, Wahl, S. 196 ff.

[173] Gemeint sind Reg. III, 8–10, S. 259–267.

[174] Vgl. Reg. IV, 22, S. 330–334, bes. S. 330, Z. 27 ff., wo es heißt, Gerhard von Cambrai habe seine Investitur durch Heinrich IV. damit gerechtfertigt, daß er von einem päpstlichen Dekret *de prohibitione huiuscemodi acceptationis* nichts gewußt habe; dazu zuletzt Schieffer, Investiturverbot, S. 143 f., 156 f., 152 f.; Kempf, Rez., S. 413.

[175] Vgl. Brunos Buch vom Sachsenkrieg, neu bearb. v. H.-E. Lohmann (MGH Dt. Mittelalter 2, Leipzig 1937) c. 91, S. 85; dazu u. a. von Giesebrecht, Gesetzgebung, S. 135; R. Bonin, Die Besetzung der deutschen Bistümer in den letzten 30 Jahren Heinrichs IV. 1077–1105, Jena 1889, S. 125 ff.; Scharnagl, Investitur, S. 38; Schmid, Wahl, S. 193; H. Jakobs, Rudolf von Rheinfelden und die Kirchenreform, in: Investiturstreit u. Reichsverf., S. 90 f.; Schieffer, Investiturverbot, S. 155 f.; zu den Hintergründen W. Schlesinger, Die Wahl Rudolfs von Rheinfelden zum Gegenkönig 1077 in Forchheim, in: Investiturstreit und Reichsverf., S. 61–85.

[176] Vgl. Reg. IV, 13, S. 316 f., bes. S. 316, Z. 26 ff.; dazu Meltzer, Gregor VII., S. 133; Schwarz, Investiturstreit, S. 280 f.; Tellenbach, Libertas, S. 136 f.; Becker, Studien, S. 58; Borino, Decreto, S. 338 ff.; Schieffer, Investiturverbot, S. 159–161.

[177] Vgl. Reg. IV, 22, S. 333, Z. 18–28, bes. 22 ff.

[178] Vgl. Reg. V, 5 f., S. 352–355.

[179] Vgl. Hugonis Flaviniacensis Chronicon lib. II, S. 419 f.; dazu M. Wiede-

mann, Gregor VII. und Erzbischof Manasses I. von Reims, Diss. phil. Leipzig 1884, S. 43 ff.; T. Schieffer, Die päpstlichen Legaten in Frankreich vom Vertrage von Meersen (870) bis zum Schisma von 1130, Berlin 1935, S. 115; O. Meyer, Reims und Rom unter Gregor VII., in: ZRG KA 28 (1939), S. 430; Schieffer, Investiturverbot, S. 163 f.

[180] Vgl. Concilii Pictavensis Canones, in: Mansi 20, c. 1, Sp. 498 B; dazu Schwarz, Investiturstreit, S. 297 f.; Schieffer, Legaten, S. 103 ff.; Becker, Studien, S. 63–67; G. Bollenot, Un légat pontifical au XIe siècle: Hugues, évêque de Die (1073–1082), primat de Gaules (1082–1106), Thèse Lyon 1973, S. 100 ff.; Schieffer, Investiturverbot, S. 165–167.

[181] Vgl. Bertholdi Annales, zu 1078, ed. G. H. Pertz, in: MGH SS 5, S. 308, Z. 51 – S. 309, Z. 7.

[182] So u. a. Meyer, Investiturgesetz, S. 77 f.; Scharnagl, Investitur, S. 34 f.; Fliche, Réforme 2, S. 368; Becker, Studien, S. 68; Benson, Bishop-Elect, S. 218 f.; Schieffer, Investiturverbot, S. 169 f.; anders von Giesebrecht, Gesetzgebung, S. 137 f.; Meltzer, Gregor VII., S. 137; Mirbt, Publizistik, S. 495.

[183] Vgl. Reg. VI, 5b, c. 3, S. 403, Z. 11–19; dazu u. a. von Giesebrecht, Gesetzgebung, S. 139 ff.; Meltzer, Gregor VII., S. 146 ff.; Meyer, Investiturgesetz, S. 78 f., 88; Mirbt, Publizistik, S. 495 f.; Scharnagl, Investitur, S. 39 f.; J. Haller, Das Papsttum. Idee und Wirklichkeit 2, Basel ^{2}1951, S. 404 f.; Becker, Studien, S. 68 f.; Schieffer, Investiturverbot, S. 171–173; Beulertz, Verbot, S. 7 f.

[184] Vgl. von Giesebrecht, Gesetzgebung, S. 141; Mirbt, Publizistik, S. 496; Schieffer, Investiturverbot, S. 173; J. Vogel, Gregor VII. und Heinrich IV. nach Canossa. Zeugnisse ihres Selbstverständnisses, Berlin/New York 1983, S. 126 ff.

[185] Vgl. Reg. VII, 14a, cc. 1 f., S. 480, Z. 14 – S. 481, Z. 3; dazu von Giesebrecht, Gesetzgebung, S. 141 ff.; Meltzer, Gregor VII., S. 162 ff.; Meyer, Investiturgesetz, S. 79, 88 f.; Mirbt, Publizistik, S. 497 f.; Scharnagl, Investitur, S. 39 f.; Schmid, Wahl, S. 196 ff.; Schieffer, Investiturverbot, S. 174 f.; Vogel, Gregor VII., S. 196; Beulertz, Verbot, S. 8 f.

[186] Vgl. Reg. VII, 14a, c. 2, S. 480, Z. 26 ff.

[187] Vgl. Reg. VII, 14a, c. 6, S. 482, Z. 20–32.

[188] Vgl. J. Ziese, Wibert von Ravenna. Der Gegenpapst Clemens III. (1084–1100), Stuttgart 1982, S. 55 ff.; Vogel, Gregor VII., S. 209 ff.

[189] Dazu zuletzt J. Vogel, Gregors VII. Abzug aus Rom und sein letztes Pontifikatsjahr in Salerno, in: Tradition als historische Kraft. FS K. Hauck, hrsg. v. N. Kamp/J. Wollasch, Berlin/New York 1982, S. 341–349; ders., Zur Kirchenpolitik Heinrichs IV. nach seiner Kaiserkrönung und zur Wirksamkeit der Legaten Gregors VII. und Clemens' (III.), in: FMST 16 (1982), S. 161–192.

[190] So Haller, Papsttum 2, S. 430–471.

[191] Vgl. H. E. J. Cowdrey, The Age of Abbot Desiderius. Montecassino, the Papacy and the Normans in the Eleventh and Early Twelfth Centuries, Oxford 1983, bes. S. 177–213; A. Becker, Papst Urban II. (1088–1099) 1–2, Stuttgart 1964/1988.

[192] Vgl. Beulertz, Verbot, S. 106–121.

[193] Vgl. Chron. Montecass. lib. III, 72, S. 454 f.; dazu in bezug auf die Histo-

rizität kritisch Krause, Papstwahldekret, S.227–232; H.Hoffmann, Zum Register und zu den Briefen Papst Gregors VII., in: DA 32 (1976), S.102f.

[194] Vgl. Concilium Melfitanum, in: Mansi 20, c.8, Sp.723 C. In: MGH Const.1, Nr.393, c.16, S.563, Z.23–26 wird dieser Beschluß wörtlich wiederholt, doch bleibt es angesichts der schmalen Überlieferung dieses Kanons der Synode von Piacenza (als Extravagante einer einzigen Handschrift) ungewiß, ob nicht eine Verwechslung vorliegt.

[195] Vgl. Decreta Claromontensia, ed. R.Somerville, The Councils of Urban II 1, Amsterdam 1972, c.15, S.78: *Ne episcopus vel sacerdos regi vel alicui laico in manibus ligiam fidelitatem faciat* (in mehreren Versionen als c.15, 20 oder 39 überliefert; vgl. dazu die Überblickstabelle ebd., S.145). Zur Interpretation und Rezeptionsgeschichte des Beschlusses siehe vor allem Scharnagl, Investitur, S.59ff.; Becker, Studien, S.88ff.; ders., Papst Urban II. 1, S.221f.; Minninger, Clermont, S.84ff., 97ff.

[196] Vgl. u.a. N.F. Cantor, Church, S.88ff.; Becker, Studien, S.81ff.; ders., Papst Urban II. 1, S.124, 148ff., 169ff. und 187ff.; Beulertz, Verbot, S.113–118.

[197] JL 5760/Migne PL 15, Sp.535; dazu Tellenbach, Libertas, S.31f.; Mordek, Kanonistik, S.72f.; Tellenbach, Kirche, S.246f.

[198] MGH Const.1, Nr.393, c.12, S.563, Z.3–7 mit Anspielung auf: Concilium Chalcedonense – 451, c.1, in: COD S.87; Übersetzung nach J.Laudage, Der Investiturstreit. Quellen und Materialien, Köln/Wien 1989, S.75.

[199] Anders Haller, Papsttum 2, S.434f., 438ff.

[200] Vgl. H.E.J. Cowdrey, The Succession of the Archbishops of Milan in the Time of Urban II, in: EHR 83 (1968), S.285–288; Becker, Studien, S.84f.; Beulertz, Verbot, S.113f.

[201] Vgl. Le Liber Pontificalis 2, ed. L.Duchesne, Paris ²1955, S.293f.

[202] Vgl. Wido episcopus Ferrariensis De scismate Hildebrandi, rec. E.Dümmler, in: MGH Ldl 1, S.529–567, hier lib.II, S.564, Z.31–S.565, Z.16; dazu u.a. K.Panzer, Wido von Ferrara De scismate Hildebrandi, Leipzig 1880; Mirbt, Publizistik, S.504–508; A.Fliche, Guy de Ferrare. Étude sur la polémique religieuse en Italie à la fin du XIᵉ siècle, in: Annales de la faculté des lettres de Bordeaux et des universités du Midi. Bulletin italien 16 (1916), S.105–140 und 18 (1918), S.114–131; Scharnagl, Investitur, S.48–54; I.Ott, Der Regalienbegriff im 12.Jahrhundert, in: ZRG KA 35 (1948), S.238f.; H.Hoffmann, Ivo von Chartres und die Lösung des Investiturproblems, in: DA 15 (1959), S.404f.; Benson, Bishop-Elect, S.225–227; J.Fried, Der Regalienbegriff im 11. und 12.Jahrhundert, in: DA 29 (1973), S.483–486; Minninger, Clermont, S.107–109.

[203] Vgl. De scismate lib.II, S.566, Z.29–37.

[204] Zu ihm u.a. Becker, Studien, bes. S.95–103, 143–151; Hoffmann, Ivo, S.393–440, bes. 405ff.; R.Sprandel, Ivo von Chartres und seine Stellung in der Kirchengeschichte, Stuttgart 1962, bes. S.161ff.; siehe auch oben, Anm.200.

[205] Vgl. Ivo, Correspondance 1, Nr.60, S.246.

[206] Vgl. ebd., Nr.60, S.238–254.

[207] Vgl. ebd., Nr.60, S.246–248.

208 Vgl. ebd., Nr. 60, S. 246.

209 Vgl. Decreta Claromontensia cc. 13–15, S. 77 f., linke Spalte; siehe auch oben, Anm. 195; Beulertz, Verbot, S. 11; P. Millotat, Transpersonale Staatsvorstellungen in den Beziehungen zwischen Kirchen und Königtum der ausgehenden Salierzeit, Rheinfelden/Freiburg/Berlin 1989, S. 137–145.

210 Vgl. Reg. V, 5; S. 353, Z. 20 f.

211 Vgl. Eadmer, Historia novorum in Anglia et Opuscula de vita S. Anselmi et quibusdam miraculis ejus, ed. M. Rule (Rer. Brit. med. aev. SS 81, London 1884), lib. II, S. 114.

212 Vgl. Becker, Studien, S. 104–111 gegen Schwarz, Investiturstreit, S. 120 und Haller, Papsttum 2, S. 459 f.

213 Vgl. Concilium Pictavense, in: Mansi 20, c. 3, Sp. 1123 B.; dazu Minninger, Clermont, S. 89 f.; Beulertz, Verbot, S. 15 (mit verbessertem Text).

214 Vgl. JL 5908/Anselmi Opera 4, Nr. 222, S. 125; dazu Minninger, Clermont, S. 90; U.-R. Blumenthal, The Early Councils of Pope Paschal II 1100–1110, Toronto 1978, S. 17–20.

215 Vgl. Becker, Studien, S. 117 ff.

216 Vgl. Councils & Synods with Other Documents Relating to the English Church I, 2, edd. D. Whitelock/M. Brett/C. N. L. Brooke, Oxford 1981, Nr. 115, S. 692 f.; dazu Böhmer, Kirche, S. 160 ff.; Cantor, Church, S. 266 ff.; Classen, Konkordat, S. 419 f.; Minninger, Clermont, S. 244 ff.; Millotat, Staatsvorstellungen, S. 160–170; siehe auch allgemein M. Brett, The English Church under Henry I, Oxford 1975; F. Barlow, The English Church 1066–1154, London/New York 1979.

217 Vgl. C. Servatius, Paschalis II. (1099–1118). Studien zu seiner Person und seiner Politik, Stuttgart 1979, S. 186 ff.; siehe auch S. Weinfurter, Reformidee und Königtum in spätsalischer Zeit. Überlegungen zu einer Neubewertung Kaiser Heinrichs V., in: Reformidee und Reformpolitik im spätsalisch-frühstaufischen Reich, hrsg. v. dems., Mainz 1992, S. 18–21.

218 Vgl. Minninger, Clermont, S. 129 ff.; Blumenthal, Councils, S. 32 ff.; Servatius, Paschalis II., S. 200 ff.; Millotat, Staatsvorstellungen, S. 221–235; Beulertz, Verbot, S. 132 ff.

219 Vgl. Anselmi Opera 5, Nr. 388, S. 331 f.; ebd., Nr. 389, S. 333 f.; dazu Cantor, Church, S. 223 ff.; R. W. Southern, Saint Anselm and his Biographer, Cambridge 1963, S. 177 f.; Classen, Konkordat, S. 418 f.; Minninger, Clermont, S. 224.

220 Vgl. Anselmi Opera 5, Nr. 397, S. 341 f., bes. S. 342, Z. 25–28; dazu Cantor, Church, S. 261 f.; Southern, Anselm, S. 178 f.

221 Vgl. Mainzer Urkundenbuch 1, Nr. 423, S. 328 f.; The Council of Guastalla, 22 October 1106, ed. Blumenthal, Councils c. 7, S. 71; dazu M. J. Wilks, Ecclesiastica and Regalia: Papal Investiture Policy from the Council of Guastalla to the First Lateran Council 1106–1123, in: Councils and Assemblies, hrsg. v. G. J. Cuming/D. Baker, Cambridge 1971, S. 69 ff.; U.-R. Blumenthal, Some Notes on Papal Policies at Guastalla 1106, in: Studia Gratiana 19, 1 (1976), S. 62–77 und oben, Anm. 218.

[222] Vgl. Hauck, Kirchengeschichte 3, S. 892f.; Minninger, Clermont, S. 104–128; Millotat, Staatsvorstellungen, S. 236–245, 254–265.

[223] Vgl. Suger, Vie de Louis VI le Gros, ed. H. Waquet, Paris 1929, c. 10, S. 58–60.

[224] Vgl. Ott, Regalienbegriff, S. 251 f.; Becker, Studien, S. 122; Hoffmann, Ivo, S. 422; Benson, Bishop-Elect, S. 242ff.; Classen, Konkordat, S. 420; Fried, Regalienbegriff, S. 468; Minninger, Clermont, S. 134ff.; Servatius, Paschalis II., S. 207ff.; F.-R. Erkens, Die Trierer Kirchenprovinz im Investiturstreit, Köln/Wien 1987, S. 150ff.; Millotat, Staatsvorstellungen, S. 246–253.

[225] Vgl. The Council of Troyes, 23 May 1107, ed. Blumenthal, Councils c. 5, S. 92f.; Becker, Studien, S. 123; Minninger, Clermont, S. 146; Servatius, Paschalis II., S. 209–214; Beulertz, Verbot, S. 18, 139.

[226] Ed. J. Krimm-Beumann, Der Traktat ›De investitura episcoporum‹ von 1109, in: DA 33 (1977), S. 66–83; dazu ebd., S. 37ff.; E. Bernheim, Über den Traktat de investitura episcoporum, in: Forschungen zur deutschen Geschichte 16 (1870), S. 281–295; J. Ziese, Historische Beweisführung in Streitschriften des Investiturstreites, München 1972, S. 217–224; Classen, Konkordat, S. 420f.; Fried, Regalienbegriff, S. 466–471; J. Beumann, Sigebert von Gembloux und der Traktat de investitura episcoporum, Sigmaringen 1977, bes. S. 91 ff.; Minninger, Clermont, S. 146–159; Servatius, Paschalis II., S. 228–230; Millotat, Staatsvorstellungen, S. 265–277.

[227] Wie Anm. 206.

[228] Als Entstehungsort und -zeit dieser Privilegien hat man früher meist Ravenna um 1084 angenommen. Demgegenüber setzt sich heute mehr und mehr die Auffassung durch, daß ein fester *terminus ante quem* für die uns bekannte Textgestalt erst nach der Jahrhundertwende zu finden sei und sich für die Zeit davor nur der Grundgedanke einer päpstlichen Verleihung des Investiturrechts nachweisen lasse. Allerdings geht man nach wie vor davon aus, daß die Falsifikate eher italienischer als deutscher Provenienz sein dürften. Vgl. O. Capitani, Hadrianum e Privilegium minus: una rilettura, in: Kirche und Reich, S. 173–186; I. Heidrich, Ravenna unter Erzbischof Wibert 1073–1100, Sigmaringen 1984, S. 135ff. und die Edition von C. Märtl: Die falschen Investiturprivilegien (MGH Font. iur. Germ. ant. in us. schol. 13, Hannover 1986), S. 52–95.

[229] Vgl. De investitura episcoporum, S. 77f.

[230] Classen, Konkordat, S. 421.

[231] Vgl. The Lateran Council, 7 March 1110, ed. Blumenthal, Councils cc. 4f., S. 119f.

[232] Vgl. u. a. Fried, Regalienbegriff, S. 472ff.; S. A. Chodorow, Ideology and Canon Law in the Crisis of 1111, in: Proceedings of the Fourth International Congress of Medieval Canon Law, Vatikanstadt 1976, S. 55–80; U.-R. Blumenthal, *Patrimonia* and *Regalia* in 1111, in: Law, Church and Society. Essays in Honor of Stephan Kuttner, Philadelphia 1977, S. 9–20; Minninger, Clermont, S. 159–175; Servatius, Paschalis II., S. 214–252; Millotat, Staatsvorstellungen, S. 302–309; zu den Hintergründen Weinfurter, Reformidee, S. 1–45, bes. 33–39.

[233] MGH Const. 1, Nr. 90, S. 141f.

[234] Vgl. ebd., S. 141, bes. Z. 2–4 und 23 ff.

[235] Vgl. ebd., S. 141, Z. 24–31; dazu Fried, Regalienbegriff, S. 472–475.

[236] Ebd., S. 472.

[237] Vgl. MGH Const. 1, Nr. 90, S. 141, Z. 32–34.

[238] Vgl. ebd., Nr. 100, S. 150 f., bes. S. 150, Z. 19–34; dazu Fried, Regalienbegriff, S. 477 f.

[239] Vgl. MGH Const. 1, Nr. 91–95, S. 142–144.

[240] Vgl. ebd., Nr. 96, S. 144 f.

[241] Vgl. ebd., S. 145, Z. 9–13.

[242] Der Widerstand ging dabei nicht von Paschalis II., sondern einer Gruppe von Kardinälen und französischen Prälaten aus. Vgl. P. R. McKeon, The Lateran Council of 1112, the Heresy of Lay Investiture and the Excommunication of Henry V, in: Mediaevalia et Humanistica 17 (1966), S. 3–12; U.-R. Blumenthal, Opposition to Pope Paschal II. Some Comments on the Lateran Council of 1112, in: AHC 10 (1978), S. 82–98; dies., Paschal II and the Roman Primacy, in: AHP 16 (1978), S. 80 ff.; Servatius, Paschalis II., S. 296–298; W. Maleczek, Papst und Kardinalskolleg von 1191 bis 1216, Wien 1984, S. 215 f.

[243] Vgl. MGH Const. 1, Nr. 399 f., S. 570–574, bes. Nr. 399, S. 571, Z. 29 f. und S. 572, Z. 1–8.

[244] Vgl. JL 6950/Bullaire du pape Calixte II 2, ed. U. Robert, Paris 1891, Nr. 278, S. 5 f.; zur Datierung Haller, Papsttum 2, S. 623 f.

[245] Vgl. G. Meyer von Knonau, Jahrbücher des Deutschen Reiches unter Heinrich IV. und Heinrich V. 7, Leipzig 1909, S. 103; H.-J. Stüllein, Das Itinerar Heinrichs V. in Deutschland, München 1971, S. 78.

[246] Vgl. grundlegend T. Schieffer, Nochmals die Verhandlungen von Mouzon (1119), in: FS E. E. Stengel, München i. W./Köln 1952, S. 324–341. Außerdem: J. Haller, Die Verhandlungen von Mouzon (1119), in: Neue Heidelberger Jahrbücher 2 (1892), S. 147 ff.; H. Zatschek, Beiträge zur Beurteilung Heinrichs V., I. Die Verhandlungen des Jahres 1119, in: DA 7 (1944), S. 48–78; Becker, Studien, S. 133 ff.; Hoffmann, Ivo, S. 425 ff.; S. A. Chodorow, Ecclesiastical Policies and the Ending of the Investiture Contest: The Papal Election of 1119 and the Negotians of Mouzon, in: Speculum 46 (1971), S. 613–640; Minninger, Clermont, S. 176 ff.; Millotat, Staatsvorstellungen, S. 290–298.

[247] Vgl. Hessonis scholastici relatio de concilio Remensi, ed. W. Wattenbach, in: MGH Ldl 3, S. 23 f.

[248] Hauptquelle ist ebd., S. 25 f.; vgl. außerdem Simeonis monachi Dunelmensis Opera omnia 2, ed. T. Arnold (Rer. Brit. med. aev. SS 75, 2, London 1885), S. 256. Die übrigen Quellen sind zweitrangig; vgl. dazu Schieffer, Verhandlungen, S. 326 f.; Minninger, Clermont, S. 178 ff.

[249] Vgl. Hessonis relatio, S. 25, Z. 11–13; dazu Schieffer, Verhandlungen, S. 330 ff. gegen Zatschek, Beiträge, S. 62 ff.

[250] Vgl. Hessonis relatio, S. 26, Z. 24–26.

[251] Vgl. ebd., S. 22, Z. 31–39.

[252] Vgl. ebd., S. 27, Z. 34 f.

[253] Vgl. ebd., S. 27 f.

254 Vgl. Migne PL 163, Sp. 465 f.; dazu Servatius, Paschalis II., S. 321 f.

255 Vgl. H. Büttner, Erzbischof Adalbert von Mainz, die Kurie und das Reich in den Jahren 1118 bis 1122, in: Investiturstreit und Reichsverf., S. 403 ff.; Millotat, Staatsvorstellungen, S. 298–302, 310–317.

256 Vgl. Hofmeister, Konkordat, S. 66 ff.

257 Vgl. u. a. Classen, Konkordat, S. 411–460; Minninger, Clermont, S. 189–209.

258 Ed. L. Weiland, in: MGH Const. 1, Nr. 107, S. 159 f.

259 Ed. Hofmeister, Konkordat, S. 121–148, älteste Textgestalt S. 147 A.

260 Vgl. Fried, Regalienbegriff, S. 470 ff., 515 ff., bes. 525.

261 Vgl. Minninger, Clermont, S. 192 ff.

262 Vgl. Classen, Konkordat, S. 423.

263 Ebd., S. 459.

264 Vgl. ebd., S. 423 ff.; M.-L. Crone, Untersuchungen zur Reichskirchenpolitik Lothars III. (1125–1137) zwischen reichskirchlicher Tradition und Reformkurie, Frankfurt a. M./Bern 1982; H. Stoob, Zur Königswahl Lothars von Sachsen im Jahre 1125, in: Forschungen Schlesinger, S. 438–461; L. Speer, Kaiser Lothar III. und Erzbischof Adalbert I. von Mainz, Köln/Wien 1983; W. Petke, Kanzlei, Kapelle und königliche Kurie unter Lothar III. (1125–1137), Köln/Wien 1985; Millotat, Staatsvorstellungen, S. 317–327.

Kapitel II

1 Vgl. einführend C. N. L. Brooke, Gregorian Reform in Action. Clerical Marriage in England 1050–1200, in: The Cambridge Historical Journal 12 (1956), S. 1–21; M. Boelens, Die Klerikerehe in der Gesetzgebung der Kirche unter besonderer Berücksichtigung der Strafe. Eine rechtsgeschichtliche Studie von den Anfängen der Kirche bis zum Jahr 1139, Paderborn 1968; G. Denzler, Das Papsttum und der Amtszölibat 1, Stuttgart 1973; G. Rossetti, Il matrimonio del clero nella società altomedievale, in: Il matrimonio nella società altomedievale (Settimane di studio 24, Spoleto 1977), S. 473–554; G. Fornasari, Celibato sacerdotale e «autoscienza» ecclesiale. Per la storia della «nicolaitica haeresis» nell'occidente medievale, Udine 1981; J. Gaudemet, Le célibat ecclésiastique. Le droit et la pratique du XIe au XIIIe s., in: ZRG KA 68 (1982), S. 1–31; A. L. Barstow, Married Priests and the Reforming Papacy: The Eleventh Century Debates, New York/Toronto 1982.

2 Vgl. Mirbt, Publizistik, S. 264; E. Amann, Nicolaïtes, in: Dictionnaire de Théologie Catholique 11 (1931), Sp. 499–506; Fornasari, Celibato, S. 25 ff.

3 Vgl. einführend A. Leinz, Die Simonie. Eine kanonistische Studie, Freiburg i. Br. 1902; E. Hirsch, Der Simoniebegriff und eine angebliche Erweiterung desselben im elften Jahrhundert, in: AKathKR 86 (1906), S. 3–19; I. Parisella, Ecclesiae Romanae dimicatio contra simoniam a Leone IX usque ad concilium Lateranense I, Diss. theol. Rom 1951; H. Meier-Welcker, Die Simonie im frühen Mittelalter, in: ZKG 64 (1952/53), S. 61–93; A. Kupper, Beiträge zum Problem der Si-

monie im 11. Jahrhundert, Diss. phil. Mainz 1954; J.T. Gilchrist, *Simoniaca Haeresis* and the Problem of Orders from Leo IX to Gratian, in: Proceedings of the Second International Congress of Medieval Canon Law, Vatikanstadt 1965, S. 209–235; J. Lynch, Simoniacal entry into religious life from 1000 to 1260, Columbus 1976.

4 Mt 19, 12.

5 Vgl. Mt 22, 30.

6 Vgl. 1 Kor 7, 32–34.

7 Vgl. Apg 8, 9–24.

8 Vgl. Mt 12, 31 f.

9 Vgl. Mt 10, 8 f.

10 Dem Mittelalter waren diese Apostolischen Kanones seit der Karolingerzeit in der Textgestalt von Ecclesiae Occidentalis Monumenta Iuris Antiquissima I, 1, Oxford 1899, c. 6, S. 10 f. und c. 30 (29), S. 20 bekannt.

11 Vgl. Mansi 5, c. 4, Sp. 1181 f.; dazu Denzler, Papsttum 1, S. 23 f.

12 Vgl. Migne PL 76, Sp. 1145 BC, 1092 A; siehe auch Meier-Welcker, Simonie, S. 65–67.

13 Beispiele hierfür finden sich etwa bei Haller, Papsttum 2, S. 269 f., doch darf man diese nicht einfach als typisch bewerten; vgl. dazu Tellenbach, Reform, S. 101.

14 So F. Kempf, in: Handbuch der Kirchengeschichte III, 1, S. 390.

15 Vgl. Collectio canonum in V libris (I–III), ed. M. Fornasari (CC Cont. Med. 6, Turnhout 1970) I, 72, S. 63 und ebd., I, 178, S. 115; dazu zuletzt Laudage, Priesterbild, S. 52–55.

16 Vgl. MGH Const. 1, Nr. 34, S. 70–78; dazu zuletzt Denzler, Papsttum 1, S. 47 f.; K.-J. Herrmann, Das Tuskulanerpapsttum (1012–1046), Stuttgart 1973, S. 36 f.; B. Schimmelpfennig, Zölibat und Lage der „Priestersöhne" vom 11. bis 14. Jahrhundert, in: HZ 227 (1978), S. 11 f.; Laudage, Priesterbild, S. 84–87.

17 Vgl. Concilium Bituricense, in: Mansi 19, cc. 19 f., Sp. 505.

18 Vgl. etwa ebd., c. 3, Sp. 503 C und MGH Const. 1, Nr. 44, cc. 4 f., S. 89.

19 Vgl. ebd. cc. 4 f., S. 89.

20 Der markanteste Fall ist uns durch Wipo, Gesta Chuonradi II. imperatoris, in: Die Werke Wipos, ed. H. Bresslau (MGH SS rer. Germ. in us. schol. 61, Hannover/Leipzig ^{3}1915) c. 8, S. 30 f. bezeugt. Vgl. dazu Schieffer, Heinrich II., S. 411 ff.; H.-J. Vogt, Konrad II. im Vergleich zu Heinrich II. und Heinrich III. Ein Beitrag zur kirchenpolitischen wie religiös-geistlichen Haltung der drei Kaiser, Diss. phil. Frankfurt a. M. 1957, S. 126 f.; K. J. Benz, Kaiser Konrad II. und die Kirche. Ein Beitrag zur Historiographie des ersten Saliers, in: ZKG 88 (1977), S. 195 f.; zum *servitium regis* siehe u. a. B. Heusinger, Das Servitium regis in der deutschen Kaiserzeit, in: AUF 8 (1923), S. 26–159, bes. 54 ff.; Schieffer, Heinrich II., S. 412 ff.; C. Brühl, Fodrum, Gistum, Servitium regis 1, Köln/Graz 1968, S. 132 ff.; W. Metz, Das Servitium regis, Darmstadt 1978.

21 Vgl. Migne PL 139, Sp. 471–508.

22 Vgl. Anm. 15; dazu Laudage, Priesterbild, S. 78–83.

23 Vgl. Burchardi Decretorum libri viginti, Sp. 537–1058; dazu zuletzt resü-

mierend Kerner, Studien 1–2; Fuhrmann, Einfluß 2, S. 442–485; Laudage, Priesterbild, S. 56–77.

[24] Vgl. Migne PL 139, Sp. 466.

[25] Vgl. Hoffmann, Cluny, S. 179, ND S. 337; Bulst, Untersuchungen, S. 25, 203 f.

[26] Zu ihm vgl. Vita S. Johannis Gualberti auctore Andrea abbate Strumensi, ed. F. Baethgen, in: MGH SS 30, 2, S. 1076–1104; Vita S. Johannis Gualberti auctore anonymo, ed. ders., ebd., S. 1105–1110; dazu u. a. B. Quilici, Giovanni Gualberto e la sua riforma, Florenz 1943; A. Salvini, San Giovanni Gualberto fondatore di Vallombrosa, Alba 1943; S. Boesch Gajano, Storia e tradizione vallombrosane, in: BISI 76 (1964), S. 99–215, bes. 142–194.

[27] Vgl. W. Goez, Reformpapsttum, Adel und monastische Erneuerung in der Toscana, in: Investiturstreit und Reichsverf., S. 222 ff.

[28] Vgl. Schieffer, Heinrich II., S. 411–437; Benz, Konrad II., S. 193–213.

[29] Vgl. Rodulfi Glabri Historiarum libri quinque, ed. M. Prou, Paris 1886, lib. V, 25, S. 134; dazu vor allem H. Kromayer, Über die Vorgänge in Rom im Jahre 1045 und die Synode von Sutri 1046, in: HVS 10 (1907), S. 185–190; H. Wolter, Die Synoden im Reichsgebiet und in Reichsitalien von 916 bis 1056, Paderborn/München/Wien/Zürich 1988, S. 374–379.

[30] Vgl. u. a. K. Schmid, Heinrich III. und Gregor VI. im Gebetsgedenken von Piacenza des Jahres 1046. Bericht über einen Quellenfund, in: Verbum et Signum 2, hrsg. v. H. Fromm/W. Harms/U. Ruberg, München 1975, S. 79–95, ND in: ders., Gebetsgedenken und adliges Selbstverständnis im Mittelalter, Sigmaringen 1983, S. 598–619; F. J. Schmale, Die „Absetzung" Gregors VI. in Sutri und die synodale Tradition, in: AHC 11 (1979), S. 55–103; Laudage, Priesterbild, S. 151–154; Wolter, Synoden, S. 379–394.

[31] Repräsentiert wird diese Gruppe durch die sog. Epistola Widonis, ed. J. Gilchrist, Die Epistola Widonis. Der erweiterte Text, in: DA 37 (1981), S. 594–604, die nach ebd., S. 578–583 in drei sukzessiv verfaßte Abschnitte zu gliedern ist. Ebd., S. 594, Z. 1 – S. 597, Z. 58 wurde wahrscheinlich um 1031 von Wido von Arezzo geschrieben, S. 597, Z. 59 – S. 603, Z. 194 dürfte aus den fünfziger Jahren stammen, der Rest (S. 603 f., Z. 195–217) ist wohl eine Zugabe aus der Zeit um 1100.

[32] Vgl. Petrus Damiani, Briefe 1, Nr. 40, S. 499, Z. 6–12; dazu Ryan, Peter Damiani, S. (51), Nr. (89); E. Petrucci, Ecclesiologia e politicà di Leone IX, Rom 1977, S. 31; P. Palazzini, Influssi damianei ed umbertini nell'azione e legislazione dei papi pregregoriani contro la simonia da papa Clemente II a Nicolò II, in: Fonte Avellana nella società dei secoli XI e XII, Fonte Avellana 1978, S. 9.

[33] Vgl. Petrus Damiani, Briefe 1, Nr. 40, S. 470 f., 498–500, bes. S. 498, Z. 19 – S. 499, Z. 6; dazu Drehmann, Leo IX., S. 26 ff.; Ryan, Peter Damiani, S. (50), Nr. (88); Capitani, Immunità, S. 126–147, bes. 133 ff.

[34] Vgl. u. a. L. Saltet, Les réordinations. Étude sur le sacrament de l'ordre, Paris 1907, S. 184 ff.; A. Schebler, Die Reordinationen in der „altkatholischen" Kirche, Bonn 1936, S. 220 ff.; A. Michel, Die antisimonistischen Reordinationen und eine neue Humbertschrift, in: RQ 46 (1938), S. 19–56; Parisella, Dimicatio,

S. 95 ff.; Gilchrist, *Simoniaca Haeresis*, S. 209 ff.; K. M. Woody, Damiani and the Radicals, Diss. masch. Columbia University 1966; Palazzini, Influssi, S. 7–41.

[35] Vgl. MGH Const. 1, Nr. 386, cc. 1–4, S. 550 f.; dazu Schebler, Reordinationen, S. 231 ff.; F. Pelster, Die römische Synode von 1060 und die von Simonisten gespendeten Weihen, in: Gregorianum 23 (1942), S. 66–90; G. Miccoli, Il problema delle ordinazioni simoniache e le sinodi Lateranensi del 1060 e 1061, in: StudGreg 5 (1956), S. 33–81; Krause, Papstwahldekret, S. 127 f.; speziell zur Zuweisung des Textes an die Lateransynode von 1059 siehe Z. N. Brooke, The English Church and the Papacy from the Conquest to the Reign of John, Cambridge 1931, S. 65; Haller, Papsttum 2, S. 589 f.; Schieffer, Investiturverbot, S. 61 f.; Laudage, Priesterbild, S. 230 f.

[36] Vgl. Petrus Damiani, Briefe 1, Nr. 40, S. 384–509; dazu u. a. Mirbt, Publizistik, S. 386 ff.; Saltet, Réordinations, S. 190 ff.; A. Fauser, Die Publizisten des Investiturstreites, Würzburg 1935, S. 12 ff.; G. B. Ladner, Theologie und Politik vor dem Investiturstreit, Baden bei Wien/Brünn/Leipzig/Prag 1936, S. 51 ff.; Dressler, Petrus Damiani, S. 100 ff.; Ryan, Peter Damiani, S. (36)–(52), Nr. (47)–(93); Capitani, Immunità, S. 121–132; Woody, Damiani, S. 72 ff.; siehe auch F. Seekel, Geistige Grundlagen Petrus Damianis untersucht am liber Gratissimus, Diss. phil. Berlin 1933 und Schebler, Reordinationen, S. 231–235.

[37] Petrus Damiani, Briefe 1, Nr. 40, S. 390, Z. 3.

[38] Vgl. ebd., S. 397, Z. 1 – S. 401, Z. 16.

[39] Vgl. Seekel, Grundlagen, S. 36 ff. und die Nachweise im kritischen Apparat von Petrus Damiani, Briefe 1, Nr. 40, S. 394 ff.

[40] Gemeint ist Pascasius Radbertus, De corpore et sanguine domini, ed. B. Paulus (CC Cont. Med. 16, Turnhout 1969), bes. c. 12, S. 76–83; dazu Seekel, Grundlagen, S. 40 ff. und die Einzelnachweise in: Petrus Damiani, Briefe 1, Nr. 40, S. 398 ff.

[41] Vgl. Auxilius, De ordinationibus a Formoso papa factis, in: Migne PL 129, Sp. 1059–1074; E. Dümmler, Auxilius und Vulgarius. Quellen und Forschungen zur Geschichte des Papstthums im Anfange des 10. Jahrhunderts, Leipzig 1866, bes. S. 107–116; E. van Balberghe, Un nouveau manuscrit du ›De ordinationibus‹ d'Auxilius, in: Traditio 26 (1970), S. 447 ff.; zur Rezeption des Werkes im Liber Gratissimus siehe W. K. Firminger, St. Peter Damiani and "Auxilius", in: The Journal of Theological Studies 26 (1924/25), S. 78–81; Ryan, Peter Damiani, S. (38), Nr. (51)–(54) und die Angaben im kritischen Apparat von: Petrus Damiani, Briefe 1, Nr. 40, S. 431 ff.

[42] Vgl. N. M. Haring, The Augustinian Axiom „Nulli Sacramento Injuria Facienda est", in: Mediaeval Studies 16 (1954), S. 87–117.

[43] Vgl. Pascasius Radbertus, De corpore c. 12, S. 76 ff.

[44] Vgl. Dümmler, Auxilius, S. 27 ff.; Saltet, Réordinations, S. 156–163; D. Pop, La défense du pape Formose, Paris 1933; Schebler, Reordinationen, S. 200–211; H. Zimmermann, Papstabsetzungen des Mittelalters, Graz/Wien/Köln 1968, S. 66 ff.

[45] Vgl. Adversus Simoniacos, S. 95–253; siehe auch E. G. Robinson, Humberti Cardinalis Libri Tres Adversus Simoniacos. A Critical Edition with an

Introductory Essay and Notes, Diss. Princeton 1972, deren Textausgabe die Edition Thaners kaum verbessert und deshalb aus praktischen Gründen unberücksichtigt bleiben kann. Vgl. dazu Schieffer, Investiturverbot, S. 43.

[46] Vgl. u. a. F. Rukser, Kardinal Humberts Streitschrift Adversus Simoniacos im Lichte der Augustinischen Anschauungen, Diss. phil. Greifswald 1921; J. P. Whithney, Peter Damiani and Humbert, in: The Cambridge Historical Journal 1 (1923/24), S. 225–248; Firminger, Petrus Damiani, S. 78 ff.; Ladner, Theologie, S. 52 ff.; J. J. Ryan, Cardinal Humbert of Silva Candida and Auxilius: The ›Anonymus Adversary‹ of ›Liber I Adversus Simoniacos‹, in: Mediaeval Studies 13 (1951), S. 218–223; Dressler, Petrus Damiani, S. 108; Miccoli, Problema, S. 37; H. Hoesch, Die kanonischen Quellen im Werk Humberts von Moyenmoutier, Köln/Wien 1970, S. 77–125; Robison, Humberti Libri, S. 80 ff.; Palazzini, Influssi, S. 20 f.

[47] Vgl. zu diesem bereits in Adversus Simoniacos Praef., S. 100–102 faßbaren Gedankengang u. a. H. Halfmann, Cardinal Humbert, sein Leben und seine Werke mit besonderer Berücksichtigung seines Traktates: ›Libri tres adversus Simoniacos‹, Göttingen 1883, S. 49–83; Mirbt, Publizistik, S. 378–380; Schebler, Reordinationen, S. 229–231; Tellenbach, Libertas, S. 130–133; Benson, Bishop-Elect, S. 213 f.; K.-H. Kandler, Die Abendmahlslehre des Kardinals Humbert und ihre Bedeutung für das gegenwärtige Abendmahlsgespräch, Berlin/Hamburg 1971, S. 38 ff.; Laudage, Priesterbild, S. 175–179.

[48] Vgl. Nicetae presbyteri et monachi Studii Libellus contra Latinos, in: Acta et scripta, S. 127–136.

[49] Vgl. Humberti episcopi Sylvae Candidae Responsio sive contradictio adversus Nicetae pectorati libellum, in: Acta et scripta, S. 136–150; zur Verfasserfrage siehe Krause, Verfasser, S. 55, Anm. 22; zur Interpretation Fornasari, Celibato, S. 40 ff.

[50] Vgl. Humberti Responsio cc. 25–34, S. 147–150, bes. c. 34, S. 150.

[51] Vgl. Excommunicatio qua feriuntur Michael Caerularius atque ejus sectatores, in: Acta et scripta, S. 153 f., bes. S. 153, Z. 12 f.

[52] Vgl. die Belegstellen bei Mirbt, Publizistik, S. 264, Anm. 5 und Fornasari, Celibato, S. 25–62. Zu den Hintergründen siehe auch P. Palazzini, San Pier Damiani e la polemica anticelebataria, in: Divinitas 14 (1970), S. 127–133; J. de Chasteigner, Le célibat sacerdotal dans les écrits de Saint Pierre Damien, in: Doctor Communis 24 (1971), S. 161–183, 261–276.

[53] Vgl. Vigilantia universalis c. 3, S. 217 f., Z. 100–103.

[54] Vgl. Bonizonis Liber ad amicum, S. 588 und Petrus Damiani, Briefe 3, Nr. 112, S. 280, Z. 16–19; dazu Mirbt, Publizistik, S. 263 f.; Fornasari, Celibato, S. 25 f.

[55] Vgl. Adversus Simoniacos lib. III, 39, S. 246 f., bes. S. 247, Z. 30–40; dazu Fornasari, Celibato, S. 28.

[56] Vgl. J. Schnitzer, Berengar von Tours, sein Leben und seine Lehre, Stuttgart 1892; J. R. Geiselmann, Die Eucharistielehre der Vorscholastik, Paderborn 1926, S. 290 ff.; A. J. MacDonald, Berengar and the Reform of Sacramental Doctrine, London 1930; Ladner, Theologie, S. 14 ff.; O. Capitani, Studi su Berengario di Tours, Lecce 1966; Kandler, Abendmahlslehre, S. 54 ff.; J. de Montclos,

Lanfranc et Bérenger. La controverse eucharistique du XIe siècle, Louvain 1971; O. Capitani, L'«affaire bérengarienne» ovvero dell'utilità delle monografie, in: Studi Medievali, Serie terza 16, 1 (1975), S. 353–378; M. Gibson, Lanfranc of Bec, Oxford 1978, S. 63 ff. u. v. a.

57 Vgl. Pascasius Radbertus, De corpore c. 4, S. 27–31; dazu Geiselmann, Eucharistielehre, S. 144–170.

58 So programmatisch Ratramnus Corbeiensis, De corpore et sanguine domini, ed. J. N. Bakhuisen van den Brink, Amsterdam 1954, c. 16, S. 47; vgl. A. Nägle, Ratramnus und die heilige Eucharistie, Wien 1903; Geiselmann, Eucharistielehre, S. 176 ff.; J. F. Fahey, The Eucharistic Teaching of Rathramnus, Mundelein 1951; J.-P. Bouhot, Ratramne de Corbie. Histoire littéraire et controverse doctrinale, Paris 1976.

59 Wie Anm. 56.

60 Die beiden wichtigsten Quellen hierfür sind Migne PL 143, Sp. 1289–1296, bes. 1290 B und Lanfranci De corpore c. 4, Sp. 413 C; dazu MacDonald, Berengar, S. 80 ff.; M. Gibson, The Case of Berengar of Tours, in: Councils and Assemblies, hrsg. v. G. J. Cuming/D. Baker, Cambridge 1971, S. 62; R. Somerville, The Case against Berengar of Tours. A New Text, in: StudGreg 9 (1972), S. 55 f.

61 Diese Eidesformel wird gewöhnlich nach dem Text in: Lanfranci De corpore c. 2, Sp. 410 A–411 B zitiert, doch wäre eine Neuedition dringend erforderlich. Vgl. dazu R. B. C. Huygens, Bérenger de Tours, Lanfranc et Bernold de Constance, in: Sacris Erudiri 16 (1965), S. 355–403, bes. 371 ff. und Somerville, Case, S. 58 f., Anm. 15.

62 Vgl. Lanfranci De corpore c. 2, Sp. 411 A.

63 Vgl. Gibson, Case, S. 65 ff.; Somerville, Case, S. 59 ff. und oben, Anm. 56.

64 Vgl. de Montclos, Lanfranc, S. 483–488, 491–521 u. ö.

65 Vgl. Lanfranci De corpore c. 10, Sp. 421 BC.

66 Vgl. Guitmundi archiepiscopi Aversani De corporis et sanguinis Christi veritate in eucharistia libri tres, in: Migne PL 149, Sp. 1427–1494, bes. lib. III, Sp. 1494 D.; dazu und zu der in Anm. 65 zitierten Stelle Geiselmann, Eucharistielehre, S. 365–396; MacDonald, Berengar, S. 341–363; P. Shaugnessy, The Eucharistic Doctrine of Guitmund of Aversa, Rom 1939; Gibson, Lanfranc, S. 91 ff.

67 Vgl. H. Jorissen, Die Entfaltung der Transsubstantiationslehre bis zum Beginn der Hochscholastik, Münster i. W. 1965, S. 147 f.

68 Vgl. Reg. VI, 17a, S. 426, Z. 16 – S. 427, Z. 6.

69 Vgl. Geiselmann, Eucharistielehre, S. 406; MacDonald, Berengar, S. 173; Somerville, Case, S. 61–75, bes. 70 f.

70 Vgl. zusammenfassend P. Golinelli, La Pataria. Lotte religiose e sociali nella Milano dell'XI secolo, Novara/Mailand 1984. Siehe auch C. Violante, La pataria milanese e la riforma ecclesiastica 1, Rom 1955; E. Werner, Pauperes Christi. Studien zu sozial-religiösen Bewegungen im Zeitalter des Reformpapsttums, Leipzig 1956, S. 155 ff.; G. Miccoli, Per la storia della pataria milanese, in: BISI 70 (1958), S. 43–123, ND in: ders., Chiesa, S. 101–167; H. E. J. Cowdrey,

The Papacy, the Patarens and the Church of Milan, in: Transactions of the Royal Historical Society, 5th Serie 18 (1968), S. 597–687; Keller, Pataria, S. 321–350; R. Hauser, Zur Spiritualität der Mailänder Pataria, Diss. theol. Freiburg i. Br. 1977; J. Siegwart, Die Pataria des 11. Jahrhunderts und der heilige Nikolaus von Patara, in: Zeitschrift für schweizerische Kirchengeschichte 71 (1977), S. 30–92; Laudage, Priesterbild, S. 278–280; E. Werner, Hildebrand-Gregor und die Mailänder Pataria, in: StudGreg 14 (1991), S. 21–27 u. v. a.

71 Vgl. Petrus Damiani, Briefe 2, Nr. 65, S. 228–247; dazu E. Werner, Pietro Damiani ed il movimento populare del suo tempo, in: StudGreg 10 (1975), S. 305 ff.

72 Vgl. Schwarz, Investiturstreit, S. 272 ff.; Schieffer, Legaten, S. 64 ff.; Haller, Papsttum 2, S. 347 f.; Becker, Studien, S. 47 ff.

73 Vgl. Schmidt, Alexander II., S. 202 ff.

74 Vgl. JL 4637/Bonizonis Liber ad amicum lib. VI, S. 597, Z. 17–37.

75 Vgl. R. Schieffer, Spirituales Latrones. Zu den Hintergründen der Simonieprozesse in Deutschland zwischen 1069 und 1075, in: HJb 92 (1972), S. 19–60; Erkens, Kirchenprovinz, S. 5–19.

76 Vgl. Bonizonis Liber ad amicum lib. VI, S. 600; dazu Schieffer, Investiturverbot, S. 109 f.

77 Vgl. K. J. Benz, Eschatologisches Gedankengut bei Gregor VII., in: ZKG 97 (1986), S. 1–35, bes. 8 ff.; ders., Eschatologie und Politik bei Gregor VII., in: StudGreg 14 (1991), S. 1–20.

78 Zu den Verfahren gegen Pibo von Toul, Werner von Straßburg und Hermann von Bamberg siehe Schieffer, Latrones, S. 22–52; zu den beiden anderen Fällen Reg. V, 14a, S. 369, Z. 9–12 und Epistolae Vagantes, Nr. 9 f., S. 18–26.

79 Vgl. Epistolae Vagantes Nr. 6, S. 14–16; zur Datierung auf 1075 (statt 1074) siehe ebd., S. 160 f.; zur Interpretation G. B. Borino, I decreti di Gregorio VII contro i simoniaci e i nicolaitici sono del sinodo quaresimale del 1074, in: StudGreg 6 (1959/61), S. 277–295.

80 Ed. E. Sackur, in: MGH Ldl 2, S. 436–448. Die Datierung auf die Zeit um 1075 wird in Frage gestellt von I. S. Robinson, Authority and Resistance in the Investiture Contest. The Polemical Literature of the Late Eleventh Century, Manchester 1978, S. 176 f.

81 Vgl. Reg. VI, 5b, c. 5, S. 403, Z. 25 – S. 404, Z. 3.

82 Vgl. ebd., c. 12, S. 405, Z. 24 – S. 406, Z. 3.

83 Vgl. Concilium Melfitanum, in: Mansi 20, cc. 2, 3, 12, Sp. 723 f.; Decretum Wiberti vel Clementis papae, ed. E. Dümmler, in: MGH Ldl 1, S. 626, Z. 7–12; dazu u. a. Mirbt, Publizistik, S. 301; K. Jordan, Die Stellung Wiberts von Ravenna in der Publizistik des Investiturstreites, in: MIÖG 62 (1954), S. 162, ND in: ders., Ausgewählte Aufsätze zur Geschichte des Mittelalters, Stuttgart 1980, S. 82; G. Fornasari, Il sinodo guibertista del 1089 e il problema del celibato ecclesiastico, in: Studi Medievali, Serie terza 16, 1 (1975), S. 259–292; J. Ziese, Wibert von Ravenna. Der Gegenpapst Clemens III. (1084–1100), Stuttgart 1982, S. 191 ff., der die römische Synode Clemens' III. freilich auf 1091/92 datieren

möchte. Siehe auch M. Stoller, Eight Anti-Gregorian Councils, in: AHC 17 (1985), S. 305–314, bes. 312.

[84] Vgl. Concilium Melfitanum c. 1, Sp. 721 f. und Decretum Wiberti, S. 625, Z. 39–S. 626, Z. 6; dazu u. a. L. Paulot, Un Pape français. Urbain II, Paris 1903, S. 147–166, bes. 160 ff.; Jordan, Stellung, S. 162, ND S. 82; Ziese, Wibert, S. 198 ff.; Stoller, Councils, S. 311.

[85] Vgl. Decretum Wiberti, S. 623, Z. 36–S. 625, Z. 17 und ebd., S. 625, Z. 39–S. 626, Z. 6.

[86] Vgl. MGH Const. 1, Nr. 393, cc. 2–4, S. 561, Z. 15–23.

[87] Vgl. Concilium Lateranense I – 1123, in: COD S. 187–197, bes. 1, S. 190, Z. 1–5 und c. 7, S. 191, Z. 1–5.

Kapitel III

[1] Vgl. E. Lesne, La hiérarchie épiscopale. Provinces, métropolitains, primats en Gaule et Germanie depuis la réforme de saint Boniface jusqu'à la mort d'Hincmar. 742–882, Lille/Paris 1905, S. 57–79; H. Büttner, Mission und Kirchenorganisation des Frankenreiches bis zum Tod Karls des Großen, in: Karl der Große. Lebenswerk und Nachleben 1, Düsseldorf 1965, S. 474–486; Kempf, Struktur, S. 38 ff.

[2] Vgl. C.-B. Graf von Hacke, Die Palliumverleihungen bis 1143. Eine diplomatisch-historische Untersuchung, Göttingen 1898, S. 102 ff.; J. Braun, Die liturgische Gewandung in Occident und Orient nach Ursprung und Entwicklung, Verwendung und Symbolik, Freiburg i. Br. 1907, S. 620–676; Kempf, Struktur, S. 46 ff.; O. Engels, Der Pontifikatsantritt und seine Zeichen, in: Segni e riti nella chiesa altomedievale occidentale (Settimane di studio 33, Spoleto 1987), S. 732 ff.

[3] Vgl. Nicolai I. papae epistolae, ed. E. Perels, in: MGH Epp. 6, Nr. 99, c. 73, S. 593, Z. 3–17, bes. Z. 15 f.; Registrum Iohannis VIII. papae, ed. E. Caspar, in: MGH Epp. 7, Nr. 120, S. 110, Z. 13–16 und ebd., Nr. 99, S. 93, Z. 2 f.; dazu Kempf, Struktur, S. 50.

[4] Vgl. von Hacke, Palliumverleihungen, S. 102–140; siehe zuletzt auch T. Zotz, Pallium et alia quaedam archiepiscopatus insignia. Zum Beziehungsgefüge und zu Rangfragen der Reichskirchen im Spiegel der päpstlichen Privilegierung des 10. und 11. Jahrhunderts, in: FS für B. Schwineköper zu seinem 70. Geb., Sigmaringen 1982, S. 155–175, bes. 157 ff.

[5] Vgl. H. M. Klinkenberg, Der römische Primat im 10. Jahrhundert, in: ZRG KA 41 (1955), S. 1–57; S. Lindemans, La primauté du Pape dans la tradition littéraire du Xe siècle, Louvain 1965; F. Kempf, in: Handbuch der Kirchengeschichte III, 1, S. 325–341; ders., Struktur, S. 54–64; H. Fichtenau, Vom Ansehen des Papsttums im zehnten Jahrhundert, in: Kirche und Reich, S. 117–124; G. Tellenbach, Zur Geschichte der Päpste im 10. und 11. Jahrhundert, in: Institutionen, Kultur und Gesellschaft im Mittelalter. FS für J. Fleckenstein, Sigmaringen 1984, S. 165–178 u. v. a.

[6] Vgl. u. a. A. Blumenstok, Der päpstliche Schutz im Mittelalter, Innsbruck

1890; E.E. Stengel, Die Immunität in Deutschland bis zum Ende des 11. Jahrhunderts 1, Innsbruck 1910, S. 368–390; H. Hirsch, Untersuchungen zur Geschichte des päpstlichen Schutzes, in: MIÖG 54 (1942), S. 363–433; J.-F. Lemarignier, L'exemption monastique et les origines de la réforme grégorienne, in: A Cluny, S. 288–334; W. Szaivert, Die Entstehung und Entwicklung der Klosterexemtion bis zum Ausgang des 11. Jahrhunderts, in: MIÖG 59 (1951), S. 265–298; H. Appelt, Die Anfänge des päpstlichen Schutzes, in: MIÖG 62 (1954), S. 101–111; O. Engels, Schutzgedanke und Landesherrschaft im östlichen Pyrenäenraum (9.–13. Jahrhundert), Münster i.W. 1970, S. 188 ff.; E. Boshof, „Traditio Romana" und Papstschutz im 9. Jahrhundert, in: E. Boshof/H. Wolter, Rechtsgeschichtlich-diplomatische Studien zu frühmittelalterlichen Papsturkunden, Köln/Wien 1976, S. 1–100; J. Fried, Der päpstliche Schutz für Laienfürsten, Heidelberg 1980, S. 37 ff.; Szabó-Bechstein, Libertas, S. 78–101.

7 Maßgeblich war dabei in erster Linie der Papstschutz; vgl. Kempf, Struktur, S. 62 f.

8 Vgl. zuletzt Fichtenau, Ansehen, S. 117 f.

9 Vgl. R. Klauser, Zur Entwicklung des Heiligsprechungsverfahrens bis zum 13. Jahrhundert, in: ZRG KA 40 (1954), S. 91–97.

10 Vgl. Burchardi Decretorum libri viginti, Sp. 537–1058.

11 Vgl. u.a. O. Meyer, Überlieferung und Verbreitung des Dekretes des Bischofs Burchard von Worms, in: ZRG KA 24 (1935), S. 141–183; Kerner, Studien 1, S. 4 ff.; Fuhrmann, Einfluß 2, S. 450 ff.; G. Fransen, Le Décret de Burchard de Worms. Valeur du texte de l'édition. Essai de classement des manuscrits, in: ZRG KA 63 (1977), S. 1–19.

12 Vgl. dazu die Forschungsberichte von Kerner, Studien 1, S. 36–38 und Fuhrmann, Einfluß 2, S. 447–450.

13 Vgl. etwa P. Fournier, Le décret de Burchard de Worms. Ses charactères, son influence, in: RHE 12 (1911), S. 451–473, 670–701; Kerner, Studien 1, S. 39–95.

14 Vgl. Burchardi Decretorum lib. I, 1, Sp. 549 C; Decretales Pseudo-Isidorianae, S. 79, Z. 1–7; Collectionis «Anselmo dedicata» liber primus, ed. J.-C. Besse, in: Revue de droit canonique 9 (1959), c. 2, S. 214 f.; dazu analysierend Kerner, Studien 2, S. 35, Anm. 45; Fuhrmann, Einfluß 3, Stuttgart 1974, S. 862 f., Nr. 181; M. Maccarrone, La teologia del primato romano del secolo XI, in: Istituzioni, S. 33.

15 Vgl. Decretales Pseudo-Isidorianae, S. 79, Z. 7–9.

16 Vgl. Burchardi Decretorum lib. I, 2, Sp. 549 f.; als Vorlagen dienten Decretales Pseudo-Isidorianae, S. 243, Z. 24–34 und Collectionis «Anselmo dedicata» lib. I, 7, S. 216 f.; siehe dazu Kerner, Studien 2, S. 36 f.; Anm. 48; Fuhrmann, Einfluß 3, S. 924 f., Nr. 306.

17 Vgl. Burchardi Decretorum lib. I, 2, Sp. 550 C.

18 Vgl. ebd. lib. I, 3, Sp. 550 C.

19 Vgl. Kerner, Studien 1, S. 62 f.

20 Ed. Anton, Traktat, S. 73–83; zur Provenienz und Datierung ebd., S. 43–49, 62–70; Laudage, Priesterbild, S. 128, 141–145.

[21] Der Titel entspricht nicht der handschriftlichen Überlieferung, wird aber aus praktischen Gründen beibehalten.

[22] Vgl. Capitani, Immunità, S. 28ff.; Schmale, Absetzung, S. 69ff.; Anton, Traktat, S. 20–56; Laudage, Priesterbild, S. 144–151. Siehe zuletzt auch H. Fuhrmann, Beobachtungen zur Schrift „De ordinando pontifice", in: Aus Archiven und Bibliotheken. FS für R. Kottje zu seinem 65. Geb., Frankfurt am Main/Bern/Wien/New York/Paris 1992, S. 223–237.

[23] Vgl. De ordinando, S. 79, Z. 139–147; dazu Hoerschelmann, Wazo, S. 68f.; Becker, Studien, S. 142f.; Capitani, Immunità, S. 30f.; Zimmermann, Papstabsetzungen, S. 137f., 191f.; Anton, Traktat, S. 39–41.

[24] Vgl. De ordinando, S. 82, Z. 254–256.

[25] Vgl. ebd., S. 76, Z. 66f.

[26] Vgl. ebd., S. 81, Z. 220–223. Das Zitat aus dem Stephan I. zugeschriebenen Brief findet sich u. a. in: Decretales Pseudo-Isidorianae, S. 186, Z. 9f. und ist in: Burchardi Decretorum lib. XV, 35, Sp. 904 als eigener Rechtssatz überliefert.

[27] Vgl. Anton, Traktat, S. 50ff.; Laudage, Priesterbild, S. 146ff.; Szabó-Bechstein, Libertas, S. 126f.

[28] Vgl. Anselmi Gesta cc. 57–66, S. 223–230.

[29] Vgl. ebd. c. 63, S. 228, Z. 7–10 und c. 66, S. 229f., bes. S. 230, Z. 4–7; dazu Laudage, Priesterbild, S. 136–138.

[30] Vgl. Anselmi Gesta c. 57, S. 224, Z. 6–8 und c. 58, S. 224, Z. 21–23; dazu Tellenbach, Libertas, S. 125; Hoerschelmann, Wazo, S. 60f.; Hoffmann, Cluny, S. 182f.; ND, S. 341f., 368; Funk, Pseudo-Isidor, S. 318f.; Capitani, Immunità, S. 20ff.; Benson, Bishop-Elect, S. 207–209; Boshof, Lothringen, S. 121; ders., Das Reich in der Krise. Überlegungen zum Regierungsausgang Heinrichs III., in: HZ 228 (1979), S. 284; Anton, Traktat, S. 65f.; Laudage, Priesterbild, S. 135f.; Szabó-Bechstein, Libertas, S. 125.

[31] Vgl. Anselmi Gesta c. 65, S. 229, Z. 1 und c. 65, S. 228, Z. 41f.; zur kanonistischen Tradition dieses Grundsatzes siehe u. a. A. M. Koeniger, Prima sedes a nemine iudicatur, in: Beiträge zur Geschichte des christlichen Altertums und der byzantinischen Literatur. Festgabe A. Ehrhard, Bonn/Leipzig 1922, S. 273–300; J. A. Moynihan, Papal Immunity and Liability in the Writings of the Medieval Canonists, in: Analecta Gregoriana 120 (1961), S. 3ff.; Zimmermann, Papstabsetzungen, S. 2ff.

[32] Vgl. Anselmi Gesta c. 65, S. 228f.

[33] Vgl. Kerner, Studien 1, S. 65–68.

[34] Vgl. Anton, Traktat, S. 25ff., 58f.

[35] Vgl. Anselmi Gesta, c. 65, S. 228, Z. 37–40.

[36] Vgl. ebd. c. 65, S. 228, Z. 42f.

[37] Vgl. De ordinando, S. 75, Z. 9–25; dazu Anton, Traktat, S. 21f.

[38] Vgl. dazu oben, S. 21f.

[39] Entgegen der Annahme von Blumenthal, Text, S. 38, Anm. 54 kann man nur von elf sicher belegten Synoden ausgehen, doch ist für Ostern 1052 ein weiteres Konzil zu vermuten. Vgl. dazu M. Boye, Quellenkatalog der Synoden

Deutschlands und Reichsitaliens von 922–1059, in: NA 48 (1930), S. 84 ff.; Laudage, Priesterbild, S. 156, Anm. 162; Wolter, Synoden, S. 406, Anm. 319.

[40] Vgl. resümierend R. Hüls, Kardinäle, Klerus und Kirchen Roms. 1049–1130, Tübingen 1977, S. 45 ff.

[41] Vgl. u. a. H.-W. Klewitz, Die Entstehung des Kardinalkollegiums, in: ZRG KA 25 (1936), S. 117 f., ND in: ders., Reformpapsttum und Kardinalkolleg, Darmstadt 1957, S. 13 f.; W. Maleczek, Papst und Kardinalskolleg von 1191 bis 1216, Wien 1984, S. 208 f.; C. G. Fürst, Gregorio VII, cardinali e amministrazione pontificia, in: StudGreg 13 (1989), S. 18–24.

[42] Vgl. Schieffer, Legaten, S. 50 ff.

[43] Vgl. K. Jordan, Die Entstehung der römischen Kurie, in: ZRG KA 28 (1939), S. 102 ff.; ders., Die päpstliche Verwaltung im Zeitalter Gregors VII., in: StudGreg 1 (1947), S. 112 ff., ND in: ders., Aufsätze, S. 130 ff.; R. Elze, Das „sacrum palatium Lateranense" im 10. und 11. Jahrhundert, in: StudGreg 4 (1952), S. 27–54.

[44] Vgl. H. Hartmann, Über die Entstehung der Rota, in: AUF 6 (1939), S. 385–412; P. Rabikauskas, Diplomatica Pontificia, Rom ^{2}1968, S. 109 ff.; L. Santifaller, Über die Neugestaltung der äußeren Form der Papstprivilegien unter Leo IX., in: FS H. Wiesflecker, Graz/Wien/Köln 1973, S. 29–38.

[45] Vgl. Jordan, Verwaltung, S. 118 ff., ND, S. 136 ff.

[46] Vgl. S. Leonis IX. Epistola ad Michaelem Constantinopolitanum patriarcham adversus eius et Leonis Achridani episcopi inauditae praesumptiones et nimias vanitates, in: Acta et scripta, S. 65–85. Als zeitlich und sachlich mit diesem Brief zusammenhängend sind die von P. E. Schramm, Kaiser, Könige und Päpste 4, 1, Stuttgart 1970, S. 151–156 edierten Fragmente ›De sancta Romana ecclesia‹ bewertet worden, doch bereitet die nähere Bestimmung der Provenienz dieser Texte erhebliche Schwierigkeiten. Vgl. dazu zuletzt Anton, Traktat, S. 26, Anm. 62 gegen J. J. Ryan, Cardinal Humbert ›De s. Romana Ecclesia‹: Relics of Roman-Byzantine Relations 1053–1054, in: Mediaeval Studies 20 (1958), S. 206–238.

[47] So u. a. A. Michel, Humbert und Kerullarios. Quellen und Studien zum Schisma des 11. Jahrhunderts 1, Paderborn 1924, S. 55.

[48] Vgl. H.-G. Krause, Das Constitutum Constantini im Schisma von 1054, in: Kirche und Reich, S. 141–153.

[49] Vgl. E. Petrucci, I rapporti tra le redazioni latine e greche del Costituto, in: BISI 74 (1962), S. 66–76 und ders., Ecclesiologia e politica di Leone IX, Rom 1977.

[50] Krause, Constitutum, S. 135.

[51] Ed. H. Fuhrmann, Das Constitutum Constantini (Konstantinische Schenkung) (MGH Font. iur. Germ. ant. in us. schol. 10, Hannover 1968).

[52] Vgl. Petrucci, Ecclesiologia, S. 112, 118.

[53] Vgl. Leonis Epistola ad Michaelem cc. 5–22, S. 67–78. Die Kritik Leons von Ochrid findet sich in dem in: Acta et scripta, S. 56–60 gedruckten Brief an den Papst.

[54] Vgl. Leonis Epistola ad Michaelem cc. 23–36, S. 78–83.

[55] Vgl. bes. ebd. c. 13, S. 72; dazu Krause, Constitutum, S. 138 ff.

[56] Vgl. Leonis Epistola ad Michaelem c. 12, S. 71, Z. 15–25.

[57] Vgl. ebd. c. 12, S. 71, Z. 23–25 und cc. 13 f., S. 72–74.

[58] Dies muß im Gegensatz zu Petrucci, Ecclesiologia, S. 218 festgehalten werden, der Leonis Epistola ad Michaelem c. 12, S. 71, Z. 28–32 zu Unrecht auf die Gesamtheit der kaiserlichen Gewalt Konstantins bezieht. Siehe dazu richtig Krause, Constitutum, S. 139–141.

[59] Vgl. Leonis Epistola ad Michaelem c. 12, S. 71 f.

[60] Vgl. ebd. c. 13, S. 72, Z. 15 ff.

[61] Vgl. Maccarrone, Teologia, S. 43 ff.

[62] Vgl. Schmid, Wahl, S. 91–94.

[63] Vgl. Chron. Montecass. lib. II, 94, S. 352 f.; zur Nichtbeteiligung des deutschen Königs: Annales Altahenses maiores, zu 1057, rec. E. von Oefele (MGH SS rer. Germ. in us. schol. 4, Hannover 1891), S. 54.

[64] Vgl. O. Schumann, Die päpstlichen Legaten in Deutschand zur Zeit Heinrichs IV. und Heinrichs V. (1056–1125), Marburg 1912, S. 2 ff.; T. Schmidt, Hildebrand, Kaiserin Agnes und Gandersheim, in: Niedersächsisches Jahrbuch für Landesgeschichte 46/97 (1974), S. 307 f.; ders., Alexander II., S. 61–63.

[65] So vor allem Krause, Papstwahldekret, S. 58–62; H. Vollrath, Kaisertum und Patriziat in den Anfängen des Investiturstreits, in: ZKG 85 (1974), S. 40; anders Schmid, Wahl, S. 106–110.

[66] Vgl. JL 4372–4379.

[67] Vgl. JL 4372/Migne PL 143, Sp. 869 f.

[68] Vgl. Laudage, Priesterbild, S. 227; ders., Gregor VII., S. 85 f. gegen Schieffer, Investiturverbot, S. 9 f., der das Verhalten Hildebrands nicht mit taktischen Motiven, sondern mit einer Auffassung zu erklären versucht, die der königlichen Investitur- und Besetzungspraxis noch unvoreingenommen gegenübergestanden habe.

[69] Vgl. Lamperti monachi Hersfeldensis Annales, zu 1059, ed. O. Holder-Egger (MGH SS. rer. Germ. in us. schol. 38, Hannover/Leipzig 1894), S. 74.

[70] Vgl. Chron. Montecass. lib. III, 12, S. 373; Annales Romaines, in: Liber Pontificalis 2, S. 334 f.; Bonizonis Liber ad amicum lib. VI, S. 593; Benzonis episcopi Albensis ad Heinricum IV imperatorem, ed. K. Pertz, in: MGH SS 11 lib. VII, S. 671 f.

[71] Vgl. Annales Altahenses, zu 1058, S. 54.

[72] Vgl. J. Wollasch, Die Wahl des Papstes Nikolaus II., in: Adel und Kirche, S. 205–220; D. Hägermann, Zur Vorgeschichte des Pontifikates Nikolaus' II., in: ZKG 81 (1970), S. 352–361; ders., Untersuchungen zum Papstwahldekret von 1059, in: ZRG KA 56 (1970), S. 164; J. F. Böhmer, Regesta Imperii III, 2. 1, neubearb. v. T. Struve, Köln/Wien 1984, Nr. 136, S. 52 f.

[73] Das Zusammentreffen dieser Personen ist urkundlich faßbar durch P. Kehr, Italia Pontificia 3, Berlin 1908, S. 166, Nr. 1 (zum 16. Mai 1058), die *annitente Gotfrido duce* erfolgte Wahlentscheidung ist bezeugt durch Chron. Montecass. lib. III, 12, S. 373, wo als eigentliche Elektoren die schriftlich um Konsens

ersuchten *Romanorum meliores* erscheinen. Daß hierzu in jedem Fall die Kardinalbischöfe zu zählen sind, ergibt sich aus Petrus Damiani, Briefe 2, Nr. 58, S. 190–194.

[74] Vgl. Kehr, Italia Pontificia 3, S. 75, Nr. 4.

[75] Auch mit Hilfe der späteren Urkunden und Briefe Nikolaus' II. läßt sich keine genauere Datierung vornehmen, da der Papst seine Pontifikatsjahre erst vom Tag seiner Inthronisation (24. Januar 1059) an zählte. Vgl. dazu die Datumzeilen von JL 4429/Migne PL 143, Sp. 1336 und JL 4432/Migne PL 143, Sp. 1338.

[76] Vgl. Bonizonis Liber ad amicum, lib. VI, S. 593.

[77] Für die Historizität dieser Wahl (und damit gegen Hägermann, Untersuchungen, S. 163–167) spricht vor allem, daß auch Benzonis Lib. VII, S. 671 f. Siena als Ort der *electio* bezeugt. Vgl. auch Jasper, Papstwahldekret, S. 42 f., Anm. 160.

[78] Vgl. Petrus Damiani, Briefe 2, Nr. 58, S. 191 f.; dazu F. Kempf, Pier Damiani und das Papstwahldekret von 1059, in: AHP 2 (1964), S. 80.

[79] Ed. Jasper, Papstwahldekret, S. 91–119. Im folgenden wird nur die echte Fassung zitiert (unter dem Kurztitel ›Papstwahldekret‹).

[80] Vgl. Papstwahldekret, S. 101, Z. 34; dazu Hägermann, Untersuchungen, S. 158–172.

[81] Vgl. Krause, Papstwahldekret, S. 76 ff.; Wollasch, Wahl, S. 205–220; W. Stürner, Das Papstwahldekret von 1059 und die Wahl Nikolaus' II., in: ZRG KA 59 (1973), S. 417–419.

[82] Vgl. Petrus Damiani, Briefe 2, Nr. 89, S. 531–572; dazu u. a. Krause, Papstwahldekret, S. 129 ff.; O. de'Maria, The Ecclesiastical and the Civil Power in St. Peter Damiani, Rom 1964, S. 78 ff.; Kempf, Pier Damiani, S. 83 ff.; Vollrath, Kaisertum, S. 26 ff.; O. Capitani, Problematica della Disceptatio synodalis, in: StudGreg 10 (1975), S. 141–174.

[83] Vgl. Petrus Damiani, Briefe 1, Nr. 31, S. 286 und ebd. 2, Nr. 48, S. 52–61, bes. 55 f.; dazu zuletzt Szabó-Bechstein, Libertas, S. 113 f.

[84] Vgl. u. a. M. Fois, I compiti e le prerogative dei cardinali vescovi secondo Pier Damiani nel quadro della sua ecclesiologia primaziale, in: AHP 10 (1972), S. 25–105; Maccarrone, Teologia, S. 63 ff.; G. Alberigo, Regime sinodale e chiesa Romana tra l'XI e il XII secolo, in: Istituzioni, S. 240 ff.; E. Pásztor, San Pier Damiani, il cardinalato e la formazione della Curia Romana, in: StudGreg 10 (1975), S. 317–339; G. Fornasari, Pier Damiani e Gregorio VII: dall'ecclesiologia «monastica» all'ecclesiologia «politica»?, in: Fonte Avellana nel suo millenario 1, Fonte Avellana 1982, S. 151–244, bes. 209 ff.

[85] Vgl. Petrus Damiani, Briefe 3, Nr. 112, S. 267, Z. 4–6; dazu Ryan, Peter Damiani, S. (100), Nr. (193); allgemein zum Prinzip der „Konsonanz" im Werk Petrus Damianis ebd., S. (147 f.).

[86] Diese Schlußfolgerung wurde von einem Großteil der Reformer auch tatsächlich gezogen. Vgl. etwa Petrus Damiani, Briefe 2, Nr. 88, S. 521, Z. 8 f.; dazu Ryan, Peter Damiani, S. (78)–(80), Nr. (145).

[87] Einen der bekanntesten Belege für diese Zuschreibung liefert Reg. VII, 24, S. 504 f.; zur weiten Verbreitung dieser Häretikerdefinition siehe vor allem Fuhr-

mann, Reformpapsttum, S.187f., Anm.29; ders., Catholicus, S.263–287, bes. 275ff. und Petrus Damiani, Briefe 2, Nr.88, S.521f., Anm.16.

[88] Vgl. Petrus Damiani, Briefe 2, Nr.65, S.229, Z.10–15; dazu u.a. A.Michel, Die Sentenzen des Kardinals Humbert, das erste Rechtsbuch der päpstlichen Reform, Leipzig 1943, S.5f.; Fuhrmann, Reformpapsttum, S.187, Anm.28.

[89] Vgl. Petrus Damiani, Briefe 2, Nr.57, S.162–190; dazu K.Reindel, Studien zur Überlieferung der Werke des Petrus Damiani, in: DA 18 (1962), S.351ff.

[90] Vgl. G.Lucchesi, Per una vita di San Pier Damiani. Componenti cronologiche e topografiche, in: San Pier Damiano 1, S.115–119; K.Reindel, Petrus Damiani und seine Korrespondenten, in: StudGreg 10 (1975), S.216; Jasper, Papstwahldekret, S.42.

[91] Vgl. Petrus Damiani, Briefe 2, Nr.57, S.165, Z.8–S.166, Z.5.; dazu Kempf, Pier Damiani, S.73–75.

[92] Wie Anm.78.

[93] Vgl. Petrus Damiani, Briefe 1, Nr.40, S.462, wo der Reformer JK 544 zitiert – jenen Brief Leos I., in dem das *iudicium metropolitani* besonders gewürdigt wird.

[94] Vgl. Petrus Damiani, Briefe 2, Nr.48, S.52–61, bes. 55f.; dazu Kempf, Pier Damiani, S.79ff.; Alberigo, Cardinalato, S.37ff.; Fois, Compiti, S.60ff.; Maccarrone, Teologia, S.69f.; K.Ganzer, Das roemische Kardinalkollegium, in: Istituzioni, S.159; Pásztor, Pier Damiani, S.321ff.

[95] Vgl. A.Michel, Papstwahl und Königsrecht oder das Papstwahl-Konkordat von 1059, München 1936, S.3ff.; ders., Humbert und Hildebrand bei Nikolaus II., in: HJb 72 (1953), S.148ff.

[96] Den Ausgangspunkt für diese u.a. von K.M. Woody, Sagena piscatoris: Peter Damiani and the Papal Election Decree of 1059, in: Viator 1 (1970), S.33–54 verfochtene These bildete die von Krause, Papstwahldekret, S.116ff., 257ff. formulierte Kritik an der Argumentation Michels. Für eine intensive Beteiligung Petrus Damianis an der Entstehung des Papstwahldekrets sprachen sich auch Kempf, Pier Damiani, S.81f.; A.Lentini, Il «Cursus» nella prosa di Pier Damiani, in: Benedictina 19 (1972), S.239–251 und Lucchesi, Vita, S.218ff. aus.

[97] Schieffer, Investiturverbot, S.56; ähnlich K.Reindel, Neue Literatur zu Petrus Damiani, in: DA 32 (1976), S.427f.

[98] Vgl. vor allem Kempf, Pier, S.73–89.

[99] Vgl. Papstwahldekret, S.104f., Z.84–91.

[100] Vgl. dazu u.a. Krause, Papstwahldekret, S.85ff., W.Stürner, Der Königsparagraph im Papstwahldekret von 1059, in: StudGreg 9 (1972), S.37–52; Laudage, Priesterbild, S.13ff., 213ff.; ders., Gregor VII., S.89–91; Jasper, Papstwahldekret, S.1, 5f.

[101] F.Kempf, in: Handbuch der Kirchengeschichte III, 1, S.414f.

[102] Vgl. Papstwahldekret, S.100f., Z.18–37.

[103] Ebd., S.105, Z.94f.

[104] Vgl. ebd., S.103, Z.59–63; den Nachweis, daß mit dem hier gebrauchten Ausdruck *religiosi viri* die Kardinalbischöfe gemeint sind, führte schon Michel, Papstwahl, S.97f.

[105] Vgl. Papstwahldekret, S. 101, Z. 37 – S. 103, Z. 63; dazu u. a. Michel, Papstwahl, S. 89 ff.; Krause, Papstwahldekret, S. 78 ff.

[106] Vgl. Papstwahldekret, S. 103 f., Z. 63–73; zur großen Verbreitung dieses Rechtssatzes zuletzt Jasper, Papstwahldekret, S. 103, Anm. 26.

[107] Vgl. Papstwahldekret, S. 104, Z. 73–80.

[108] Vgl. ebd., S. 104, Z. 80–83.

[109] Vgl. ebd., S. 105, Z. 92–101.

[110] Vgl. ebd., S. 105 f., Z. 101–113.

[111] Vgl. ebd., S. 106 f., Z. 114–133.

[112] Vgl. Petrus Damiani, Briefe 2, Nr. 65, S. 228–247; dazu u. a. Ryan, Peter Damiani, S. (59)–(71), Nr. (106)–(123); P. Palazzini, La missione milanese di San Pier Damiani e il «Privilegium S. R. Ecclesiae», in: Atti e memorie della Deputazione di Storia Patria per le Marche, Serie 8, 7, Ancona 1971/73, S. 171–195; ders., Il primato romano in S. Pier Damiani, in: Studi Cattolici 170 (1973), S. 424–430; Fois, Compiti, S. 36 ff., 53 ff., 96 f.; Maccarrone, Teologia, S. 64 ff.; Szabó-Bechstein, Libertas, S. 112 ff.

[113] Vgl. Petrus Damiani, Briefe 2, Nr. 65, S. 228, Z. 20–23.

[114] Vgl. ebd., S. 229, Z. 4–6.

[115] Vgl. ebd., S. 233, Z. 11 – S. 234, Z. 4.

[116] Ebd., S. 234, Z. 4 f.

[117] Vgl. Congar, Platz, S. 200, Anm. 15; K. Ganzer, Das Kirchenverständnis Gregors VII., in: Trierer Theologische Zeitschrift 78 (1969), S. 99 f.

[118] Vgl. Congar, Platz, S. 202.

[119] Vgl. Petrus Damiani, Briefe 2, Nr. 88, S. 515–531, bes. 517, 526.

[120] Vgl. Annales Romaines, in: Liber Pontificalis 2, S. 336; dazu Schmidt, Alexander II., S. 83, Anm. 82.

[121] Vgl. ebd., S. 80–88; Gussone, Thron, S. 239 f.

[122] Vgl. Petrus Damiani, Briefe 2, Nr. 89, S. 542, Z. 24–28.

[123] Vgl. oben, Anm. 115, 116.

[124] Vgl. Petrus Damiani, Briefe 2, Nr. 89, S. 543–549, 559–561; dazu Kempf, Pier Damiani, S. 83–85; Capitani, Problematica, S. 149 ff.

[125] Vgl. Petrus Damiani, Briefe 2, Nr. 89, S. 568, Z. 2–7.

[126] Vgl. Schieffer, Legaten, S. 66–72; siehe auch H. E. J. Cowdrey, The Cluniacs and the Gregorian Reform, Oxford 1970, S. 47 ff.; Szabó-Bechstein, Libertas, S. 121 f.

[127] Hauptquelle ist De Gallica Petri Damiani profectione et eius ultramontano itinere, edd. G. Schwartz/A. Hofmeister, in: MGH SS 30, 2, cc. 17–19, S. 1044 f., Zitat c. 12, S. 1041, Z. 32; ähnlich ebd. c. 18, S. 1045, Z. 5 ff.

[128] Vgl. F. Kempf, in: Handbuch der Kirchengeschichte III, 1, S. 418 f.

[129] Vgl. Deusdedit, Kanonessammlung lib. IV, 423, S. 599 und JL 4504/Epistolae pontificum Romanorum ineditae, ed. S. Loewenfeld, Leipzig 1885, Nr. 76, S. 41; dazu F. Kempf, Die Eingliederung der überdiözesanen Hierarchie in das Papalsystem des kanonischen Rechts von der gregorianischen Reform bis zu Innocenz III., in: AHP 18 (1980), S. 62 f.

[130] Die ursprüngliche Zahl der von Gregor verfaßten Schreiben dürfte bei

etwa 1500 gelegen haben. Vgl. H. Hoffmann, Zum Register und zu den Briefen Gregors VII., in: DA 32 (1976), S. 110–126, bes. 125 gegen A. Murray, Pope Gregory VII in his Letters, in: Traditio 22 (1966), S. 149–202, bes. 156 ff.

131 Vgl. dazu E. Caspar, Gregor VII. in seinen Briefen, in: HZ 130 (1924), S. 13–28, bes. 22; Michel, Sentenzen, S. 135 f.; Capitani, Immunità, S. 183 ff., 202 ff.,; H. Fuhrmann, Über den Reformgeist der 74-Titel-Sammlung (Diversorum Patrum Sententiae), in: FS für H. Heimpel 2, Göttingen 1972, S. 1101–1120; ders., Catholicus, S. 264 ff.; Fornasari, Gregorio VII, S. 331 ff.; Mordek, Kanonistik, S. 78 ff. gegen J. Gilchrist, Canon Law Aspects of the Eleventh Century Gregorian Reform Programme, in: JEH 13 (1962), S. 21–38; ders., Gregory VII and the Juristic Sources of his Ideology, in: Studia Gratiana 12 (1967), S. 1–37; ders., Gregory VII and the Primacy of the Roman Church, in: Tijdschrift voor Rechtsgeschiedenis 36 (1968), S. 123–135.

132 Vgl. Anm. 88; zu der Frage, ob die Diversorum patrum sententiae sive collectio in LXXIV titulos digesta, ed. J. T. Gilchrist (Monumenta Iuris Canonici, Series B, 1, Vatikanstadt 1973) als Erfüllung der Bitte Hildebrands anzusehen ist: Fuhrmann, Catholicus, S. 271 ff.

133 Reg. II, 55a, S. 201–208; dazu u. a. L. F. J. Meulenberg, Der Primat der römischen Kirche im Denken und Handeln Gregors VII. ('s-Gravenhage 1965), S. 10 ff.; Ganzer, Kirchenverständnis, S. 99 ff.; Schneider, Sacerdotium, S. 110 ff.; H. Mordek, Proprie auctoritates apostolicae sedis. Ein zweiter Dictatus papae Gregors VII.?, in: DA 28 (1972), S. 105–132; Maccarrone, Teologia, S. 86 ff.; F. Kempf, Ein zweiter Dictatus papae? Ein Beitrag zum Depositionsanspruch Gregors VII., in: AHP 13 (1975), S. 119–135; Fuhrmann, Catholicus, S. 263–287; Fornasari, Gregorio VII, S. 335 ff.; Szabó-Bechstein, Libertas, S. 140 ff.; M. Maccarrone, I fondamenti «petrini» del primato romano in Gregorio VII, in: StudGreg 13 (1989), S. 123–149.

134 K. Hofmann, Der ›Dictatus Papae‹ Gregors VII. Eine rechtsgeschichtliche Erklärung (Paderborn 1933) deutete den Dictatus papae zunächst als einen Versuch Gregors, „persönlich durch Anfertigung einer capitulatio für eine knappe Sammlung von Primatszeugnissen an der Erfüllung eines aus den Bedürfnissen der Zeit hervorgegangenen Wunsches zu arbeiten“ (S. 18). Er schloß sich jedoch später mit seinem Aufsatz: Der ›Dictatus Papae‹ als Index einer Kanonessammlung, in: StudGreg 1 (1947), S. 531–537 der Auffassung von G. B. Borino, Un'ipotesi sul ›Dictatus papae‹ di Gregorio VII, in: Archivio della R. Deputazione Romana di storia patria 67 (1944), S. 237–252 an, es handele sich um den Index einer verlorenen Kanonessammlung.

135 Vgl. Fuhrmann, Catholicus, S. 263–287. Ähnliches gilt im übrigen auch für die Hypothesen von R. Koebner, Der Dictatus Papae, in: Kritische Beiträge zur Geschichte des Mittelalters. FS für R. Holtzmann, Berlin 1933, S. 64–92 und J. Gauss, Die Dictatus-Thesen Gregors VII. als Unionsforderungen, in: ZRG KA 29 (1940), S. 1–115. Vgl. zum heutigen Forschungsstand Fuhrmann, Papst Gregor, S. 140 ff.

136 Vgl. Fuhrmann, Catholicus, S. 267 ff.

137 Vgl. ebd., S. 263 f.

[138] Vgl. Reg. II, 55a, c. 7, S. 203, Z. 7f.: *Quod illi soli licet pro temporis necessitate novas leges condere …*

[139] So u. a. Hofmann, Dictatus (1933), S. 14f., 152f.; ders., Dictatus (1947), S. 531 ff.; Borino, Ipotesi, S. 531 ff.

[140] Mordek, Kanonistik, S. 82; siehe auch Congar, Platz, S. 204f.; Ganzer, Kirchenverständnis, S. 95–109, bes. 99ff.

[141] Vgl. Gilchrist, Reception (I), S. 35–82, (II), S. 192–229, bes. 222; Laudage, Priesterbild, S. 272; Mordek, Kanonistik, S. 80f.; Schieffer, Rechtstexte, S. 51–69.

[142] Vgl. Mordek, Kanonistik, S. 72.

[143] Vgl. Reg. II, 55a, c. 17, S. 205, Z. 8f.; dazu u. a. Kuttner, Liber canonicus, S. 387–401.

[144] Vgl. Reg. II, 55a, c. 1, S. 202, Z. 7.

[145] Vgl. Petrus Damiani, Briefe 2, Nr. 65, S. 233, Z. 1–11.

[146] Vgl. Reg. VI, 35, S. 450, Z. 12–15.

[147] Besonders deutlich wird dies in Reg. II, 55a, c. 22, S. 207, Z. 1f., wo mit Lk 22, 32 operiert wird; dazu L. Meulenberg, Une question toujours ouverte: Grégoire VII et l'infaillibilité du pape, in: Kirche und Reich, S. 159–171.

[148] Ganzer, Kirchenverständnis, S. 97.

[149] Vgl. u. a. Tellenbach, Libertas, S. 180ff.; J. van Laarhoven, „Christianitas" et Réforme Grégorienne, in: StudGreg 6 (1959/61), S. 33–93; Ganzer, Kirchenverständnis, S. 104ff.; Maccarrone, Teologia, S. 81 ff.; Szabó-Bechstein, Libertas, S. 142ff.; R. Schieffer, Gregor VII. und die Könige Europas, in: StudGreg 13 (1989), S. 189–211; W. Stürner, Gregors VII. Sicht vom Ursprung der herrscherlichen Gewalt, in: StudGreg 14 (1991), S. 61–68.

[150] Vgl. Reg. II, 55a, c. 2, S. 202, Z. 8.

[151] Vgl. Reg. II, 75, S. 238, Z. 10; dazu Congar, Platz, S. 202f.; Maccarrone, Teologia, S. 82ff.; ders., Fondamenti, S. 72ff.

[152] Vgl. u. a. Tellenbach, Libertas, S. 182ff.; A. Nitschke, Die Wirksamkeit Gottes in der Welt Gregors VII. Eine Untersuchung über die religiösen Äußerungen und die politischen Handlungen des Papstes, in: StudGreg 5 (1956), S. 115–219; J. Spörl, Gregor VII. und das Problem der Autorität, in: Reformata Reformanda. Festgabe für H. Jedin 1, Münster i. W. 1965, S. 59–73; O. Hageneder, Die Häresie des Ungehorsams und das Entstehen des hierokratischen Papsttums, in: RHM 20 (1978), S. 34ff.; W. Goez, Zur Persönlichkeit Gregors VII., in: RQ 73 (1978), S. 201 f.; R. Schieffer, Gregor VII. – Ein Versuch über die historische Größe, in: HJb 97/98 (1978), S. 87–107, bes. 95ff.; I. S. Robinson, *Periculosus homo:* Gregory VII and Episcopal Authority, in: Viator 9 (1978), S. 103–131; ders., Authority, S. 22ff.; Szabó-Bechstein, Libertas, S. 147ff.

[153] Wie Anm. 147.

[154] Vgl. Reg. II, 55a, c. 26, S. 207, Z. 12f.; dazu Fuhrmann, Catholicus, S. 273ff.

[155] Wie Anm. 143.

[156] Vgl. Reg. II, 55a, c. 16, S. 205, Z. 6f.; dazu Hofmann, Dictatus (1933), S. 80ff.

[157] Vgl. ebd., S. 97–138 u. v. a.

[158] Vgl. Reg. II, 55a, c. 21, S. 206, Z. 6 f.

[159] Vgl. ebd., c. 3, S. 202, Z. 9 f. und c. 25, S. 207, Z. 10 f.

[160] Vgl. ebd., c. 13, S. 204, Z. 6 f.

[161] Vgl. ebd., c. 4, S. 203, Z. 1–3.

[162] Vgl. ebd., c. 18, S. 206, Z. 1 f.

[163] Vgl. ebd., c. 19, S. 206, Z. 3.

[164] Vgl. ebd., c. 12, S. 204, Z. 5; dazu vor allem Kempf, Dictatus, S. 119–135.

[165] Vgl. Reg. II, 55a, c. 27, S. 208, Z. 1 f.

[166] Vgl. ebd., c. 7, S. 203, Z. 7–10.

[167] Vgl. ebd., cc. 14 f., S. 205, Z. 1–5; dazu Hofmann, Dictatus (1933), S. 100 ff.

[168] Vgl. Reg. II, 55a, cc. 8–11, S. 204, Z. 1–4; dazu Hofmann, Dictatus (1933), S. 39 ff.

[169] Vgl. Reg. II, 55a, c. 23, S. 207, Z. 3–7; dazu W. Ullmann, Romanus Pontifex indubitanter efficitur sanctus: Dictatus Papae 23 in Retrospect and Prospect, in: StudGreg 6 (1959/61), S. 229–264, der die Stelle freilich zu Unrecht als Beleg für die Vorstellung einer bloßen Amtsheiligkeit des Papstes wertet. Vgl. dagegen Reg. VIII, 21, S. 558–562, bes. S. 561, Z. 1 f.; Hofmann, Dictatus (1933), S. 67 ff.; Ganzer, Kirchenverständnis, S. 98; H. Fuhrmann, „Volkssouveränität" und „Herrschaftsvertrag" bei Manegold von Lautenbach, in: FS H. Krause, Köln/Wien 1975, S. 34 ff.; ders., Catholicus, S. 269; ders., Über die „Heiligkeit" des Papstes, in: ders., Einladung ins Mittelalter, München 1987, S. 156 ff.

[170] Wie Anm. 150.

[171] Ganzer, Kirchenverständnis, S. 108.

[172] Dies ist wohl das bleibende Ergebnis von Hofmann, Dictatus (1933), auch wenn Haller, Papsttum 2, S. 603 f. zu Recht das Bestreben Hofmanns moniert, den Sätzen des Dictatus papae „die revolutionäre Schärfe zu nehmen". Vgl. auch Fuhrmann, Papst Gregor, S. 140 ff.

[173] Vgl. Reg. II, 55a, cc. 8–12, 27, S. 204, 208; siehe auch ebd., I, 19, S. 31 f., ebd. IV, 2, S. 294 f. und ebd. VIII, 21, S. 550, Z. 3 f.

[174] Wie Anm. 149.

[175] Vgl. Reg. IV, 2, S. 294, Z. 24 – S. 295, Z. 19.

[176] Vgl. Reg. III, 10a, S. 270 f.

[177] Vgl. einführend G. J. Ebers, Das Devolutionsrecht, Stuttgart 1906; Schmid, Wahl, S. 196 ff.

[178] Vgl. Reg. VII, 14a, S. 482, Z. 20–32, bes. Z. 25–29.

[179] Vgl. Laudage, Gregor VII., S. 83–101.

[180] Vgl. Meulenberg, Primat, S. 53–59; ders., Grégoire VII et les évêques: centralisation du pouvoir?, in: Concilium 8, 1 (1972), S. 59–71.

[181] Meulenberg, Primat, S. 54. Allerdings weist Robinson, Homo, S. 103–131 mit Recht darauf hin, daß man Gregor kein episkopalistisches Kirchenverständnis unterstellen dürfe, da Gehorsam *(obedientia)* zu den Schlüsselwörtern seines Registers zähle. Vgl. dazu auch oben, Anm. 149 und 152.

[182] Hierauf deutet insbesondere die in Chron. Montcass. III, 72, S. 453–455 überlieferte, aber in ihrem Quellenwert nicht unumstrittene Synodalansprache

Viktors III. von 1087 hin, bes. ebd., S. 454, Z. 37. Vgl. dazu Krause, Papstwahldekret, S. 227–232; Hoffmann, Register, S. 102f.; Cowdrey, Age, S. 261 f.; siehe auch allgemein ebd., S. 177ff.; F. Hirsch, Desiderius von Monte Cassino als Papst Viktor III., in: Forschungen zur Deutschen Geschichte 7 (1867), S. 1–112, bes. 91 ff.; A. Fliche, Le pontificat de Victor III, in: RHE 20 (1924), S. 387–412; Becker, Papst Urban II. 1, S. 78ff.

183 So Haller, Papsttum 2, S. 435.

184 Ebd., S. 434.

185 Ebd., S. 435.

186 Vgl. Becker, Studien, S. 80ff.; ders., Papst Urban II. 1–2; ders., La politique féodale d'Urbain II dans l'ouest et le sud de l'Europe, in: Droit privé et institutions régionales. Études historiques offertes à J. Yver, Paris 1976, S. 43–56; ders., Urban II. und die deutsche Kirche, in: Investiturstreit und Reichsverf., S. 241–275.

187 T. Schieffer, Cluny et la querelle des Investitures, in: Revue Historique 225 (1961), S. 69f., deutsch unter dem Titel: Cluny und der Investiturstreit, in: Cluny, S. 251.

188 Vgl. Anm. 149, 152 und 173.

189 Vgl. JL 5367/Migne PL 151, Sp. 289f., bes. 289 AB.

190 Landulfi de sancto Paulo Historia Mediolanensis, edd. L. Bethmann/P. Jaffé, in: MGH SS 20, c. 40, S. 37.

191 Vgl. etwa JL 5351/Migne PL 151, Sp. 287 A; JL 5538/Migne PL 151, Sp. 396 B.

192 Vgl. Becker, Urban II., S. 250.

193 Vgl. JL 5348/Migne PL 151, Sp. 284 A.

194 Vgl. Becker, Urban II., S. 249.

195 Vgl. Briefsammlungen Nr. 7, S. 26, Z. 16f. und JL 5360/Epp. pont. Rom. ined. Nr. 122, S. 59.

196 Vgl. JL 5760/Migne PL 151, Sp. 535 BC; dazu Tellenbach, Libertas, S. 31 f.; Mordek, Kanonistik, S. 72f.; Tellenbach, Kirche, S. 246f.; siehe auch allgemein F. J. Gossman, Pope Urban II and the Canon Law, Diss. Washington D. C. 1960; H. Sproemberg, Urban II. und das kanonische Recht, in: ZRG KA 51 (1965), S. 254–263.

197 Mit dieser Formel umschrieb man jene kirchlichen Institutionen, die in den Genuß der *libertas Romana* gekommen waren. Als wesentliches Element dieser „Freiheit" ist dabei die mit der Gewährung eines Schutzprivilegs einhergehende päpstliche Eigentumshoheit zu betrachten. Die Zusicherung von Exemtion oder Teilexemtion konnte, mußte aber nicht dazutreten. Die rechtliche Zugehörigkeit zur römischen Kirche spiegelte sich dabei häufig darin wider, daß die beschützte Institution dem *sacrum palatium Lateranense* einen Jahreszins zu entrichten hatte. Vgl. etwa JL 5433, 5543, 5580, 5657.

198 Vgl. Paulot, Urbain II, S. 211 ff.; Becker, Urban II., S. 251 f.; zur Pallienvergabe und den entsprechenden Privilegien siehe u. a. Liber Pontificalis 2, S. 293, Z. 22–27 und JL 5366/Migne PL 151, Sp. 288f., bes. 288 C.

199 Vgl. J. Sydow, Cluny und die Anfänge der Apostolischen Kammer. Stu-

dien zur Geschichte der päpstlichen Finanzverwaltung im 11. und 12. Jahrhundert, in: Studien und Mitteilungen zur Geschichte des Benediktiner-Ordens 63 (1951), S. 45–66; ders., Untersuchungen zur kurialen Verwaltungsgeschichte im Zeitalter des Reformpapsttums, in: DA 11 (1954/55), S. 43.

200 Vgl. ebd., S. 49–51.

201 Vgl. ebd., S. 41 f.; Jordan, Entstehung, S. 97–152, bes. 126–129.

202 Vgl. zuletzt Maleczek, Papst, S. 211–213.

203 Vgl. Becker, Papst Urban II. 2, S. 272–434, bes. S. 376 ff.

204 Vgl. Reg. I, 46, S. 69–71; ebd. I, 49, S. 75 f.; ebd., II, 31, S. 165–168; ebd. II, 37, S. 172 f.; dazu zuletzt Becker, Papst Urban II. 2, S. 294–300.

205 Vgl. Reg. II, 31, S. 166, Z. 30 f.

206 Vgl. ebd. II, 3, S. 128.

207 Vgl. ebd. II, 31, S. 166, Z. 31 f.

208 Vgl. ebd. II, 31, S. 166, Z. 32 – S. 167, Z. 15.

209 Vgl. Liber Pontificalis 2, S. 293, Z. 4–9; dazu zuletzt Becker, Papst Urban II. 2, S. 294.

210 Vgl. Decreta Claromontensia c. 2, S. 74; dazu zuletzt Becker, Papst Urban II. 2, S. 383 f.

211 So der Ausdruck in JL 5608/Die Kreuzzugsbriefe aus den Jahren 1088–1100, ed. H. Hagenmeyer, Innsbruck 1901, ND Hildesheim/New York 1973, Nr. 2, S. 136.

212 Vgl. Becker, Papst Urban II. 2, S. 333–376.

213 Vgl. C. Erdmann, Die Entstehung des Kreuzzugsgedankens, Stuttgart 1935, ND Darmstadt 1980, S. 306–309; Becker, Papst Urban II. 2, S. 383–407, bes. 396–398 gegen H. E. Mayer, Geschichte der Kreuzzüge, Stuttgart/Berlin/Köln/Mainz ⁶1985, S. 30–37.

214 Ebd., S. 33.

215 Vgl. Blumenthal, Paschal II, S. 75 f. mit Verweis auf JL 5831/Migne PL 163, Sp. 39 f., bes. 39 BC und JL 5832/Migne PL 163, Sp. 40–42, bes. 40 D–41 A.

216 Vgl. JL 6392/Migne PL 163, Sp. 355 f., bes. 355 D–356 A; dazu Blumenthal, Paschal II, S. 74 f.

217 Vgl. etwa JL 6453/Migne PL 163, Sp. 378 f., bes. 378 D; dazu u. a. Böhmer, Kirche, S. 290 ff.; Brett, Church, S. 36 f.; Blumenthal, Paschal II, S. 76 ff.; siehe auch allgemein G. M. Cantarella, Ecclesiologia e politica nel papato di Pasquale II, Rom 1982 und ders., La costruzione della verità. Pasquale II, un papa alle strette, Rom 1987.

218 Vgl. JL 6453/Migne PL 163, Sp. 379 A und Decretales Pseudo-Isidorianae, S. 128. Zu weiteren Anknüpfungen an den Dictatus papae Gregors VII. siehe Fuhrmann, Catholicus, S. 287, Anm. 74.

219 Vgl. JL 6088/Migne PL 163, Sp. 194 B; JL 6596/Migne PL 163, Sp. 434 D. Als Beispiel für Urbans Arenga-Typus wäre etwa JL 5459/Das Rottenbuch-Privileg Urbans II. aus dem Jahre 1092, ed. J. Laudage, Ad exemplar primitivae ecclesiae. Kurie, Reich und Klerusreform von Urban II. bis Calixt II., in: Reformidee und Reformpolitik im spätsalisch-frühstaufischen Reich, hrsg. v. S. Wein-

furter, Mainz 1992, S. 71 zu nennen. Vgl. auch Becker, Urban II., S. 250; Kempf, Eingliederung, S. 65; Blumenthal, Paschal II, S. 77.

220 JL 6050/Mainzer Urkundenbuch 1, Nr. 423, S. 329; dazu Servatius, Paschalis II., S. 186ff. u. v. a.

221 Vgl. JL 6557/Migne PL 163, Sp. 422 BC.

222 Vgl. Blumenthal, Paschal II, 71 f., 79ff.

223 Vgl. JL 6570/Migne PL 163, Sp. 428 C; dazu Kempf, Eingliederung, S. 63f.

224 Maleczek, Papst, S. 214.

225 Vgl. McKeon, Council, S. 3–12; Blumenthal, Opposition, S. 82–98; Servatius, Paschalis II., S. 296–298; Maleczek, Papst, S. 215f. u. v. a.

226 Vgl. dazu zuletzt ebd., S. 297–312.

Kapitel IV

1 Die Literatur über diese Abtei und die mit ihr verbundenen monastischen Gemeinschaften ist so zahlreich, daß wir uns auf einige knappe Hinweise beschränken müssen. Grundlegend sind E. Sackur, Die Cluniacenser in ihrer kirchlichen und allgemeingeschichtlichen Wirksamkeit bis zur Mitte des 11. Jahrhunderts 1–2, Halle 1892/94; G. de Valous, Le monachisme clunisien des origines au XVe siècle 1–2, Paris 1935, ND Paris 1970; K. Hallinger, Gorze-Kluny. Studien zu den monastischen Lebensformen und Gegensätzen im Hochmittelalter 1–2, Rom 1950/51, ND Graz 1971; Neue Forschungen über Cluny und die Cluniacenser, hrsg. v. G. Tellenbach, Freiburg i. Br. 1959. Der jüngste monographische Überblick stammt von M. Pacaut, L'Ordre de Cluny, Paris 1986. Als repräsentativ für die Forschungstrends der letzten Jahrzehnte können gelten: A Cluny. Congrès scientifique, Dijon 1950; La spiritualità cluniacense (Convegni del centro sulla spiritualità medievale 2, Todi 1960); J. Fechter, Cluny, Adel und Volk. Studien über das Verhältnis des Klosters zu den Ständen 910–1156, Stuttgart 1966; N. Hunt, Cluny under Saint Hugh 1049–1109, London 1967, H. E. J. Cowdrey, The Cluniacs and the Gregorian Reform, Oxford 1970; Cluniac Monasticism in the Central Middle Ages, hrsg. v. N. Hunt, London 1971; J. Wollasch, Mönchtum des Mittelalters zwischen Kirche und Welt, München 1973; Cluny. Beiträge zu Gestalt und Wirkung der cluniazensischen Reform, hrsg. v. H. Richter, Darmstadt 1975; J. Wollasch, Neue Methoden zur Erforschung des Mönchtums im Mittelalter, in: HZ 225 (1977), S. 529–577; ders., Les obituaires, témoins de la la vie clunisienne, in: Cahiers de civilisation médiévale 22 (1979), S. 139–171.

2 Vgl. zu dieser Reform zusammenfassend J. Semmler, Benedictus II: una regula – una consuetudo, in: Benedictine Culture. 750–1050, hrsg. v. W. Lourdaux/D. Verhelst, Löwen 1983, S. 1–49.

3 So vor allem Hallinger, Gorze-Kluny 1–2.

4 Vgl. J. Semmler, Das Erbe der karolingischen Klosterreform im 10. Jahrhundert, in: Monastische Reformen, S. 29–77.

[5] Vgl. resümierend K.S. Frank, Geschichte des christlichen Mönchtums, Darmstadt 1988, S.51–65; Tellenbach, Kirche, S.90–95.

[6] So das pessimistische Fazit von M. Werner, Wege der Reform und Wege der Forschung. Eine Zwischenbilanz, in: Monastische Reformen, S.262.

[7] Vgl. zuletzt Wollasch, Obituaires, S.139–171; ders., Totengedenken im Reformmönchtum, in: Monastische Reformen, S.152f., 161–165.

[8] Vgl. ebd., S.147–166, bes. 149–152, 154–161.

[9] Vgl. K. Hallinger, Consuetudo. Begriff, Formen, Forschungsgeschichte, Inhalt, in: Untersuchungen zu Kloster und Stift, hrsg. v. Max-Planck-Institut für Geschichte, Göttingen 1980, S.140–166; R. Schieffer, Consuetudines monasticae und Reformforschung, in: DA 44 (1988), S.161–169, bes. 166f.

[10] Vgl. Recueil des Chartes de l'abbaye de Cluny 1, edd. A. Bernard/A. Bruel, Paris 1876, Nr.112, S.124–128.

[11] Vgl. ebd., S.126f.; dazu Wollasch, Mönchtum, S.146–157; siehe auch de Valous, Monachisme 1, S.114ff., 187ff. und 2, S.57ff.; Hallinger, Gorze-Kluny 2, S.757ff.; P. Hofmeister, Cluny und seine Abteien, in: Studien und Mitteilungen zur Geschichte des Benediktiner-Ordens 75 (1964), S.183–239; Cowdrey, Cluniacs, S.76ff.; P. Segl, Königtum und Klosterreform in Spanien, Kallmünz 1974; Pacaut, Ordre, S.291ff.

[12] Vgl. zuletzt resümierend Tellenbach, Kirche, S.100f.

[13] Vgl. Papsturkunden 896–1046 2, bearb. v. H. Zimmermann, Wien 1985, Nr.351, S.682–686 und ebd., Nr.570, S.1083–1085; A. Hessel, Cluny und Mâcon, ein Beitrag zur Geschichte der päpstlichen Exemtionsprivilegien, in: ZKG 22 (1901), S.516ff.; G. Letonellier, L'abbaye exempte de Cluny et le Saint-Siège, Paris 1923, S.26f., 83ff.; Lemarignier, Exemption, S.315ff.; Cowdrey, Cluniacs, S.20ff.; H. Jakobs, Die Cluniazenser und das Papsttum im 10. und 11. Jahrhundert. Bemerkungen zum Cluny-Bild eines neuen Buches, in: Francia 2 (1974), S.649f.

[14] Vgl. H. Diener, Das Verhältnis Clunys zu den Bischöfen, vor allem in der Zeit seines Abtes Hugo (1049–1109), in: Forschungen Cluny, S.219–352; J. Mehne, Cluniacenserbischöfe, in: FMST 11 (1977), S.241–287.

[15] Zu diesem Ausdruck, der in der Zeit Abt Hugos (1049–1109) aufkam, vgl. Wollasch, Mönchtum, S.154f.; ders., Reform und Adel in Burgund, in: Investiturstreit und Reichsverf., S.277–280.

[16] Vgl. H.-E. Mager, Studien über das Verhältnis der Cluniacenser zum Eigenkirchenwesen, in: Forschungen Cluny, S.167–217 und oben, Anm. 14.

[17] So die Definition von Wollasch, Mönchtum, S.152, 154, 157.

[18] Zu dieser Zahl, die auf einer Schätzung von de Valous, Monachisme 2, S.168 beruht, zuletzt Pacaut, Ordre, S.314ff.

[19] Vgl. Bulst, Untersuchungen, S.30ff., 206ff.

[20] Vgl. H.H. Kaminsky, Zur Gründung von Fruttuaria durch den Abt Wilhelm von Dijon, in: ZKG 77 (1966), S.238–267; G. Penco, Il movimento di Fruttuaria e la riforma gregoriana, in: Monachesimo, S.385–395; Bulst, Untersuchungen, S.115ff.

[21] Vgl. ebd., S.147ff.

[22] Vgl. J. Semmler, Die Klosterreform von Siegburg, Bonn 1959, S. 37 ff.

[23] Vgl. Schieffer, Cluny, S. 47–72, ND 226–253.

[24] Vgl. Hoffmann, Cluny, S. 165–209, ND 319–370.

[25] Vgl. Cowdrey, Cluniacs.

[26] Vgl. Tellenbach, Kirche, S. 231 f.

[27] Vgl. K. Schmid, Kloster Hirsau und seine Stifter, Freiburg i. Br. 1959; H. Büttner, Abt Wilhelm von Hirsau und die Entwicklung der Rechtsstellung der Reformklöster im 11. Jahrhundert, in: Zeitschrift für Württembergische Landesgeschichte 25 (1966), S. 321–338; H. Jakobs, Die Hirsauer. Ihre Ausbreitung und Rechtsstellung im Zeitalter des Investiturstreites, Köln/Graz 1961; ders., Der Adel in der Klosterreform von St. Blasien, Köln/Graz 1968; ders., Rudolf von Rheinfelden und die Kirchenreform, in: Investiturstreit und Reichsverf., S. 97–112; K. Schmid, Adel und Reform in Schwaben, ebd., S. 295–319 u. v. a.

[28] Vgl. MGH DH IV. Nr. 280, S. 357–362; zur Interpretation des inzwischen als echt erwiesenen Stücks siehe u. a. Jakobs, Hirsauer, S. 13–23; ders., Cluniazenser, S. 655–661; Cowdrey, Cluniacs, S. 196–210, bes. 198 ff.; Szabó-Bechstein, Libertas, S. 177–179; H. Seibert, Libertas und Reichsabtei. Zur Klosterpolitik der salischen Herrscher, in: Salier 2, S. 552–554; H. Jakobs, Das Hirsauer Formular und seine Papsturkunde, in: Forschungen und Berichte der Archäologie des Mittelalters in Baden-Württemberg 10, 2, Stuttgart 1991, S. 85–100.

[29] Wie Anm. 27.

[30] Als Gegenbeispiel könnte man das ehemals habsburgische Eigenkloster Muri anführen, doch kehrte man auch hier nach kurzer Zeit zum Modell der erblichen Stiftervogtei zurück. Vgl. J. Wollasch, Muri und St. Blasien. Perspektiven schwäbischen Mönchtums in der Reform, in: DA 17 (1961), S. 422 f.; Schmid, Adel, S. 311 f.

[31] Vgl. Jakobs, Hirsauer, S. 108–118.

[32] Vgl. die Überblickskarte nach ebd., S. 270.

[33] Wie Anm. 31.

[34] Vgl. Jakobs, Hirsauer, S. 79–103.

[35] Schieffer, Cluny, ND S. 252 f.

[36] Vgl. Cowdrey, Cluniacs, S. 147, 235 f. mit Verweis auf Reg. VIII, 3, S. 520, Z. 19 f. und Epistolae Vagantes Nr. 39, S. 96–98.

[37] Vgl. P. Schmid, Die Entstehung des Marseiller Kirchenstaates, in: AUF 10 (1928), S. 176–207 und 11 (1930), S. 138–152; J. C. Devos, L'abbaye St-Victor de Marseille et la réforme grégorienne, in: Mélanges R. Busquet, Marseille 1956, S. 32–40.

[38] Vgl. J. Leclercq, Saint-Benoît-sur-Loire, Paris 1925, S. 41–63; J. Wollasch, Königtum, Adel und Klöster im Berry während des 10. Jahrhunderts, in: Forschungen Cluny, S. 106 ff.

[39] Vgl. P. Guillaume, Essai historique sur l'abbaye de Cava d'après des documents inédits, Cava dei Tirreni 1877; L. Mattei Cerasoli, La Badia di Cava e i monasteri greci della Calabria superiore, in: Archivio storico per la Calabria e la Lucania 8 (1938), S. 167–185, 265–285 und 9 (1939), S. 279–318.

[40] Vgl. H. Dormeier, Montecassino und die Laien im 11. und 12. Jahrhundert, Stuttgart 1979; Cowdrey, Age u. v. a.

[41] Vgl. Quilici, Giovanni Gualberto; Salvini, Giovanni Gualberto; Boesch Gajano, Storia, S. 99–2151; Goez, Reformpapsttum, S. 230 ff.

[42] Wie Anm. 37.

[43] Vgl. Goez, Reformpapsttum, S. 230–239.

[44] Vgl. Guillaume, Essai, S. LXXX–LXXXIX; Dormeier, Montecassino, S. 24–106.

[45] Vgl. ebd., S. 48 ff., 101 ff.

[46] Das Bild von dieser monastischen Bewegung ist bis vor kurzem fast ausschließlich von Hallinger, Gorze-Kluny 1, S. 43–416 geprägt worden. Jahrzehntelang ging man dabei mit T. Schieffer, Cluniazensische oder gorzische Reformbewegung? (Bericht über ein neues Buch), in: Archiv für mittelrheinische Kirchengeschichte 4 (1952), S. 43, ND in: Cluny, S. 89 davon aus, „daß das Reichsmönchtum, konservativ in der Tradition Benedikts von Aniane stehend, einen eigenen, über St. Maximin nach Gorze zurückführbaren, aber von Cluny unabhängigen Reformkreis gebildet hat". In jüngster Zeit hat diese These von Gorze als alleinigem Ausgangspunkt der Reform des Reichsmönchtums eine klare Widerlegung erfahren. Die monastischen Zentren des Reiches erscheinen heute nicht mehr als monolithischer Block, sondern als Vielzahl von Einzelklöstern mit durchaus eigenständigen Beziehungsgeflechten. Vgl. dazu resümierend Werner, Wege, S. 261; siehe auch J. Wollasch, Der Einfluß des Mönchtums auf Reich und Kirche vor dem Investiturstreit, in: Reich und Kirche, S. 35–48.

[47] Vgl. J. Semmler, Traditio und Königsschutz. Studien zur Geschichte der königlichen monasteria, in: ZRG KA 45 (1959), S. 1–33; ders., *Iussit ... princeps renovare ... precepta.* Zur verfassungsrechtlichen Einordnung der Hochstifte und Abteien in die karolingische Reichskirche, in: Consuetudines monasticae, hrsg. v. J. F. Angerer/J. Lenzenweger, Rom 1982, S. 97–124; Szabó-Bechstein, Libertas, S. 78 ff.; Seibert, Libertas, S. 503–569.

[48] Vgl. am Beispiel Lotharingiens E. Boshof, Kloster und Bischof in Lotharingien, in: Monastische Reformen, S. 197–245.

[49] Vgl. zuletzt Seibert, Libertas, S. 535–558.

[50] Vgl. ebd., S. 559–569.

[51] Vgl. einführend L. J. Lekai, Geschichte und Wirken der weißen Mönche. Der Orden der Cistercienser, hrsg. v. A. Schneider, Köln 1958, S. 21 ff., erw. ND unter dem Titel: The Cistercians. Ideals and Reality, Kent State University Press 1977, S. 11 ff.; A. Schneider, in: Die Cistercienser. Geschichte – Geist – Kunst, hrsg. v. dems./A. Wienand/W. Bickel/E. Coester, Köln 1974, S. 16 ff.; P. Zakar, Die Anfänge des Zisterzienserordens. Kurze Bemerkungen zu den Studien der letzten zehn Jahre, in: Analecta sacris ordinis Cisterciensis 20 (1964), S. 103–138; J. Leclercq, Les intentions des fondateurs de l'ordre Cistercien, in: Collectanea Cisterciensia 30 (1968), S. 233–271; M. de Waha, Aux origines de Cîteaux, in: Collection Latomus 158, Brüssel 1978, S. 152–182; A. H. Bredero, Cluny et Cîteaux au douzième siècle. L'histoire d'une controverse monastique, Amsterdam/

Maarssen 1985, und den Sammelband: Die Zisterzienser. Ordensleben zwischen Ideal und Wirklichkeit, hrsg. v. K. Elm/P. Joerissen/H. J. Roth, Bonn 1980.

[52] Vgl. etwa J. Miethke, Die Anfänge des Zisterzienserordens, in: Zisterzienser, S. 41–46; C. Mossig, Verfassung des Zisterzienserordens und Organisation der Einzelklöster, ebd., S. 115–124; Frank, Geschichte, S. 71–74.

[53] O. Engels, Die Zeit der hl. Hildegard, in: Hildegard von Bingen 1179–1979, hrsg. v. A. P. Brück, Mainz 1979, S. 10, ND in: ders., Stauferstudien, S. 12.

[54] So die communis opinio der Forschung. Vgl. etwa J. Miethke, Bernhard von Clairvaux, in: Zisterzienser, S. 47–55.

[55] Auch über die Eremitenbewegung existiert eine reichhaltige Literatur. Vgl. einführend: L'eremitismo in Occidente nei secoli XI e XII, Mailand 1965.

[56] Vgl. außer Mattei Cerasoli, Badia auch S. Borsari, Il monachesimo bizantino nella Sicilia e nell'Italia meridionale prenormanne, Neapel 1963; A. Guillou, Il monachesimo greco in Italia meridionale e in Sicilia, in: Eremitismo, S. 335–379; W. Berschin, Griechisch-lateinisches Mittelalter, Bern/München 1980, S. 226 ff.

[57] Vgl. B. Cappelli, Il Mercurion, in: Archivio storico per la Calabria e la Lucania 25 (1956), S. 43–62; G. Minasi, S. Nilo di Calabria, Neapel 1892; S. Borsari, Monachesimo, S. 56 ff.

[58] Vgl. W. Franke, Romuald von Camaldoli und seine Reformtätigkeit zur Zeit Ottos III., Berlin 1913; G. Tabacco, Romualdo di Ravenna e gli inizi dell'eremitismo camaldolese, in: Eremitismo, S. 73–119; ders., Romualdo di Ravenna, Turin 1968; G. Fornasari, «Pater rationabilium eremitarum»: tradizione agiografica e attualizzazione eremitica nella ›Vita beati Romualdi‹, in: Fonte Avellana nel suo millenario 2, Fonte Avellana 1983, S. 25–103; speziell zur Gründung von Camaldoli: G. Tabacco, La data di fondazione di Camaldoli, in: Rivista di storia della chiesa in Italia 16 (1962), S. 451–455; W. Kurze, Campus Malduli. Die Frühgeschichte Camaldolis, in: QFIAB 44 (1964), S. 1–34, bes. 17.

[59] Vgl. den ebd., S. 7 f. abgedruckten Teil der Originalurkunde des Bischofs Theobald von Arezzo aus dem Jahre 1027.

[60] Vgl. den ebd., S. 8 abgedruckten Auszug aus den von Rudolf, dem vierten Prior von Camaldoli, verfaßten ›Constitutiones‹.

[61] Vgl. ebd., S. 25.

[62] Vgl. W. Kurze, Zur Geschichte Camaldolis im Zeitalter der Reform, in: Monachesimo, S. 339–415.

[63] Vgl. Petri Damiani Vita beati Romualdi, ed. G. Tabacco, FSI 94, Rom 1957; dazu u. a. Franke, Romuald, S. 3 ff., 44 ff.; O. Capitani, San Pier Damiani e l'istituto eremitico, in: Eremitismo, S. 122 ff.; J. Leclercq, Saint Pierre Damien. Ermite et homme d'église, Rom 1960, S. 22–36; Laqua, Traditionen, S. 103–109; Fornasari, Pater, S. 33 ff.

[64] Vgl. Petrus Damiani, Briefe 1, Nr. 18, S. 168–179; dazu Capitani, Pier Damiani, S. 122–163; M. Petrocchi, Note su Fonte Avellana. Gli opuscoli 14 e 15 di San Pier Damiani e l'ideale eremitico, in: Aspetti dell'Umbria dall'inizio del secolo VIII alla fine del secolo XI, Peruguia 1966, S. 243–254; C. Pierucci, La vita eremitica secondo S. Pier Damiano, in: San Pier Damiano nel IX centenario della

morte (1072–1972) 4, Cesena 1978, S. 67–122. Siehe auch allgemein P. Palazzini, Spiritualità eremitica di S. Pier Damiani e dei suoi discepoli a Fonte Avellana, in: Divinitas 16 (1972), S. 353–388; ders., S. Pier Damiani eremita e priore a Fonte Avellana, in: StudGreg 10 (1975), S. 69–110; G. M. Cacciamani, Le fondazioni eremitiche e coenobitiche di San Pier Damiano, in: Ravennatensia 6 (1976), S. 5–33; Fonte Avellana nella società dei secoli XI e XII, Fonte Avellana 1979; Fonte Avellana nel suo millenario 1–2, Fonte Avellana 1982/83.

[65] Vgl. Laqua, Traditionen, S. 103 ff.

[66] Vgl. Vita Romualdi c. 35, S. 74.

[67] Vgl. ebd. c. 35, S. 74 f.

[68] Vgl. ebd. c. 7, S. 26 f. und c. 63, S. 103 f.; dazu Dressler, Petrus Damiani, S. 25–27; G. Fornasari, Pater, S. 46 ff.

[69] Wie Anm. 64.

[70] Vgl. Petrus Damiani, Briefe 2, Nr. 50, S. 77–131. M. della Santa, Ricerche sull'idea monastica di San Pier Damiano, Arezzo 1961, S. 11–35, 106–126 glaubt, daß Teile dieses Schreibens erst um 1065 entstanden seien. Vgl. dagegen aber die Rezension von S. Boesch Gajano, in: Studi Medievali, Serie terza 3, 2 (1962), S. 626–632 und Pierucci, Vita, S. 108–122.

[71] Vgl. Petrus Damiani, Briefe 2, Nr. 50, S. 83 f., bes. S. 83, Z. 16–21. Siehe auch ebd., Nr. 44, S. 7–33 und Nr. 45, S. 34–39.

[72] Vgl. zusammenfassend Dressler, Petrus Damiani, S. 44 ff.; della Santa, Ricerche, S. 41 ff.; Laudage, Priesterbild, S. 190–192; siehe auch Petrus Damiani, Briefe 3, Nr. 109, S. 200–222; ebd., Nr. 118, S. 329–341; ebd., Nr. 133 f., S. 452–456; ebd., Nr. 137, S. 467–472.

[73] Wie Anm. 41.

[74] Vgl. C. Dereine, La spiritualité «apostolique» des premiers fondateurs d'Afflighem (1083–1100), in: RHE 54 (1959), S. 41–65.

[75] Vgl. J. Becquet, Les institutions de l'ordre de Grandmont au moyen âge, in: Revue Mabillon 42 (1952), S. 31–42; ders., Les premiers écrivains de l'ordre de Grandmont, ebd. 43 (1953), S. 121–137; ders., La règle de Grandmont, in: Bulletin de la societé archéologique et historique du Limousin 87 (1958), S. 9–36.

[76] Vgl. R. Niderst, Robert d'Arbrissel et les origines de l'ordre de Fontevrault, Rodez 1952; J. M. Bienvue, Aux origines d'un ordre religieux: Robert d'Arbrissel et la fondation de Fontevrault 1101, in: Cahiers d'histoire 20 (1975), S. 227–243.

[77] Vgl. L. Mattei Cerasoli, La congregazione benedittina degli eremiti pulsanesi, Cava dei Tirreni 1938; G. Angelillis, Pulsano e l'ordine monastico pulsanese, in: Archivio storico pugliese 6 (1953), S. 421–466; B. Vetere, Il filone monastico-eremitico e l'ordine pulsanese, in: L'esperienza monastica benedittina e la Puglia 1, hrsg. v. C. D. Fonseca, Galatina 1983, S. 197–244.

[78] Vgl. A. Tranfaglia, Montevergine e la congregazione verginiana, Montevergine ²1960; G. Mongelli, La prima biografia di S. Guglielmo da Vercelli, patrono primario dell'Irpinia, fondatore di Montevergine, Montevergine 1961; ders., Montevergine e la congregazione sublacense, Montevergine 1973.

[79] Vgl. B. Bligny, Recueil des plus anciens actes de la Grande-Chartreuse

(1086–1196), Grenoble 1958; Die Kartäuser. Eine umfassende Geschichte der schweigsamen Mönche, hrsg. v. M. Zaduikar, Köln 1980.

80 Vgl. Institutio canonicorum Aquisgranensis, rec. A. Werminghoff, in: MGH Conc. 2, 1, Nr. 39 A, S. 308–421; dazu A. Werminghoff, Die Beschlüsse des Aachener Concils im Jahre 816, in: NA 27 (1902), S. 605–675; J. Semmler, Die Beschlüsse des Aachener Konzils im Jahre 816, in: ZKG 74 (1963), S. 15–82; R. Schieffer, Die Entstehung von Domkapiteln in Deutschland, Bonn 1976, S. 232–241 u. v. a.

81 Vgl. J. Siegwart, Die Chorherren- und Chorfrauengemeinschaften in der deutschsprachigen Schweiz vom 6. Jahrhundert bis 1160. Mit einem Überblick über die deutsche Kanonikerreform des 10. und beginnenden 11. Jahrhunderts, Freiburg i. Ue. 1962, S. 95–156; Schieffer, Domkapitel, S. 255–260.

82 Vgl. Siegwart, Chorherren, S. 156–169.

83 Vgl. Schieffer, Domkapitel, S. 242–252.

84 Vgl. Siegwart, Chorherren, S. 151–156; G. Denzler, Die Kanonikerbewegung und die Gregorianische Reform im 11. Jahrhundert, in: StudGreg 9 (1972), S. 231 f.; Schieffer, Domkapitel, S. 256 f.

85 Vgl. Fundatio ecclesiae Hildensemensis, ed. A. Hofmeister, in: MGH SS 30, 2, c. 4, S. 944; dazu Laudage, Priesterbild, S. 92.

86 Vgl. Vita Bernwardi c. 5, S. 759 f.; zur Abfassungszeit des Textes Laudage, Priesterbild, S. 94–104; zur Interpretation auch Schieffer, Domkapitel, S. 256.

87 Vgl. Vita Bernwardi c. 5, S. 760, Z. 1 f.

88 Vgl. ebd. c. 5, S. 760, Z. 8 f.

89 Vgl. ebd. c. 5, S. 760, Z. 19 ff.

90 Vgl. ebd. c. 5, S. 760, Z. 5 ff.

91 Vgl. ebd. c. 5, S. 760, Z. 24 f.

92 Vgl. zuletzt Laudage, Priesterbild, S. 115 f.

93 Vgl. A. Samaritani, Gebeardo di Eichstätt, arcivescovo di Ravenna (1027–1044) e la riforma imperiale della chiesa in Romagna, in: Analecta Pomposiana 3 (1967), S. 109–140; Laqua, Traditionen, S. 90–103; Laudage, Priesterbild, S. 116–119.

94 Ed. Samaritani, Gebeardo, S. 137–140.

95 Vgl. ebd., S. 137 f. mit Verweis auf 1 Kor 12, 12–31.

96 Vgl. ebd., S. 138.

97 Vgl. G. Miccoli, Pier Damiani e la vita commune del clero, in: Vita comune 1, S. 186–211, ND in: ders., Chiesa, S. 75–100; F. Poggiaspalla, La vita comune del clero dalle origini alla riforma gregoriana, Rom 1968, S. 152–158; Laudage, Priesterbild, S. 199–202.

98 Vgl. Vigilantia universalis c. 4, S. 220 f., Z. 127–144.

99 Vgl. vor allem Petrus Damiani, Briefe 1, Nr. 39, S. 373–384; ebd. 2, Nr. 47, S. 43–51; ebd. 3, Nr. 98, S. 84–97.

100 Vgl. oben, Anm. 97 und Laqua, Traditionen, S. 102 f.

101 Vgl. Petrus Damiani, Briefe 3, Nr. 98, S. 91, Z. 12–23; dazu Laudage, Priesterbild, S. 200 f.

102 Vgl. Petrus Damiani, Briefe Nr. 98, S. 96 f.

[103] Bruchstück aus den Verhandlungen der Lateransynode im Jahre 1059, ed. Werminghoff, Beschlüsse, S. 669–675; dazu u. a. G. Bardy, Saint Grégoire VII et la réforme canoniale au XIe siècle, in: StudGreg 1 (1947), S. 47 ff.; J. Leclercq, Un témoignage sur l'influence de Grégoire VII dans la réforme canoniale, in: StudGreg 6 (1959/61), S. 173 ff.; Poggiaspalla, Vita, S. 160 ff.; C. D. Fonseca, Medioevo canonicale, Mailand 1970, S. 78 ff.; T. Schmidt, Die Kanonikerreform in Rom und Papst Alexander II (1061–1073), in: StudGreg 9 (1972), S. 205 f.; Denzler, Kanonikerbewegung, S. 233; R. Schieffer, Größe, S. 90; Laudage, Priesterbild, S. 238 ff.

[104] Vgl. Bruchstück, S. 669; zu den Ravennater Reformbestrebungen siehe oben, Anm. 93 sowie Miccoli, Pier Damiani, S. 192 ff., ND S. 81 ff.; A. Vasina, Lineamenti di vita comune del clero nei secoli XI e XII in: Vita comune 2 S. 199 ff.; Poggiaspalla, Vita, S. 152 f.

[105] Vgl. Bruchstück, S. 669 ff., bes. 670, 672; dazu zuletzt Laudage, Priesterbild, S. 238 ff.

[106] Vgl. Bruchstück, S. 671 f.

[107] Vgl. ebd., S. 672–674.

[108] Vgl. ebd., S. 670 f.

[109] Vgl. zu dieser Wertung E. Kittel, Der Kampf um die Reform des Domkapitels in Lucca im 11. Jahrhundert, in: FS A. Brackmann, Weimar 1931, S. 207–247; C. Dereine, Vie commune, règle de saint Augustin et chanoines réguliers au XIe siècle, in: RHE 41 (1946), S. 365–406; M. Giusti, Le canoniche della città e diocesi di Lucca al tempo della riforma gregoriana, in: StudGreg 3 (1948), S. 321–367; C. Dereine, Saint Ruf et ses coutumes aux XIe et XIIe siècles, in: Revue Bénédictine 59 (1949), S. 161–182; ders., Chanoines, in: DHGE 12 (1953), Sp. 353–405; C. D. Fonseca, Le canoniche regolari riformate dell'Italia nord-occidentale, in: Monasteri in alta Italia dopo le invasioni saracene e magiare (sec. X–XII), Turin 1966, S. 335–382, bes. 346 ff.; Schmidt, Kanonikerreform, S. 201 ff.; J. Chatillon, La crise de l'Église aux XIe et XIIe siècles et les origines des grands féderations canoniales, in: Revue d'histoire de la spiritualité 53 (1977), S. 3–45; S. Weinfurter, Neuere Forschung zu den Regularkanonikern im deutschen Reich des 11. und 12. Jahrhunderts, in: HZ 224 (1977), S. 379–397; ders., Reformkanoniker und Reichsepiskopat im Hochmittelalter, in: HJb 97/88 (1978), S. 158–193, bes. 165 ff.; ders., Die Kanonikerreform des 11. und 12. Jahrhunderts, in: 900 Jahre Stift Reichersberg, Linz 1984, S. 23–32; Laudage, Priesterbild, S. 115–122, 192–202, 235–250, 285–303 u. v. a.

[110] Vgl. Bardy, Grégoire, S. 47–64; Schmidt, Kanonikerreform, S. 201–221; Laudage, Priesterbild, S. 287 ff.; G. Picasso, Gregorio VII e la disciplina canonica: clero e vita monastica, in: StudGreg 13 (1989), S. 151–166.

[111] Vgl. zu diesen beiden Stiften J. Mois, Das Stift Rottenbuch in der Kirchenreform des XI. und XII. Jahrhunderts, München 1953; Rottenbuch. Das Augustinerchorherrenstift im Ammergau, hrsg. v. H. Pörnbacher, Weißhorn 1980; E. Boshof, Bischof Altmann, St. Nikola und die Kanonikerreform. Das Bistum Passau im Investiturstreit, in: Tradition und Entwicklung. Gedenkschrift für J. Riederer, Passau 1981, S. 317–345, bes. 335 ff.; Dereine, Saint Ruf, S. 161–182;

A.H. Duparc, Un joyau de l'église d'Avignon, in: Vita comune 2, S. 115–128; Y. Lebrigand, L'ordre de Saint-Ruf en France (1039–1774) (Thèse de l'Ecole des Chartes, Paris 1967); K. Bosl, Regularkanoniker (Augustinerchorherren) und Seelsorge in Kirche und Gesellschaft des europäischen 12. Jahrhunderts, München 1979, S. 60ff. mit den kritischen Einschränkungen von S. Weinfurter, Bemerkungen und Corrigenda zu Karl Bosls „Regularkanoniker und Seelsorge", in: AKG 62/63 (1980/81), S. 391 f.; U. Vones-Liebenstein, Les débuts de l'abbaye de Saint-Ruf. Contexte politique et religieux à Avignon au XIe siècle, in: Crises et réformes dans l'Église de la réforme grégorienne à la préréforme, Avignon 1990, S. 9–25; dies., Saint-Ruf und Spanien, Diss. phil. Köln 1992.

112 Vgl. Becker, Papst Urban II. 1, S. 31 f.

113 Vgl. ebd., S. 41 ff.

114 Vgl. H. Fuhrmann, Papst Urban II. und der Stand der Regularkanoniker, München 1984, S. 9–13, 22–26.

115 Vgl. JL 5459/Das Rottenbuch-Privileg Urbans II. aus dem Jahre 1092, ed. J. Laudage, Ad exemplar primitivae ecclesiae. Kurie, Reich und Klerusreform von Urban II. bis Calixt II., in: Reformidee und Reformpolitik im spätsalisch-frühstaufischen Reich, hrsg. v. S. Weinfurter, Mainz 1992, S. 71–73; zur Rezeptionsgeschichte dieses Urkundentypus siehe ebd., S. 65ff. sowie W. Levison, Eine angebliche Urkunde Papst Gelasius' II. für die Regularkanoniker, in: ZRG KA 8 (1918), S. 27–43, bes. 31ff.; Mois, Rottenbuch, S. 243; Dereine, Vie commune, S. 381–385; Fuhrmann, Papst Urban, S. 7–9.

116 Vgl. Rottenbuch-Privileg, S. 72f.; dazu Mois, Rottenbuch, S. 77ff.; Laudage, Exemplar, S. 51 f.

117 Vgl. Rottenbuch-Privileg, S. 71–73; dazu zuletzt Laudage, Exemplar, S. 52f.

118 Der in: MGH Const. 1, Nr. 393, S. 560–563 nicht erfaßte, aber in den Handschriften eindeutig der Synode von Piacenza zugeordnete Kanon ist gedruckt bei: C. Dereine, Le problème de la vie commune chez les canonistes, d'Anselme de Lucques à Gratien, in: StudGreg 3 (1948), S. 298 und ders., L'élaboration du statut canonique des chanoines réguliers specialement sous Urbain II, in: RHE 46 (1951), S. 551. Zur Interpretation siehe zuletzt Laudage, Exemplar, S. 54f.

119 Vgl. ebd., S. 58–68.

120 Vgl. resümierend Dereine, Saint-Ruf, S. 167–175; Mois, Rottenbuch, S. 255–260; Dereine, Chanoines, Sp. 389ff.; S. Weinfurter, Salzburger Bistumsreform und Bischofspolitik im 12. Jahrhundert. Der Erzbischof Konrad I. (1106–1147) und die Regularkanoniker, Köln/Wien 1975, S. 235f.; ders., Die Gründung des Augustiner-Chorherrenstiftes – Reformidee und Anfänge der Regularkanoniker in Berchtesgaden, in: Geschichte von Berchtesgaden 1, hrsg. v. W. Brugger/H. Dopsch/P.F. Kramml, Berchtesgaden 1991, S. 257–259.

121 Vgl. Weinfurter, Forschung, S. 382f.; ders., Norbert von Xanten – Ordensstifter und „Eigenkirchenherr" in: AKG 59 (1977), S. 66–98; ders., Reformkanoniker, S. 159f.; ders., Norbert von Xanten als Reformkanoniker und Stifter

des Prämonstratenserordens, in: Norbert von Xanten. Adliger – Ordensstifter – Kirchenfürst, hrsg. v. K. Elm, Köln 1984, S. 171 f.

122 Dies kann seit langem als sicher gelten; vgl. etwa F. Kempf, in: Handbuch der Kirchengeschichte III, 1, S. 526 f.

123 Vgl. Weinfurter, Bistumsreform, S. 239, Anm. 19; Laudage, Exemplar, S. 52, Anm. 25.

124 Vgl. JL 6648/Migne PL 163, Sp. 497 AB.

125 Vgl. JL 6778/Bullaire du pape Calixte II 1, ed. U. Robert, Paris 1891, Nr. 98, S. 142.

126 Vgl. Mois, Rottenbuch, S. 260 f.; P. Classen, Gerhoh von Reichersberg. Eine Biographie, Wiesbaden 1960, S. 31 f.; Zum ›Praeceptum longius‹ siehe grundlegend L. Verheijen, La règle de Saint Augustin 1, Paris 1967, S. 109–127; eine Edition der in dieser Regelfassung kombinierten Texte des ›Praeceptum‹ und des ›Ordo monasterii‹ findet sich ebd., S. 417–437 und 148–152.

ABKÜRZUNGEN

AHC	Annuarium Historiae Conciliorum
AHP	Archivum Historiae Pontificiae
AKathKR	Archiv für katholisches Kirchenrecht
AKG	Archiv für Kulturgeschichte
AUF	Archiv für Urkundenforschung
BISI	Bulletino dell'Istituto Storico Italiano per il medio evo
CC Cont. Med.	Corpus Christianorum, Continuatio Mediaevalis
COD	Conciliorum Oecumenicorum Decreta, Bologna ³1973
DA	Deutsches Archiv für Erforschung des Mittelalters
DHGE	Dictionnaire d'histoire et de géographie ecclésiastique
EHR	English Historical Review
FMST	Frühmittelalterliche Studien
FS	Festschrift
FSI	Fonti per la storia d'Italia
HJb	Historisches Jahrbuch
HZ	Historische Zeitschrift
JEH	Journal of Ecclesiastical History
JK/JL	P. Jaffé, Regesta Pontificum Romanorum 1, Leipzig ²1885
LThK	Lexikon für Theologie und Kirche
Mansi	G.D. Mansi, Sacrorum conciliorum nova et amplissima collectio
MGH	Monumenta Germaniae Historica
Briefe d. dt. Kaiserz.	Die Briefe der deutschen Kaiserzeit
Conc.	Concilia
Const.	Constitutiones et acta publica imperatorum et regum
DD	Diplomata
Dt. Chron.	Deutsche Chroniken
Epp.	Epistolae (in Quart)
Epp. sel.	Epistolae selectae
Font. iur. Germ. ant. in us. schol.	Fontes iuris Germanici antiqui in usum scholarum seperatim editi
Ldl	Libelli de lite imperatorum et pontificum saeculis XI. et XII. conscripti
SS	Scriptores (in Folio)
SS rer. Germ. N.S.	Scriptores rerum Germanicarum, Nova Series

SS. rer. Germ. in us. schol.	Scriptores rerum Germanicarum in usum scholarum seperatim editi
Migne PL	J. P. Migne, Patrologia Latina
MIÖG	Mitteilungen des Instituts für Österreichische Geschichtsforschung
NA	Neues Archiv der Gesellschaft für ältere deutsche Geschichtskunde
ND	Nachdruck
QFIAB	Quellen und Forschungen aus italienischen Archiven und Bibliotheken
Reg.	Das Register Gregors VII.
RHE	Revue d'histoire ecclésiastique
RhVjbl	Rheinische Vierteljahrsblätter
RQ	Römische Quartalschrift für christliche Altertumskunde und für Kirchengeschichte
StudGreg	Studi Gregoriani
TRE	Theologische Realenzyklopädie
ZKG	Zeitschrift für Kirchengeschichte
ZRG KA	Zeitschrift der Savigny-Stiftung für Rechtsgeschichte, Kanonistische Abteilung

AUSWAHLBIBLIOGRAPHIE

In die vorliegende Bibliographie wurden nur besonders wichtige Sammelbände und Quellenausgaben aufgenommen. Alle übrigen Spezialstudien und Quellen finden sich in den Anmerkungen voll zitiert; die Monographien und Aufsätze werden überdies durch ein Autorenregister erschlossen.

Acta et scripta quae de controversiis ecclesiae Graecae et Latinae saeculo undecimo composita extant, ed. C. Will, Leipzig/Marburg 1861.

Adel und Kirche. Gerd Tellenbach zum 65. Geburtstag dargebracht von Freunden und Schülern, hrsg. v. J. Fleckenstein/K. Schmid, Freiburg/Basel/Wien 1968.

S. Anselmi Cantuarensis archiepiscopi Opera omnia 4/5, Edinburgh 1949/1951.

Anselmi Gesta episcoporum Leodiensium, ed. R. Koepke, in: MGH SS 7, S. 189–234.

Arnulfi Gesta archiepiscoporum Mediolanensium, edd. L. C. Bethmann/W. Wattenbach, in: MGH SS 8, S. 1–31.

Bonizonis episcopi Sutrini Liber ad amicum, rec. E. Dümmler, in: MGH Ldl 1, S. 568–620.

Briefsammlungen der Zeit Heinrichs IV., edd. C. Erdmann/N. Fickermann (MGH Briefe d. dt. Kaiserz. 5, Weimar 1950).

Burchardi Wormacienis ecclesiae episcopi Decretorum libri viginti, in: Migne PL 140, Sp. 537–1058.

Canossa als Wende. Ausgewählte Aufsätze zur neueren Forschung, hrsg. v. H. Kämpf, Darmstadt ³1976.

Chiesa diritto e ordinamento della «Societas Christiana» nei secoli XI e XII, Mailand 1986.

Die Chronik von Montecassino, ed. H. Hoffmann, MGH SS 34, Hannover 1980.

A Cluny. Congrès scientifique, Dijon 1950.

Cluny. Beiträge zu Gestalt und Wirkung der cluniazensischen Reform, hrsg. v. H. Richter, Darmstadt 1975.

Decreta Claromontensia, ed. R. Somerville, The Councils of Urban II 1, Amsterdam 1972.

Decretales Pseudo-Isidorianae et Capitula Angilramni, ed. P. Hinschius, Leipzig 1863.

Die Kanonessammlung des Kardinals Deusdedit 1, ed. V. W. von Glanvell, Paderborn 1905, ND Aalen 1967.

L'eremitismo in Occidente nei secoli XI e XII, Mailand 1965.

Neue Forschungen über Cluny und die Cluniacenser, hrsg. v. G. Tellenbach, Freiburg i. Br. 1959.
Historische Forschungen für Walter Schlesinger, hrsg. v. H. Beumann, Köln/Wien 1974.
Geschichtsdenken und Geschichtsbild im Mittelalter, hrsg. v. W. Lammers, Darmstadt 1965.
The ›Epistolae Vagantes‹ of Pope Gregory VII, ed. H. E. J. Cowdrey, Oxford 1972.
Das Register Gregors VII., ed. E. Caspar (MGH Epp. sel. 2, 1–2, Berlin 1920/1923).
Handbuch der Kirchengeschichte, hrsg. v. H. Jedin, III, 1, Freiburg/Basel/Wien 1973.
Die Briefe Heinrichs IV., ed. C. Erdmann (MGH Dt. Mittelalter 1, Leipzig 1937).
Humberti Cardinalis Libri III. Adversus Simoniacos, ed. F. Thaner, in: MGH Ldl 1, S. 95–253.
De investitura episcoporum, ed. J. Krimm-Beumann, Der Traktat ›De investitura episcoporum‹ von 1109, in: DA 33 (1977), S. 66–83.
Investiturstreit und Reichsverfassung, hrsg. v. J. Fleckenstein, Sigmaringen 1973.
Le istituzioni ecclesiastiche della «Societas Christiana» dei secoli XI e XII. Papato, cardinalato ed episcopato, Mailand 1974.
(Ivo von Chartes:) Yves de Chartres, Correspondance 1, ed. J. Leclercq, Paris 1949.
Aus Kirche und Reich. Studien zur Theologie, Politik und Recht im Mittelalter, hrsg. v. H. Mordek, Sigmaringen 1983.
I laici nella «Societas Christiana» dei secoli XI e XII, Mailand 1968.
Lanfranci Cantuarensis archiepiscopi De corpore et sanguine domini adversus Berengarium Turonensem, in: Migne PL 150, Sp. 407–442.
Le Liber Pontificalis 2, ed. L. Duchesne, Paris ^{2}1955.
Il monachesimo e la riforma ecclesiastica (1049–1122), Mailand 1971.
De ordinando pontifice, ed. H. H. Anton, Der sogenannte Traktat ›De ordinando pontifice‹. Ein Rechtsgutachten in Zusammenhang mit der Synode von Sutri (1046), Bonn 1982, S. 73–83.
Ottonis episcopi Frisingensis Chronica sive historia de duabus civitatibus, rec. A. Hofmeister (MGH SS rer. Germ. in us. schol. 45, Hannover/Leipzig 1912).
Das Papstwahldekret von 1059. Echte Fassung, ed. D. Jasper, Das Papstwahldekret von 1059. Überlieferung und Textgestalt, Sigmaringen 1986, S. 91–119.
Die Briefe des Petrus Damiani 1–3, ed. K. Reindel (MGH Briefe d. dt. Kaiserz. 4, 1–3, München 1983/88/89).
San Pier Damiano nel IX centenario della morte (1072–1972) 1–2, Cesena 1972.
Monastische Reformen im 9. und 10. Jahrhundert, hrsg. v. R. Kottje/H. Maurer, Sigmaringen 1989.
Reich und Kirche vor dem Investiturstreit, hrsg. v. K. Schmid, Sigmaringen 1985.
Die Salier und das Reich 1–3, hrsg. v. S. Weinfurter, Sigmaringen 1991.

Mainzer Urkundenbuch 1, bearb. v. M. Stimming, Darmstadt 1932.
Salzburger Urkundenbuch 2, bearb. v. W. Hauthaler/F. Martin, Salzburg 1916.
Das Synodalschreiben ›Vigilantia universalis‹, ed. R. Schieffer, Die Entstehung des päpstlichen Investiturverbots für den deutschen König, Stuttgart 1981, S. 208–225.
Vita Bernwardi episcopi Hildesheimensis auctore Thangmaro, ed. G. H. Pertz, in: MGH SS 4, S. 754–782.
La vita comune del clero nei secoli XI e XII 1–2, Mailand 1962.
Leonis IX vita ab ipsius in ecclesia Tullensi archidiacono Wiberto conscripta, ed. I. M. Watterich, Pontificum Romanorum Vitae 1, Leipzig 1862, S. 128–170.
Die Zisterzienser, Ordensleben zwischen Ideal und Wirklichkeit, hrsg. v. K. Elm/P. Joerissen/H. J. Roth, Bonn 1980.

AUTORENREGISTER

Das Autorenregister soll der raschen Auffindung der in den Anmerkungen zitierten Spezialliteratur dienen. Aufgenommen wurden daher jeweils nur die Anmerkungen, in denen die einzelnen Titel vollständig zitiert wurden.